Kostenrechnung leicht gemacht

Dr. Detlef Machenheimer

Kostenrechnung leicht gemacht

Ein methodischer Grundkurs für den Selbstunterricht
Mit Beispielen, Aufgaben und Lösungen aus der Praxis

FALKEN

Inhalt

1. Kapitel

Einführung in die Kosten- und Leistungsrechnung

Teilgebiete und Aufgaben des betrieblichen Rechnungswesens

Mit dem tiefgreifenden Wandel vieler Absatzmärkte in den marktwirtschaftlichen Systemen haben sich auch die Anforderungen an das betriebliche Rechnungswesen geändert. Die Wandlung vieler Märkte zu Käufermärkten mit Sättigungserscheinungen, die Verschärfung der Konkurrenz durch die Öffnung der Märkte, insbesondere die internationale Konkurrenz durch die Schwellenländer, der Abbau von Zoll- und Handelsschranken, die zunehmende Transparenz der Märkte, der wissenschaftliche und technische Fortschritt mit Verkürzung der Lebenszyklen der Produkte sowie das gestiegene Umweltbewußtsein der Verbraucher machen es heute erforderlich, Unternehmen vom Markt her zu steuern.

Diesen Bedürfnissen der Unternehmen hat sich die Entwicklung des Rechnungswesens angepaßt: seine Kontrollfunktion hinsichtlich der Wirtschaftlichkeit der **Leistungserstellung** (Produktion) und **Leistungsverwertung** (Absatz) wird immer wichtiger. Notwendiges Abbild dieses betrieblichen Leistungsprozesses kann nur ein gut organisiertes betriebliches Rechnungswesen sein mit einer lückenlosen Aufzeichnung, Aufbereitung und Auswertung all derjenigen Vorgänge, die den Erfolg des Unternehmens und seine wirtschaftliche Lage bestimmen.

An der Erfassung, ständigen Überwachung und Aktualisierung dieses Zahlenmaterials sind Gesellschafter, Inhaber, Gläubiger, Finanzbehörden, das Management der Unternehmen und nicht zuletzt die Öffentlichkeit interessiert.

Folgenden Teilbereichen des betrieblichen Rechnungswesens sind jeweils unterschiedliche Aufgabenstellungen zugeordnet:

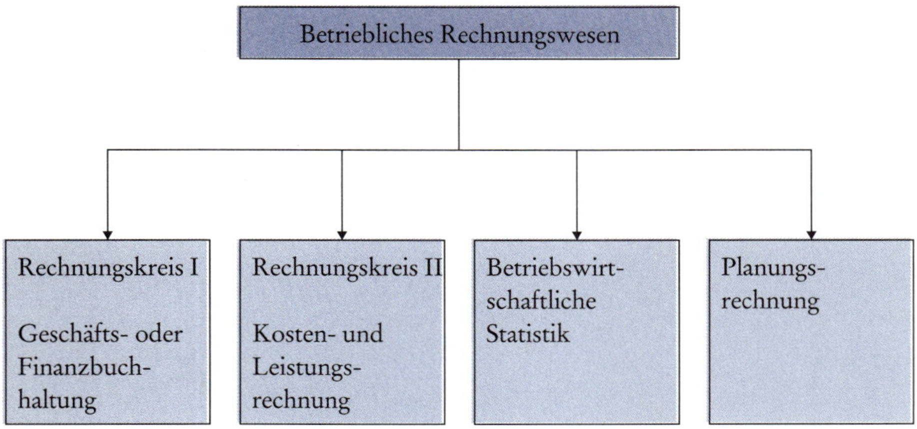

■ **Geschäftsbuchhaltung – Rechnungskreis I**

Hierzu gehören die Buchführung als **Zeitrechnung**, welche die Bestandsveränderungen von Vermögen und Schulden sowie alle Erfolgsvorgänge aufgrund von Geschäftsfällen nach Belegen im System der doppelten Buchführung erfaßt, und der Jahresabschluß als **Zeitpunktrechnung**, bestehend aus **Schlußbilanz, Gewinn- und Verlustrechnung** und, bei Kapitalgesellschaften, dem **Anhang** (§ 264 HGB).

Für die Geschäftsbuchhaltung werden die im folgenden genannten Aufgaben unterschieden:

1. Jährliche Feststellung des Standes des Vermögens, der Schulden sowie des Reinvermögens (Eigenkapital) aufgrund handels- und steuerrechtlicher Vorschriften, insbesondere §§ 238 ff HGB und §§ 140 ff AO **(Rechnungslegungsaufgabe)**
2. Aufzeichnung aller laufenden Geschäftsfälle in zeitlicher **(Grundbuch)** und sachlicher Ordnung **(Hauptbuch),** die zu Veränderungen von Vermögen und Kapital des Unternehmens führen **(Dokumentationsaufgabe)**
3. Ermittlung des Unternehmenserfolges (Gesamtgewinn oder -verlust) durch Erfassung und Gegenüberstellung aller Aufwendungen und Erträge der entsprechenden Abrechnungsperiode **(Rechnungslegungsaufgabe)**
4. Ermittlung von aussagefähigem Zahlenmaterial zur Verwendung des Rechnungswesens als informierendem, kontrollierendem Dispositionsinstrument unternehmerischer Entscheidungsfindung z.B. für die Zwecke der Kosten- und Leistungsrechnung **(Dispositions-** und **Kontrollaufgabe)**

Die Geschäftsbuchhaltung hat den Grundsätzen ordnungsgemäßer Buchführung (GoB) zu entsprechen, d. h., sie muß so beschaffen sein, daß sie einem sachverständigen Dritten (z.B. einem Betriebsprüfer) in angemessener Zeit einen Überblick über die Geschäftsfälle und die Lage des Unternehmens vermitteln kann (§ 238 HGB, § 145 AO). Zudem dienen die GoB dem Schutz von Unternehmenseignern und Gläubigern vor Verlusten durch die Festlegung wesentlicher Grundsätze zur Ausgestaltung der Buchführung, die, in Verbindung mit den gesetzlichen Vorschriften, zu einer realistischen Darstellung der Vermögenslage zwingen. Beweismittel bei Rechtsstreitigkeiten mit Lieferern, Kunden, Finanzbehörden oder Banken kann nur eine ordnungsgemäße Buchführung sein.

■ **Betriebsbuchhaltung (Kosten- und Leistungsrechnung) – Rechnungskreis II**

Im Gegensatz zur Geschäftsbuchhaltung, die nach **außen** auf das Unternehmen als Ganzes ausgerichtet ist **(externes Rechnungswesen),** ist die Betriebsbuchhaltung nach **innen** orientiert, auf die betrieblichen Vorgänge der Leistungserstellung (Einkauf, Produktion) und Leistungsverwertung (Absatz) **(internes Rechnungswesen).**

Die Betriebsbuchhaltung dient der Unternehmensführung als Dispositionsinstrument für sachgerechte Entscheidungsfindung in allen Phasen des betrieblichen Umsatzprozesses. Die ausschließlich aus der Geschäftsbuchhaltung gewonnenen Größen können dieser informativen Zielsetzung zum Zwecke der Steuerung, Planung und Kontrolle des Betriebsablaufs, insbesondere fertigungsbegleitend im Industriebetrieb, nicht gerecht werden.
So werden z. B. in der Geschäftsbuchhaltung zum Zwecke der steuerlichen Gewinnermittlung der gesamte steuerlich wirksame Werteverzehr **(= Aufwendungen)** und Wertezuwachs **(= Erträge)** unternehmensbezogen erfaßt und im Rahmen der Gewinn- und Verlustrechnung gegenübergestellt, unabhängig davon, aus welchen Quellen dieser Gesamterfolg erzielt wird.
Im Rahmen der Kosten- und Leistungsrechnung wird dagegen nur derjenige Werteverzehr und Wertezuwachs erfaßt, der sowohl periodenzugehörig ist als auch bedingt durch die eigentliche Tätigkeit als Handels- oder Industriebetrieb. Dieser **Betriebserfolg** ergibt sich im Gegensatz zu dem Gesamterfolg der GuV-Rechnung aus dem Wert der erstellten Leistungen, abzüglich dem Wert der verbrauchten Güter und Dienstleistungen, und ist Maßstab für die Beurteilung der wirtschaftlichen Leistungsfähigkeit des Unternehmens.
Immer wichtiger wird das **„Denken in Kosten“** im Sinne der Vermeidung und des Abbaus von Kosten hinsichtlich der Erfordernisse des wirtschaftlichen Prinzips in allen Phasen der Leistungserstellung. Es macht die Kosten- und Leistungsrechnung zum notwendigen Kontroll- und Steuerungsinstrument zur Umsetzung der auf Gewinnerzielung ausgerichteten Interessen von Handel und Industrie. Sie dient der Information über die internen Prozesse der Kostenverursachung und Leistungserstellung bei Wahrung einer optimalen Wirtschaftlichkeit.
Zu den wesentlichen Aufgaben der Kosten- und Leistungsrechnung gehören:
1. Ermittlung der **Selbstkosten** und **Leistungen** einer Abrechnungsperiode im Rahmen einer kurzfristigen Erfolgsrechnung (z. B. monatlich, vierteljährlich)
2. Berechnung des **Betriebsergebnisses** durch Gegenüberstellung von Kosten und Leistungen einerseits und im Gegensatz zum Gesamterfolg der Gewinn- und Verlustrechnung des Rechnungskreises I andererseits
3. Ermittlung der **Selbstkosten je Leistungseinheit** zum Zwecke der Vor- und Nachkalkulation zur Bestimmung und Bewertung der Verkaufspreise für erzeugte Produkte und Handelswaren, der Ermittlung von Preisobergrenzen für die Einstandspreise der zu beziehenden Stoffe, Vorprodukte, Fertigerzeugnisse und Handelswaren sowie der Berechnung von Verrechnungspreisen für innerbetriebliche Leistungen
4. Kontrolle der **Wirtschaftlichkeit der Umsatzprozesse** durch Lokalisierung von Unwirtschaftlichkeit mittels

- Zeitvergleichen mit vergangenen Abrechnungsperioden
- Betriebsvergleichen anhand der Aufzeichnungen anderer Betriebe oder
- Soll-Ist-Vergleichen durch Gegenüberstellung von Istwerten und Plan- bzw. Vorgabewerten

5. Kontrolle der **Wirtschaftlichkeit am Entstehungsort** der Kosten (Kostenstellen), Analyse der Abweichungsursachen zwischen Soll- und Istwerten und Beeinflussung der Kosten durch betriebspolitische Maßnahmen
6. Ermittlung der **Anschaffungs- oder Herstellungskosten** zur Bewertung der Warenvorräte, Endproduktbestände, Bestände an unfertigen Erzeugnissen oder von selbsterstellten Anlagen in der Schlußbilanz
7. Berechnung **kurz- und langfristiger Preisuntergrenzen** sowie von **Deckungsbeiträgen** auf Teilkostenbasis, etwa zum Zweck einer optimalen Sortimentsgestaltung oder Engpaßplanung. Diese Aufgabe der Kosten- und Leistungsrechnung ist insbesondere in marktwirtschaftlichen Systemen bedeutsam, in denen der auf Basis der Selbstkosten kalkulierte Angebotspreis nicht in jedem Fall auch vom Markt akzeptiert wird. Sie ermöglicht so eine Preispolitik, die Markteinflüsse berücksichtigt.
8. Gewinnung von Unterlagen für betriebliche Planungen und Entscheidungen in allen betrieblichen Teilbereichen, z. B.:
   - **Einkauf** – Bewertung von Beschaffungsalternativen (make or buy?)
   - **Produktion** – Bewertung alternativer Fertigungsverfahren nach Kostengesichtspunkten
   - **Absatz** – Bewertung verschiedener Absatzwege, etwa Einsatz angestellter Reisender oder Einschaltung selbständiger Handelsvertreter

■ Betriebswirtschaftliche Statistik

Unternehmerische Entscheidungen müssen sich zunehmend an den Interessen und Wünschen der Verwender und Verbraucher orientieren. Für diese haben die Anbieter von Waren und Dienstleistungen Problemlösungen zu bieten.
Eine möglichst exakte Aufbereitung und Auswertung von Zahlenmaterial aus Geschäftsbuchhaltung und Kosten- und Leistungsrechnung ist daher notwendig, um den dispositiven Bereich der Unternehmung vor Fehlentscheiden zu bewahren.
Betriebliche Statistiken, erstellt in graphischer oder tabellarischer Form, in allen betrieblichen Teilbereichen, verringern den Grad der Ungewißheit betrieblicher Entscheidungen. Vergleichsrechnungen ermöglichen Erkenntnisse zur Beurteilung und Verbesserung der Rentabilität der Leistungserstellung.
Hierzu sind Kenntnisse der statistischen Methodenlehre erforderlich; ohne sie läßt sich umfangreiches und unbearbeitetes Zahlenmaterial nicht so komprimieren, daß die wichtigsten Informationen sichtbar werden und als Entscheidungshilfe weitergeleitet werden können.

Diese Aufgabenstellung der Statistik deckt sich, vor allem in der Zielsetzung, teilweise mit den Aufgaben der Kosten- und Leistungsrechnung. Daher kann auch hier die Auswertung in den folgenden Formen vorgenommen werden:

- als **Zeitvergleich** durch Vergleich und Auswertung der Veränderungen von Mengen und Werten einzelner Abrechnungsperioden
- als **Betriebsvergleich** durch Vergleich der ökonomisch relevanten Größen branchengleicher Betriebe
- als **Soll-Ist-Vergleich** durch Ermittlung und Auswertung der Abweichungen zwischen angestrebten und erreichten Werten
- als **Verfahrensvergleich**, etwa bei der Auswahl und Bewertung verschiedener Investitionsalternativen

Planungsrechnung

Als zukunftsorientierte **Vorschaurechnung** basiert die Planungsrechnung auf den Zahlen der Geschäftsbuchhaltung, Kosten- und Leistungsrechnung sowie der Betriebsstatistik. Sie liefert Orientierungsdaten für alle betrieblichen Teilbereiche:

- Einkauf: z. B. Beschaffungsplan
- Verkauf: z. B. Absatzplan
- Personalwesen: z. B. Personalplan
- Finanzierung: z. B. kurzfristiger Finanzplan
- Produktion: z. B. Investitionsplan
- Forschung und Entwicklung: z. B. Forschungsplan

Durch den Vergleich zwischen Planvorgaben (Soll) und tatsächlich eingetretenen Werten (Ist) lassen sich Abweichungen ermitteln, deren Ursachen zu analysieren sind.

Die Planungsrechnung wird somit zum wesentlichen Kontrollinstrument der Betriebs- und Geschäftsleitung, insbesondere dann, wenn organisatorische Verantwortlichkeitsbereiche bestimmt werden, deren zuständige Leitungsorgane die Abweichungen zu den Vorgaben zu vertreten haben.

Das Zweikreissystem des Industriekontenrahmens

Die unterschiedlichen Aufgaben der Geschäftsbuchhaltung und der Kosten- und Leistungsrechnung als Teilgebiete des betrieblichen Rechnungswesens sowie die besondere Bedeutung der Kosten- und Leistungsrechnung für den industriellen Bereich erfordern eine klare Trennung der beiden Bereiche in Form in sich geschlossener **Rechnungskreise**.
Diesem Erfordernis trägt der Industriekontenrahmen (IKR) Rechnung, ein Ordnungssystem für die Einrichtung der Buchführung, das den Betrieben der Industrie empfohlen wird.
Er ist nach dem dekadischen System aufgebaut und in 10 Kontenklassen (0–9) eingeteilt. Er bietet eine klare Abgrenzung zwischen den Konten der Geschäftsbuchführung (Rechnungskreis I), die im Aufbau der Kontenklassen 0–8 dem **Abschlußgliederungsprinzip**, d. h. den aktienrechtlichen Gliederungsvorschriften des Jahresabschlusses entsprechen, sowie der Kontenklasse 9 für die Kosten- und Leistungsrechnung (Rechnungskreis II), eingerichtet nach dem **Prozeßgliederungsprinzip**, d. h. der Anordnung, die weitgehend den Funktionsabläufen entspricht. Kostenrechnerische Aspekte entfallen im Rechnungskreis I völlig, der Ablauf der Abschlußarbeiten ist eindeutig vorgegeben:

Zweikreissystem des IKR

Rechnungskreis I Geschäftsbuchführung	Rechnungskreis II Kosten- und Leistungsrechnung
– unternehmensbezogen – kontenmäßige Durchführung	– betriebsbezogen – tabellarische Durchführung

▶ *Bilanzbereich:*

Kontenklasse	Aktiva	Passiva
0	Immaterielle Vermögensgegenstände und Sachanlagen	
1	Finanzanlagen	
2	Umlaufvermögen und aktive Rechnungsabgrenzung	
3		Eigenkapital und Rückstellungen
4		Verbindlichkeiten und passive Rechnungsabgrenzungen

▶ *Erfolgsbereich:*

	Aufwendungen	Erträge
5		Erträge
6	Betriebliche Aufwendungen	
7	Weitere Aufwendungen	

Kontenklasse 9 bei buchhalterischer Durchführung der KLR, insbesondere
90 Unternehmensbezogene Abgrenzungen
91 Kostenrechnerische Korrekturen

Der Kontenrahmen ist die einheitliche Grundlage für alle Unternehmen, auf der dann betriebsindividuelle **Kontenpläne** erstellt werden, abgestellt auf die besonderen Anforderungen der Branche, Betriebsgröße und andere Merkmale des jeweiligen Unternehmens.

Inhalt des Rechnungskreises I (Geschäftsbuchführung)

Es ist Aufgabe der Geschäftsbuchhaltung, die Geschäftsfälle einer Wirtschaftsperiode in **zeitlicher** (Grundbuch) und **sachlicher** Ordnung (Hauptbuch) aufzuzeichnen und am Ende einer Abrechnungsperiode eine Schlußbilanz sowie eine Gewinn- und Verlustrechnung zu erstellen (Jahresabschluß). Entsprechend ergeben sich nach dem IKR die Bilanz und GuV-Rechnung aus den Salden der entsprechenden Konten der Klassen 0–7.

S **89 Schlußbilanzkonto** H		S **87 Gewinn- und Verlustkonto** H	
Kl. 0 Kl. 1	Kl. 3 Kl. 4	Kl. 6 Kl. 7	Kl. 5
Aktivkonten	Passivkonten	Aufwendungen	Erträge

Jahresabschluß

Die zum Ende eines Geschäftsjahres erstellte Bilanz ist identisch mit der Eröffnungsbilanz des Folgejahres. Für jede aktive und passive Position der Bilanz werden entsprechende Aktivkonten **(Vermögenskonten)** und Passivkonten **(Kapitalkonten)** mit den jeweiligen Anfangsbeständen eröffnet. Nach dem Belegprinzip werden alle laufenden Geschäftsfälle des Jahres auf diesen Konten gebucht. Für Erfolgsvorgänge (Aufwendungen und Erträge) werden entsprechende Erfolgskonten geführt.

Zum 31.12. werden die Erfolgskonten über das **„Gewinn- und Verlustkonto“** abgeschlossen, dessen Saldo (Gesamtgewinn oder -verlust) ermittelt und bei Gewinn dem Eigenkapital zugerechnet bzw. bei Verlust von diesem abgesetzt wird.

Die Salden der aktiven und passiven Bestandskonten werden zum 31.12. auf das Hauptbuchkonto **„Schlußbilanzkonto“** übertragen und in der Schlußbilanz ausgewiesen, die wertmäßig mit dem Inventar zum Ende des Geschäftsjahres übereinstimmen muß.

Der Jahreserfolg wird somit in der doppelten Buchführung auf eine doppelte Art und Weise ermittelt:

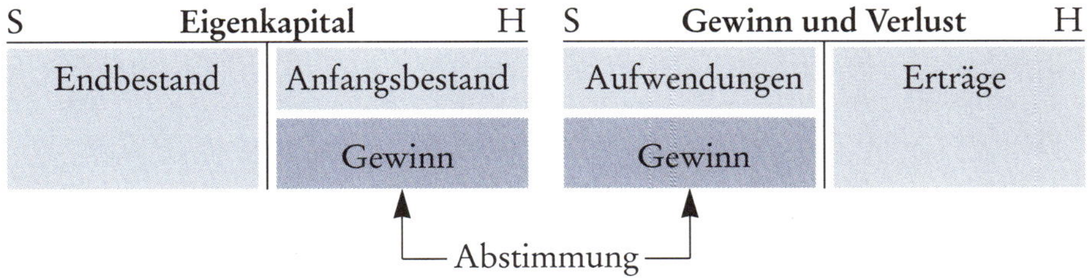

Eigenkapitalvergleich (= Betriebsvermögensvergleich nach § 4,1 Einkommensteuergesetz)	**Gewinn- und Verlustrechnung**
Eigenkapital am Ende des Geschäftsjahres	Erträge der Wirtschaftsperiode
– Eigenkapital am Anfang des Geschäftsjahres	– Aufwendungen der Wirtschaftsperiode
= Gewinn/Verlust	= Gewinn/Verlust

Einzelunternehmer und Vollhafter bei Personengesellschaften können im Laufe des Jahres **Privatentnahmen** als vorweggenommenen Gewinn durchführen, die keine betrieblichen Aufwendungen sind. Hierzu gehören die Entnahme von Geld, Waren oder Gegenständen des Anlagevermögens oder deren private Nutzung. Zur Ermittlung des Gewinnes oder Verlustes sind die Privatentnahmen zur Kapitaldifferenz zu addieren.
Privateinlagen sind von der Kapitaldifferenz abzuziehen. Sie stellen eine Erhöhung des Eigenkapitals dar, die nicht aus dem Umsatzprozeß von innen erfolgt (Innenfinanzierung), sondern von außen durch Kapitalzufluß (Außenfinanzierung).

Inhalt des Rechnungskreises II (Kosten- und Leistungsrechnung)

In einer Vorstufe zur Kosten- und Leistungsrechnung im Rechnungskreis II werden zunächst aus den gesamten Aufwendungen und Erträgen des Rechnungskreises I (Gewinn- und Verlustrechnung) die **neutralen** Aufwendungen und Erträge herausgefiltert, um sie aus der Kosten- und Leistungsrechnung herauszuhalten. Dies erfolgt im Rahmen der **unternehmensbezogenen Abgrenzung.**
Danach werden weitere Aufwendungen der Gewinn- und Verlustrechnung herausgenommen, um sie in der Kosten- und Leistungsrechnung in **anderer** Höhe zu verrechnen, sowie Kosten hinzugerechnet, die in der Gewinn- und Verlustrechnung **nicht** angesetzt werden **(Kalkulatorische Kostenarten).** Diese **kostenrechnerischen Korrekturen** ermöglichen eine Aufspaltung des Gesamtergebnisses (Gewinn oder Verlust) im Rechnungskreis II in ein **Neutrales Ergebnis** (Ergebnis unternehmensbezogener Abgrenzung) und ein **Betriebsergebnis.**

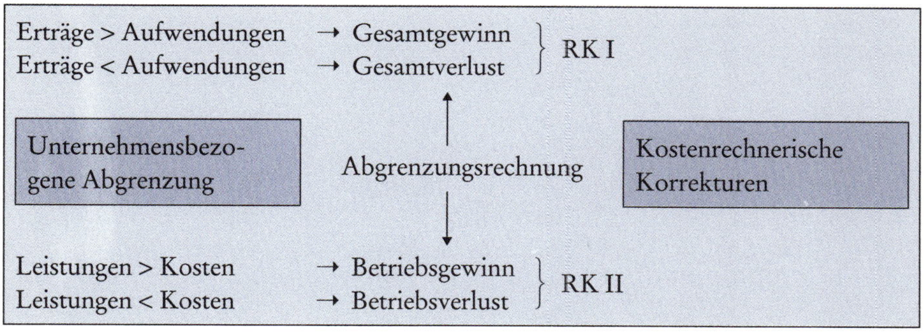

In einer **ersten** Stufe der Kosten- und Leistungsrechnung werden die durch die Abgrenzungsrechnung ermittelten Kosten zum Zwecke ihrer weiteren Verrechnung nach verschiedenen Kriterien eingeteilt **(Kostenartenrechnung)**, um sie danach in der **zweiten** Stufe der Kosten- und Leistungsrechnung auf die Kostenstellen als Entstehungsorte zu verteilen **(Kostenstellenrechnung)** und so eine Kostenkontrolle zu ermöglichen.
In der **dritten** Stufe der Kosten- und Leistungsrechnung werden die Kosten schließlich den betrieblichen Leistungen (Kostenträger) zugerechnet, und zwar alle Kosten einer Abrechnungsperiode insgesamt und für jede Erzeugnisgruppe **(Kostenträgerzeitrechnung)** sowie die jeweiligen Kosten je Leistungseinheit **(Kostenträgerstückrechnung).**

Die Kosten- und Leistungsrechnung im Einkreissystem des Großhandelskontenrahmens

Im Gegensatz zum IKR liegt dem Kontenrahmen für den Groß- und Außenhandel das **Prozeßgliederungsprinzip** zugrunde. Eine klare Trennung der Rechnungskreise wird hier nicht durchgeführt, die Kosten- und Leistungsrechnung erfolgt vielmehr außerhalb der Geschäftsbuchführung in tabellarischer Form. Die durch die Geschäftsbuchhaltung erfaßten Vorgänge mit der Außenwelt sowie die innerbetrieblichen Vorgänge der Leistungserstellung und Kostenverursachung werden in **einem** Kontenkreis erfaßt. So ist z. B. eine Differenzierung der Aufwendungen vorgesehen, nicht jedoch eine Ermittlung des Betriebsergebnisses sowie des Neutralen Ergebnisses.

▶ *Bilanzbereich:*

Kontenklasse	**Aktiva**	**Passiva**
0	Anlagekonten	Kapitalkonten
1	Finanzkonten	Finanzkonten
3	Warenbestände	

▶ *Erfolgsbereich:*

	Aufwendungen	**Erträge**
2	Abgrenzungskonten	Abgrenzungskonten
3	Wareneingang	
4	Konten der Kostenarten	
8		Warenverkaufskonten

▶ *Abschlußbereich:*

9	Abschlußkonten	

Im Rahmen einer **Abgrenzungsrechnung** erfolgt in der gleichen Weise wie in der Industrie die Übertragung der neutralen Aufwendungen und Erträge aus dem Erfolgsbereich der Geschäftsbuchhaltung. Dies gilt auch für notwendige kostenrechnerische Korrekturen zum Zwecke der Kosten- und Leistungsrechnung in der tabellarischen Form und für die Ermittlung des Betriebsergebnisses durch Gegenüberstellung von Kosten und Leistungen.
Die drei Stufen der Kosten- und Leistungsrechnung können in modifizierter Form auch auf den Handel übertragen werden, da es auch hier letztlich darauf ankommt, den durch die Kostenträger verursachten Werteverzehr sowohl insgesamt, bezogen auf eine Abrechnungsperiode, als auch stückbezogen auf die einzelne Leistungseinheit zu ermitteln.

Prinzipien der Kostenrechnung

Wesentliches Prinzip der Kostenrechnung hinsichtlich Erfassung und Zurechnung von Kosten auf Kostenstellen und Kostenträger ist das **Verursachungsprinzip**. Danach wird die Kostenentstehung auf die betriebliche Leistungserstellung zurückgeführt, d. h. als durch diese verursacht angesehen, ein Ursache-Wirkungs-Zusammenhang, der zumindest bei den **variablen Kosten** unmittelbar gegeben ist.
Eine möglichst verursachungsgerechte Zuordnung der Kosten auf die Leistungen zur Ermittlung der Selbstkosten berücksichtigt jedoch nicht, daß in bestimmten betrieblichen Situationen einzelne Kostenträger mit verschiede-

nen Maßstäben gemessen werden müssen, insbesondere wenn eine volle Deckung der Kosten über den Preis nicht erzielt werden kann.
In diesen Fällen steht die Kostenbelastung eines Produktes entsprechend seiner Tragfähigkeit **(Tragfähigkeitsprinzip)** im Vordergrund. Kosteninformationen werden zur Grundlage der Entscheidungsfindung im Absatzbereich. Bei der Preisstellung zum Zwecke der Ermittlung von Angebotspreisen kommen zu den kostenorientierten Gesichtspunkten preispolitische Aspekte hinzu, die gegebenenfalls eine volle Kostendeckung durch die Umsatzerlöse ausschließen.

Betriebsebene	**Marktebene**
kostenorientierte Preiskalkulation + marktorientierte Preispolitik = angebotsorientierte Preisstellung	Angebot + Nachfrage = Preisbildung
Angebotspreise (Vorkalkulation)	Marktpreise

Vergleich durch Nachkalkulation

Überblick

Rechnungskreis I:

Geschäftsbuchhaltung

- Ermittlung des Gesamterfolges des Unternehmens zur Rechenschaftslegung und Dokumentation
- Unternehmensbezogene Rechnung

Rechnungskreis II:

Kosten- und Leistungsrechnung

- Übernahme der Aufwendungen und Erträge (Zahlen der Geschäftsbuchhaltung)
- Unternehmensbezogene Abgrenzung der neutralen Aufwendungen und Erträge
- Kostenrechnerische Korrekturen durch kalkulatorische Kosten, Verrechnungspreise und periodengerechte Kostenerfassung

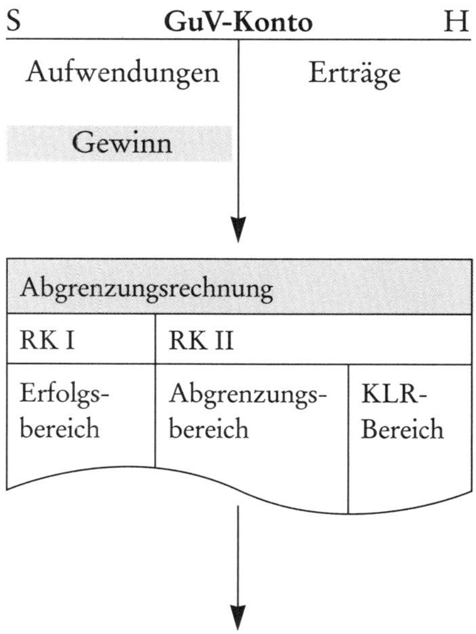

S Ergebnis unternehmensbezogener Abgrenzung	H
Neutrale Aufwendungen	Neutrale Erträge

S Betriebsergebnis	H
Kosten + kalkulatorische Kosten	Leistungen

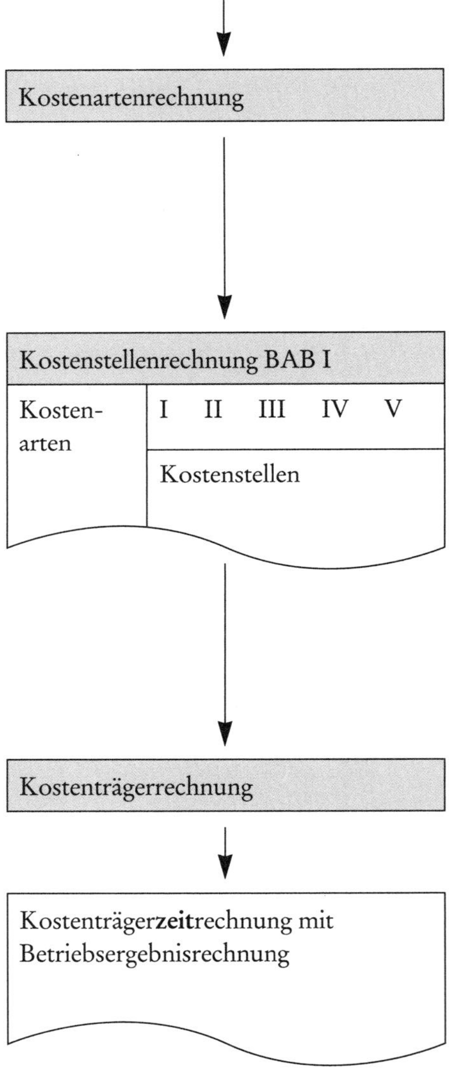

1. Stufe der Kosten- und Leistungsrechnung
   Welche Kosten (Menge x Wert) sind entstanden?
- ▶ Einteilung der verschiedenen Kostenarten zum Zwecke ihrer weiteren Verrechnung

2. Stufe der Kosten- und Leistungsrechnung
   Wo sind die Kosten entstanden?
- ▶ Verteilung der Gemeinkosten auf Kostenstellen im Betriebsabrechnungsbogen
- ▶ Ermittlung der Zuschlagssätze für die Gemeinkosten
- ▶ Feststellung von Unter- und Überdeckungen der Gemeinkosten
- ▶ Kostenkontrolle am Ort ihrer Entstehung

3. Stufe der Kosten- und Leistungsrechnung
   Wofür sind die Kosten entstanden?
- ▶ Verteilung von Einzelkosten und Gemeinkosten auf die Kostenträger
- ▶ Ermittlung der Selbstkosten der Abrechnungsperiode je Kostenträger
- ▶ Errechnung des Betriebsergebnisses unter Berücksichtigung der Unter- bzw. Überdeckung der Gemeinkosten – kurzfristige Erfolgsrechnung –
- ▶ Überwachung der Wirtschaftlichkeit der Leistungserstellung

- Ermittlung der Kosten pro Stück auf der Basis der Vollkosten- bzw. Teilkostenrechnung
- Ermittlung von kurz- und langfristigen Preisuntergrenzen für marktorientierte Entscheidungen
- Bewertung von unfertigen und fertigen Erzeugnissen – Ermittlung der Herstellungskosten zwecks Bilanzausweis

Kostenträger**stück**rechnung	
Vorkalkulation	Nachkalkulation

Aufgaben

1. Welche Aussage zum betrieblichen Rechnungswesen ist richtig?

a) Die Kosten- und Leistungsrechnung ist nach den Grundsätzen ordnungsgemäßer Buchführung einzurichten.

b) Für die Ausgestaltung der Betriebsbuchhaltung gelten handelsrechtliche, für die Ausgestaltung der Geschäftsbuchhaltung steuerrechtliche Vorschriften.

c) Die Betriebsbuchhaltung ermittelt den Gesamterfolg durch Gegenüberstellung von Aufwendungen und Erträgen.

d) Das Betriebsergebnis ist die Grundlage für die Berechnung des steuerpflichtigen Gewinnes.

e) Die Wirtschaftlichkeitskontrolle am Entstehungsort der Kosten erfolgt im Rahmen der Betriebsbuchhaltung.

2. Welche Aussage zum Zweikreissystem des IKR ist richtig?

a) Der Aufbau der Kontenklassen der Geschäftsbuchhaltung entspricht dem Prozeßgliederungsprinzip.

b) Die Kosten- und Leistungsrechnung wird im Rahmen der Kontenklasse 0 durchgeführt.

c) Die Kontenklassen 0–5 sind dem Bilanzbereich der Geschäftsbuchhaltung zugeordnet.

d) Die Konten der Klassen 0–7 sind unternehmensbezogen, die Konten der Klasse 9 betriebsbezogen.

e) Der IKR bietet keine klare Trennung der Rechnungskreise Geschäftsbuchführung und Kosten- und Leistungsrechnung.

3. Welche Aufgabe hat die Kosten- und Leistungsrechnung?

a) Sie ermittelt den Gesamterfolg der Unternehmung.

b) Sie stellt Vermögen und Kapital in Form einer Bilanz gegenüber.

c) Sie ermittelt das Ergebnis der eigentlichen betrieblichen Tätigkeit.

d) Sie zeichnet die Geschäftsfälle aufgrund von Belegen auf.
e) Sie erfüllt eine Dokumentationsfunktion nach außen.

4. Ordnen Sie zu, indem Sie die Buchstaben der Tätigkeiten a–d in die Kästchen bei dem jeweiligen Bereich des Rechnungswesens eintragen!

a) Buchung einer Eingangsrechnung für Rohstoffe	Statistik	☐
b) Gegenüberstellung der vierteljährlichen Einnahmen und Ausgaben	Planungsrechnung	☐
c) Ermittlung der Preisuntergrenze für die Hereinnahme eines Zusatzauftrages	Kosten- und Leistungsrechnung	☐
d) Erfassung der Monatsumsätze in graphischer Form	Geschäftsbuchhaltung	☐

5. Welche Aussage zur Kostenrechnung ist richtig?

a) In der Kostenrechnung werden die nach steuer- und handelsrechtlichen Vorschriften ermittelten Aufwendungen den Produkten zugerechnet.
b) Die Kostenrechnung erfaßt die Bestandsveränderungen der Aktiva und Passiva nach Belegen.
c) Die Kostenrechnung ermittelt die Preisuntergrenze für die Bildung der Angebotspreise.
d) Durch die Kostenrechnung wird das zu versteuernde Gesamtergebnis ermittelt.
e) Die Kostenrechnung ist Bestandteil der Geschäftsbuchhaltung.

6. Ordnen Sie zu, indem Sie die Buchstaben der Aufgaben a–d in die Kästchen bei der jeweiligen Stufe der Kostenrechnung eintragen!

a) Zuordnung der Kosten einer Zeitperiode auf die Erzeugnisgruppen des Betriebes	Kostenartenrechnung	☐
b) Ermittlung der Gesamtkosten je Leistungseinheit	Kostenstellenrechnung	☐
c) Einteilung der Kosten zum Zwecke ihrer weiteren Verrechnung	Kostenträgerzeitrechnung	☐
d) Kostenkontrolle am Entstehungsort		

7. Ermitteln Sie den steuerpflichtigen Gewinn der beiden Gesellschafter einer OHG durch Betriebsvermögensvergleich!

Gesellschafter A:	Eigenkapital am Ende des Geschäftsjahres	650.000,— DM
	Eigenkapital am Anfang des Geschäftsjahres	580.000,— DM
	Privatentnahmen	7.800,— DM
Gesellschafter B:	Eigenkapital am Ende des Geschäftsjahres	830.000,— DM
	Eigenkapital am Anfang des Geschäftsjahres	740.000,— DM
	Privatentnahmen	8.500,— DM

8. Ordnen Sie die folgenden Teilbereiche des Rechnungskreises II in der richtigen zeitlichen Abfolge, indem Sie die Buchstaben a–f in die Kästchen bei dem jeweiligen Teilbereich eintragen!

a) Kostenartenrechnung ☐
b) Kostenrechnerische Korrekturen ☐
c) Unternehmensbezogene Abgrenzungen ☐
d) Kostenträgerstückrechnung ☐
e) Kostenträgerzeitrechnung ☐
f) Kostenstellenrechnung ☐

2. Kapitel

Grundbegriffe der Kosten- und Leistungsrechnung

Begriffsabgrenzungen im Rechnungskreis I (Geschäftsbuchhaltung)

Für die in den einzelnen Teilgebieten des betrieblichen Rechnungswesens zu erfassenden ökonomischen Größen werden verschiedene Begriffe verwendet, deren Klärung und exakte Definition zum Verständnis der Kosten- und Leistungsrechnung unabdingbar ist.
Die sachlichen und zeitlichen Unterschiede beziehen sich auf die folgenden Strömungsgrößen:

Rechnungskreis I:
1. Ebene der Investitions-, Liquiditäts- und Finanzplanung
a. bare Zahlungsvorgänge

Auszahlungen	↓	Einzahlungen

mit Auswirkung auf den Bestand an **liquiden** Mitteln
(z. B. Kasse, Bank, Postbank)

b. bare **und** kreditäre Zahlungsvorgänge

Ausgaben	↓	Einnahmen

mit Auswirkung auf das gesamte **Geldvermögen**
(liquide Mittel + Forderungen und Verbindlichkeiten)

2. Ebene der Erfolgsrechnung (Gewinn- und Verlustrechnung)

Aufwendungen	↓	Erträge

mit Auswirkung auf das **Gesamtvermögen**
(Geld- und Sachvermögen)

Rechnungskreis II:
3. Ebene der Kosten- und Leistungsrechnung

Kosten	↓	Leistungen

mit Auswirkung auf die betriebliche
Leistungserstellung und **Leistungsverwertung**

- Unter **Auszahlungen** versteht man die gesamten Abflüsse der liquiden Mittel in einer bestimmten Abrechnungsperiode, d. h. Abgänge an Bargeld (Kassenkonto) und Sichtguthaben bei Banken und Post.
- **Einzahlungen** sind entsprechende Zugänge liquider Mittel. Auszahlungen und Einzahlungen sind reine Bestandsvorgänge.
- **Ausgaben** sind der geldmäßige Gegenwert aller **zugegangenen** Güter und in Anspruch genommenen Dienstleistungen einer Wirtschaftsperiode, die über den Beschaffungsmarkt bezogen werden. Dabei kommen zu den baren Zahlungsvorgängen kreditäre Zahlungen hinzu:

Ausgaben = Auszahlungen + Forderungsabgänge +
Zugänge von Verbindlichkeiten

Hinsichtlich der Finanzierungsvorgänge im Betrieb werden Ausgaben unterschieden, die **kapitalbindend** sind, wenn sie entweder durch Umsatzleistungen oder Rückzahlung von gewährten Krediten wieder als Einnahme dem Unternehmen zufließen, und Ausgaben, die **kapitalentziehend** sind, da sie nicht mehr zu späteren Einnahmen über den Markt führen.
Zu den **kapitalbindenden** Ausgaben gehören:

- Ausgaben für die Beschaffung von Stoffen und Waren
- Ausgaben für den Erwerb von Beteiligungen an anderen Unternehmen
- Ausgaben für gewinnunabhängige, kalkulierbare Steuern

Zu den **kapitalentziehenden** Ausgaben gehören:

- Ausgaben für die Tilgung aufgenommener Darlehen
- Ausgaben für Privatentnahmen bei Einzelunternehmen und Personengesellschaften
- Ausgaben für gewinnabhängige Steuern (Einkommensteuer, Körperschaftssteuer)
- Ausgaben für ausgeschüttete Gewinne an die Gesellschafter

- **Einnahmen** sind der Geldgegenwert aller **veräußerten** Güter und Dienstleistungen einer Wirtschaftsperiode, der über die verschiedenen Absatzmärkte erzielt wird:

Einnahmen = Einzahlungen + Forderungszugänge +
Abgänge von Verbindlichkeiten

Dabei werden **kapitalfreisetzende** Einnahmen als Gegenstück zu den kapitalbindenden Ausgaben unterschieden von den **kapitalzuführenden** Einnahmen als Gegenstück zu den kapitalentziehenden Ausgaben.
Durch die **kapitalfreisetzenden** Einnahmen fließen die gebundenen Mittel über den Markt dem Unternehmen wieder zu. Dazu gehören:

- Einnahmen durch die Umsatzerlöse
- Einnahmen durch den Verkauf von Gegenständen des Anlagevermögens
- Einnahmen durch Kredittilgungen eigener Kreditnehmer

Kapitalzuführende Einnahmen führen dem Unternehmen entweder von **außen** durch Gläubiger und Anteilseigner oder von **innen** durch nichtausgeschüttete Gewinne Kapital zu. Dazu gehören:

- Einnahmen durch Erhöhung der Einlagen der Gesellschafter oder die Aufnahme neuer Gesellschafter (Eigenfinanzierung)
- Einnahmen durch Aufnahme von Darlehen oder die Ausgabe festverzinslicher Gläubigerpapiere (Fremdfinanzierung)
- Nichtausschüttung von Gewinnen (Selbstfinanzierung)

Der Geldkreislauf im Unternehmen kann unter Verwendung der beschriebenen Begriffe am Beispiel einer Bilanz dargestellt werden:

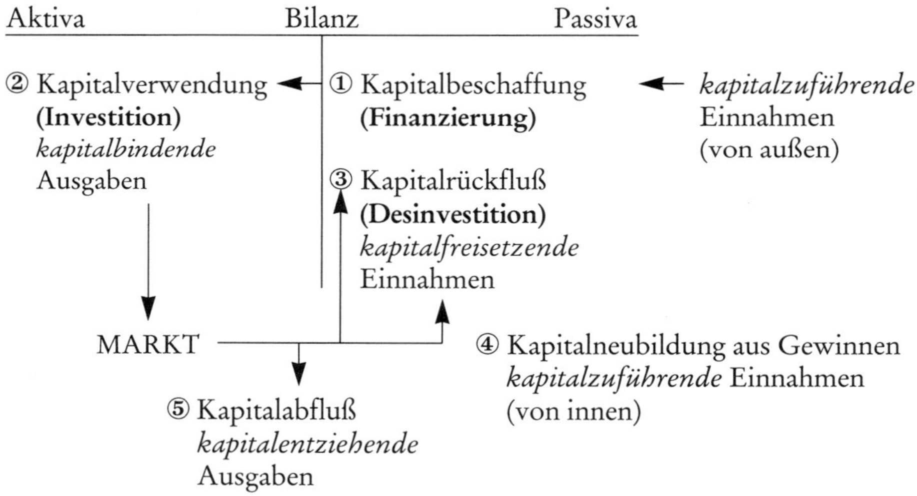

▶ Unter **Aufwendungen** ist der **gesamte Werteverzehr** (= Wert aller **verbrauchten** Güter und Dienstleistungen) einer Abrechnungsperiode zu verstehen, der aufgrund gesetzlicher, insbesondere bewertungsrechtlicher Bestimmungen in der Geschäftsbuchhaltung verrechnet wird. Aufwendungen sind ebenso wie die Erträge zur zeitgenauen Ermittlung des Gesamtergebnisses (Gewinn- und Verlustrechnung) periodengerecht zu erfassen und gegenüberzustellen.

Deshalb sind sie dem Geschäftsjahr zuzuordnen, in das sie ursächlich gehören, unabhängig vom Zeitpunkt der entsprechenden Zahlungsvorgänge.

Aufwendungen **mindern** das Eigenkapital. Im Industriebetrieb gehören dazu insbesondere die Aufwendungen für den Verbrauch von Roh-, Hilfs- und

Betriebsstoffen, Personalaufwendungen, Wertminderungen des Vermögens, die durch Abschreibungen erfaßt werden, sowie Betriebssteuern und andere. Für die Ermittlung des Gesamtergebnisses etwa zum Zwecke der Besteuerung ist es unerheblich, ob die Aufwendungen mit der eigentlichen betrieblichen Leistungserstellung eines Handels- oder Industriebetriebes im Zusammenhang stehen oder nicht.

So wird z. B. der Gesamtgewinn oder Gesamtverlust der Hoechst AG durch den Verbrauch an Rohstoffen für Produktionszwecke, aber auch durch Verluste infolge von Kurseinbrüchen bei eigenen Beteiligungen oder Devisenbeständen beeinflußt.

▶ Unter **Erträgen** ist der **gesamte Wertezuwachs** (= Wert aller erbrachten Leistungen) einer Abrechnungsperiode zu verstehen, unabhängig davon, ob sie mit dem eigentlichen Betriebszweck in einem unmittelbaren Zusammenhang stehen oder nicht. Entscheidend ist die Auswirkung eines Geschäftsfalles auf das Eigenkapital, das bei Erträgen **zunimmt.**

Eigenkapital am **Anfang** eines Geschäftsjahres

\+ → erfolgswirksame **Wertzuflüsse** der laufenden Periode = Erträge
z. B.: Umsatzerlöse, Zinserträge, Mieterträge usw.

– ← erfolgswirksamer **Wertverzehr** der laufenden Periode = Aufwendungen
z. B.: Rohstoffaufwendungen, Gehälter, Wareneinsatz usw.

= Eigenkapital am **Ende** des Geschäftsjahres
Kapitalzuwachs = Gewinn

↓

gewinnabhängige Steuern

Setzt man diese Strömungsgrößen des Rechnungskreises I zueinander ins Verhältnis, so lassen sich für Auszahlungen, Ausgaben und Aufwendungen die folgenden Fälle auseinanderhalten, bei denen der zeitliche Unterschied zwischen **Güterzugang** (Ausgaben) und **Zahlungsmittelabfluß** (Auszahlungen) deutlich wird:

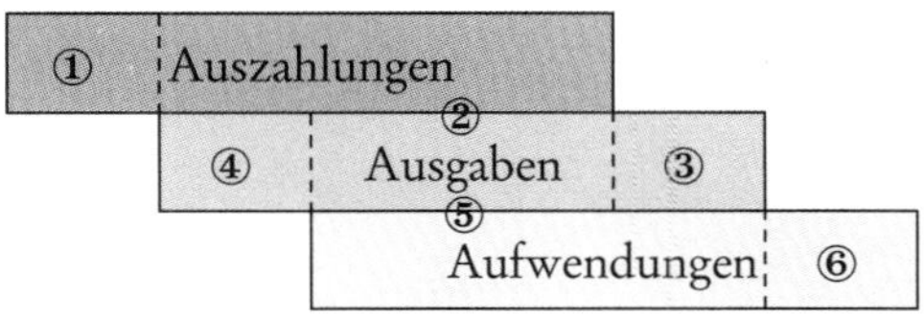

1. *Auszahlungen*, die in der **gleichen** Periode nicht zu Ausgaben führen:
   z. B. Banküberweisung zur Begleichung einer Liefererschuld, der in diesem Zeitpunkt kein Zugang von Gütern gegenübersteht
2. *Auszahlungen*, denen in der **gleichen** Periode Ausgaben gegenüberstehen, da auch Güter zugehen:
   z. B. Bareinkäufe von Rohstoffen
3. *Ausgaben*, die in der gleichen Periode **nicht** gleichzeitig Auszahlungen bewirken:
   z. B. Zieleinkäufe von Fertigteilen für die Produktion (Voraussetzung für Fall 1)
4. *Ausgaben*, die nicht gleichzeitig oder nie zu Aufwendungen führen:
   z. B. Kauf von Maschinen, deren Werteverzehr erst später in der Form von Abschreibungen (= Aufwendungen) auf die Jahre der Nutzung verteilt wird, bzw. Kauf eines unbebauten Grundstückes, das keiner Abnutzung unterliegt und somit auch nicht abgeschrieben wird
5. *Ausgaben*, die unmittelbar zu Aufwendungen führen:
   z. B. Banküberweisung von Gehältern
6. *Aufwendungen*, welche die Folge bereits getätigter Ausgaben sind:
   z. B. Entnahme von Stoffen aus dem Lager laut Materialentnahmeschein zum Zwecke der Produktion

Auszahlungen und **Ausgaben** fallen somit bei kreditären Vorgängen zeitlich auseinander. Langfristig jedoch führt jede Ausgabe auch zu einer Auszahlung. **Ausgaben** und **Aufwendungen** fallen zeitlich auseinander, weil der **Zugang** der Güter und Dienstleistungen bei verschiedenen Vermögenswerten nicht vom Zeitpunkt des **Verbrauchs** abhängig ist.
Für das Verhältnis von Einzahlungen, Einnahmen und Erträgen lassen sich ebenfalls sechs Fälle unterscheiden:

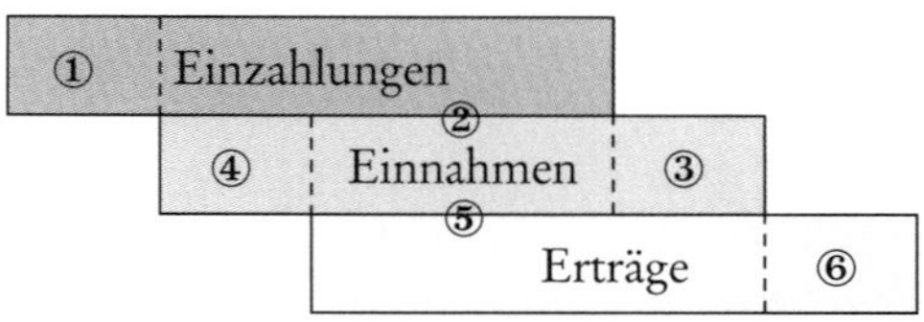

1. *Einzahlungen*, die in der gleichen Periode **nicht** zu Einnahmen führen:
   z. B. Kunden zahlen Rechnungen durch Banküberweisungen
2. *Einzahlungen*, die zeitgleich zu Einnahmen führen:
   z. B. Umsätze gegen Barzahlung
3. *Einnahmen*, die in der gleichen Periode **nicht** zu Einzahlungen führen:
   z. B. Verkäufe auf Ziel (Voraussetzung für Fall 1)

4. *Einnahmen,* die nicht gleichzeitig zu Erträgen führen:
   z. B. Mieteingänge im voraus für spätere Perioden
5. *Einnahmen,* die unmittelbar mit Erträgen verbunden sind:
   z. B. Zinsgutschriften für Festgeldanlagen
6. *Erträge,* die für bereits vereinnahmte Zahlungen anfallen (Fall 4) und damit periodengerecht zuzurechnen sind, oder aber Erträge, die nicht zu Einnahmen führen, wie etwa selbsterstellte Eigenleistungen

Ebenso wie jede Ausgabe zu einer Auszahlung, so führt auf lange Sicht auch jede **Einnahme** zu einer **Einzahlung,** d. h. einer Zunahme der liquiden Mittel des Unternehmens.
Somit entsprechen die Veränderungen der gesamten Vermögenswerte und Schulden in der Bilanz durch Ausgaben und Einnahmen der Differenz zwischen den Erfolgsvorgängen - Aufwendungen und Erträge - der Gewinn- und Verlustrechnung.

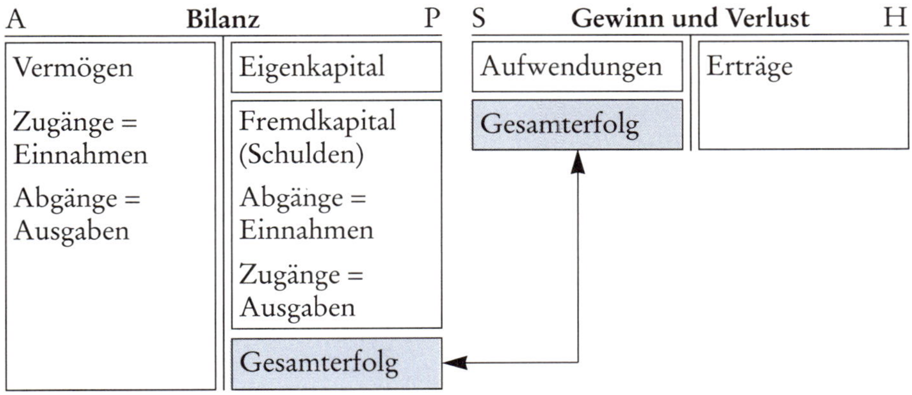

Begriffsabgrenzungen im Rechnungskreis II (Kosten- und Leistungsrechnung)

In der Geschäftsbuchhaltung gelten aufgrund gesetzlicher Vorschriften andere Prinzipien (z. B. Anschaffungswertprinzip, Vorsichtsprinzip) als in der Kosten- und Leistungsrechnung (Verursachungsprinzip). Daher sind von den **Aufwendungen** und **Erträgen** der Erfolgsrechnung des Rechnungskreises I die **Kosten** und **Leistungen** des Rechnungskreises II **sachlich** abzugrenzen. Dies gilt auch für den Handel, wenngleich im Kontenrahmen eine klare Trennung der Rechnungskreise nicht vorgesehen ist.

Die Kostenrechnung befaßt sich mit der richtigen Erfassung und Verrechnung der Kosten unabhängig von den über den Betrieb hinaus wirkenden Zahlungsvorgängen **(Ausgaben** und **Einnahmen).**
Dabei sind für das Verhältnis von **Aufwendungen** und **Kosten** die folgenden Fälle zu unterscheiden:

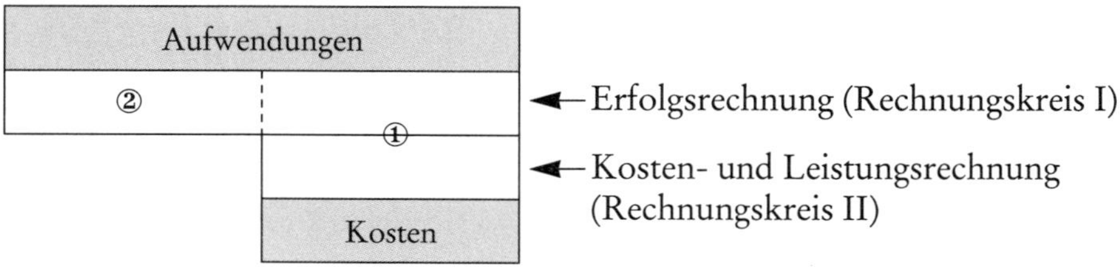

1. **Betriebliche Aufwendungen = Kosten**
   (kostengleiche Aufwendungen = Zweckaufwand) — (aufwandsgleiche Kosten = Grundkosten)

Diese Aufwendungen stehen in einem **unmittelbaren** Zusammenhang mit dem Zweck des Betriebes als Industrie- oder Handelsbetrieb und erfassen den in Geld bewerteten **Verzehr** an Gütern und Dienstleistungen einer Wirtschaftsperiode, bedingt durch den Prozeß betrieblicher Leistungserstellung (Produktion) und Leistungsverwertung (Absatz). Die Aufwendungen werden in der gleichen Höhe in die Kosten- und Leistungsrechnung übernommen. Dazu gehören Personalaufwendungen, Bürokosten, Mieten für gewerblich genutzte Räume usw.
In den Betrieben fallen jedoch regelmäßig auch Aufwendungen an, die nicht geeignet sind, in die Kosten- und Leistungsrechnung übernommen zu werden, die aber letztlich Teil des **gesamten** Werteverzehrs des Betriebs sind.

2. **Neutrale Aufwendungen = Nichtkosten**
   (kostenlose Aufwendungen
   = unternehmensbezogene
   Aufwendungen)

Diese Aufwendungen werden im Rechnungskreis II in einer Vorstufe zur Kosten- und Leistungsrechnung im Rahmen der **Abgrenzungsrechnung** herausgenommen und gesondert den neutralen Erträgen gegenübergestellt.
Sie umfassen:

- **Aufwendungen,** die hinsichtlich des Betriebszweckes als **betriebsfremd** anzusehen sind, weil sie in keinem Zusammenhang mit diesem stehen
  = **betriebsfremde Aufwendungen**
  Hierzu gehören aus der Sicht von Betrieben der Industrie und des Handels Spesen für Wertpapiergeschäfte, Spenden, Kursverluste bei Devisengeschäf-

ten, Verluste aus Beteiligungen an anderen Unternehmen, Instandhaltungsaufwendungen von Mietshäusern und anderen Anlagen, die nicht dem Betriebszweck dienen.

- **Aufwendungen** für betriebliche Vorgänge, die aber entsprechend ihrer Verursachung einer anderen Abrechnungsperiode zuzurechnen sind
  = **periodenfremde Aufwendungen**
  Hierzu gehören Steuernachzahlungen, Prozeßkosten, soweit sie zu diesem Zweck gebildete Rückstellungen übersteigen.
- **Aufwendungen** für betriebliche Vorgänge, die infolge ungewöhnlicher Höhe und unregelmäßigem Vorkommen nicht kalkulierbar, d. h. keiner bestimmten Leistung zurechenbar sind
  = **außerordentliche Aufwendungen**
  Hierzu gehören Verluste aus dem Verkauf von Betriebsteilen, Gründungskosten, Kassendifferenzen.
- **Aufwendungen** für **Schadensfälle** und **Abgänge von Vermögenswerten**: Verkäufe von Anlagen unter Buchwert.
- **Aufwendungen,** die zwar betrieblich bedingt sind, aber infolge **unterschiedlicher Bewertung** den Ansatz in der Kosten- und Leistungsrechnung übersteigen: Überhang der steuerlichen Abschreibung über die kalkulatorische Abschreibung, über die kalkulatorischen Wagnisse hinausgehende, tatsächlich eingetretene Wagnisverluste.
- **Aufwendungen,** die das Gesamtergebnis betreffen und somit den Gewinn mindern: gewinnabhängige, nicht abzugsfähige Steuern (Körperschaftssteuer).

Eine entsprechende Abgrenzung kann hinsichtlich der **Erträge** der Gewinn- und Verlustrechnung und der **Leistungen** der Kosten- und Leistungsrechnung vorgenommen werden:

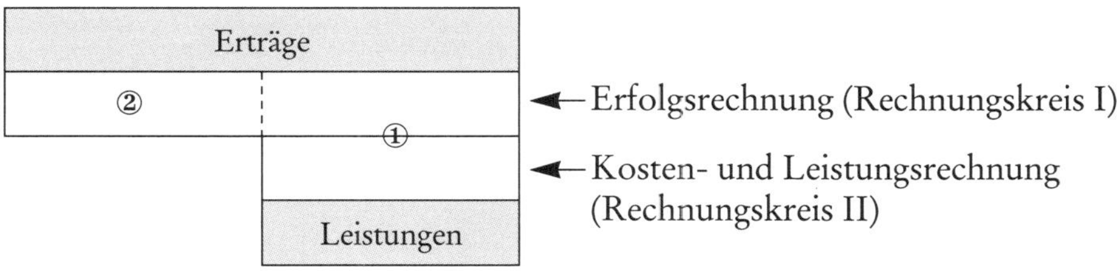

1. Betriebliche Erträge = Leistungen

Leistungen sind das betriebsspezifische Ergebnis der Vorgänge der Leistungserstellung und Leistungsverwertung.

Hierzu gehören im Industriebetrieb:

- **Absatzleistungen** aus dem Verkauf eigener Produkte und Handelswaren

- **Lagerleistungen** in der Form von Bestandszugängen nicht abgesetzter Fertigerzeugnisse oder Waren bzw. halbfertiger Erzeugnisse, die in die nächste Produktionsstufe eingehen
- **Aktivierte Eigenleistungen,** d. h. selbsterstellte und im Betrieb genutzte Anlagen, die in das Betriebsvermögen eingehen
- **Eigenverbrauch,** d. h. Entnahme von Erzeugnissen oder Gegenständen des Anlagevermögens bzw. Nutzung betrieblicher Gegenstände für private Zwecke

2. Neutrale Erträge = unternehmensbezogene Erträge

Hierzu gehören:

- **Erträge,** die nicht im Rahmen des Betriebszweckes erzielt werden
  = **betriebsfremde Erträge:**
  z. B. Dividenden aus Beteiligungen, Zinserträge, Mieterträge
- **Erträge,** die einer anderen Abrechnungsperiode ursächlich zuzurechnen sind
  = **periodenfremde Erträge:**
  z. B. Steuerrückerstattungen
- **Erträge,** die ungewöhnlich hoch sind und selten vorkommen
  = **außerordentliche Erträge:**
  z. B. Verzicht der Gläubiger bei Erlaßvergleich
- **Erträge** durch **wertmäßige Korrekturen** und **Abgänge von Vermögenswerten:**
  z. B. Erträge aus der Auflösung von Rückstellungen und Wertberichtigungen, Erträge aus Anlagenverkäufen über dem Buchwert

Beispiel 1 (Industrie)

Die folgenden Beispiele beziehen sich jeweils auf ein Jahr als Abrechnungsperiode, um die Durchgängigkeit für alle Stufen der Kosten- und Leistungsrechnung aufzuzeigen. Bei kürzeren zeitlichen Bezügen (Monat, Vierteljahr) im Rahmen einer kurzfristigen Erfolgsrechnung würde sich an der grundsätzlichen Problematik nichts ändern!

Die Firma Schneider & Co. Motorenbau erstellt für das laufende Geschäftsjahr die folgende Gewinn- und Verlustrechnung (die Darstellung erfolgt in Kontenform, da sie übersichtlicher ist als die Staffelform!).

Soll (TDM)	**Gewinn- und**	**Verlustrechnung**	Haben (TDM)
Minderbestände an fertigen Erzeugnissen	500	Umsatzerlöse für eigene Erzeugnisse	5.600
Aufwendungen für Rohstoffe	1.750	Mieterträge	300
Aufwendungen für Hilfs- und Betriebsstoffe	800	Erträge aus Beteiligungen	250
Fremdinstandhaltung	150	Zinserträge	150
Löhne	1.000		
Gehälter	900		
Soziale Abgaben	400		
Abschreibungen auf Sachanlagen	250		
Mieten	180		
Verluste aus dem Abgang von Vermögensgegenständen	50		
betriebliche Steuern	120		
Zinsaufwendungen	160		
Gesamtergebnis	40		
	6.300		6.300

Unter Berücksichtigung der vorgenommenen Begriffsabgrenzungen lassen sich die Zahlenwerte im Rahmen einer Aufspaltung des Gesamterfolgs wie folgt zuordnen:

Soll (TDM)		**Gewinn- und Verlustrechnung**	Haben (TDM)
Aufwendungen	6.260	Erträge	6.300

Neutrale Aufwendungen (TDM)	Neutrale Erträge (TDM)	Kosten (TDM)	Leistungen (TDM)
Verluste aus dem Abgang von Vermögensgegenständen 50	Mieterträge 300	Minderbestände an fertigen Erzeugnissen 500	Umsatzerlöse für eigene Erzeugnisse 5.600
	Erträge aus Beteiligungen 250	Aufwendungen für Rohstoffe 1.750	
	Zinserträge 150	Aufwendungen für Hilfs- und Betriebsstoffe 800	
		Fremdinstandhaltung 150	
		Löhne 1.000	
		Gehälter 900	
		Soziale Abgaben 400	
		Abschreibungen auf Sachanlagen 250	
		Mieten 180	
		betriebliche Steuern 120	
		Zinsaufwendungen 160	

Neutrales Ergebnis
+ 650

Betriebsergebnis
– 610

Gesamtergebnis
+ 40

Die Zinsaufwendungen werden in voller Höhe zunächst als Kosten angesehen, da später anstelle der gezahlten Fremdkapitalzinsen kalkulatorische Zinsen verrechnet werden.

Beispiel 2 (Handel)

Ein Großhandelsunternehmen schließt das Geschäftsjahr mit der folgenden Gewinn- und Verlustrechnung ab:

Soll (TDM)		**Gewinn- und Verlustrechnung**	Haben (TDM)
Wareneinsatz	4.100	Warenverkauf	6.150
betriebsfremde Aufwendungen	30	außerordentliche Erträge	100
Verluste aus dem Abgang von Anlagevermögen	70	Zinserträge	120
Zinsaufwendungen	80	Erträge aus der Auflösung von Rückstellungen	70
Gehälter	960		
gesetzliche soziale Aufwendungen	300		
Mieten	180		
Gewerbesteuer	80		
Werbe- und Reisekosten	60		
Kosten der Warenabgabe	50		
Abschreibungen auf Sachanlagen	150		
Gesamtergebnis	380		
	6.440		6.440

(Fortsetzung des Beispiels auf der nächsten Seite)

Der Gesamterfolg läßt sich wie folgt aufspalten:

Soll (TDM)		**Gewinn- und Verlustrechnung**	Haben (TDM)
Aufwendungen 6.060		Erträge 6.440	

Neutrale Aufwendungen (TDM)	Neutrale Erträge (TDM)	Kosten (TDM)	Leistungen (TDM)
betriebsfremde Aufwendungen 30	außerordentliche Erträge 100	Wareneinsatz 4.100	Warenverkauf 6.150
Verluste aus dem Abgang von Anlagevermögen 70	Zinserträge 120	Zinsaufwendungen 80	
	Erträge aus der Auflösung von Rückstellungen 70	Gehälter 960	
		gesetzliche soziale Aufwendungen 300	
		Mieten 180	
		Gewerbesteuer 80	
		Werbe- und Reisekosten 60	
		Kosten der Warenabgabe 50	
		Abschreibungen auf Sachanlagen 150	

Neutrales Ergebnis
+ 190

Betriebsergebnis
+ 190

Gesamtergebnis
+ 380

Überblick

Strömungsgrößen (–)	**Bestandsgrößen**	**Strömungsgrößen (+)**
◄— Auszahlungen	liquide Mittel = Zahlungsmittel Kasse, Bank-, Postgiroguthaben	◄— Einzahlungen
◄— Ausgaben für **zugegangene** Güter und Leistungen	Geldvermögen = Zahlungsmittel + Forderungen – Verbindlichkeiten	◄— Einnahmen für **veräußerte** Leistungen
◄— Aufwendungen für **verbrauchte** Güter und Leistungen (Werteverzehr insgesamt)	Reinvermögen = Eigenkapital	◄— Erträge für **erstellte** Leistungen (Wertezufluß insgesamt)
◄— Kosten für **verbrauchte** Güter und Leistungen für den Betriebszweck (leistungsbedingter Werteverzehr)	betriebsnotwendiges Vermögen	◄— Leistungen für **erstellte betriebliche** Leistungen (leistungsbedingter Wertezufluß)

(Fortsetzung des Überblicks auf der nächsten Seite)

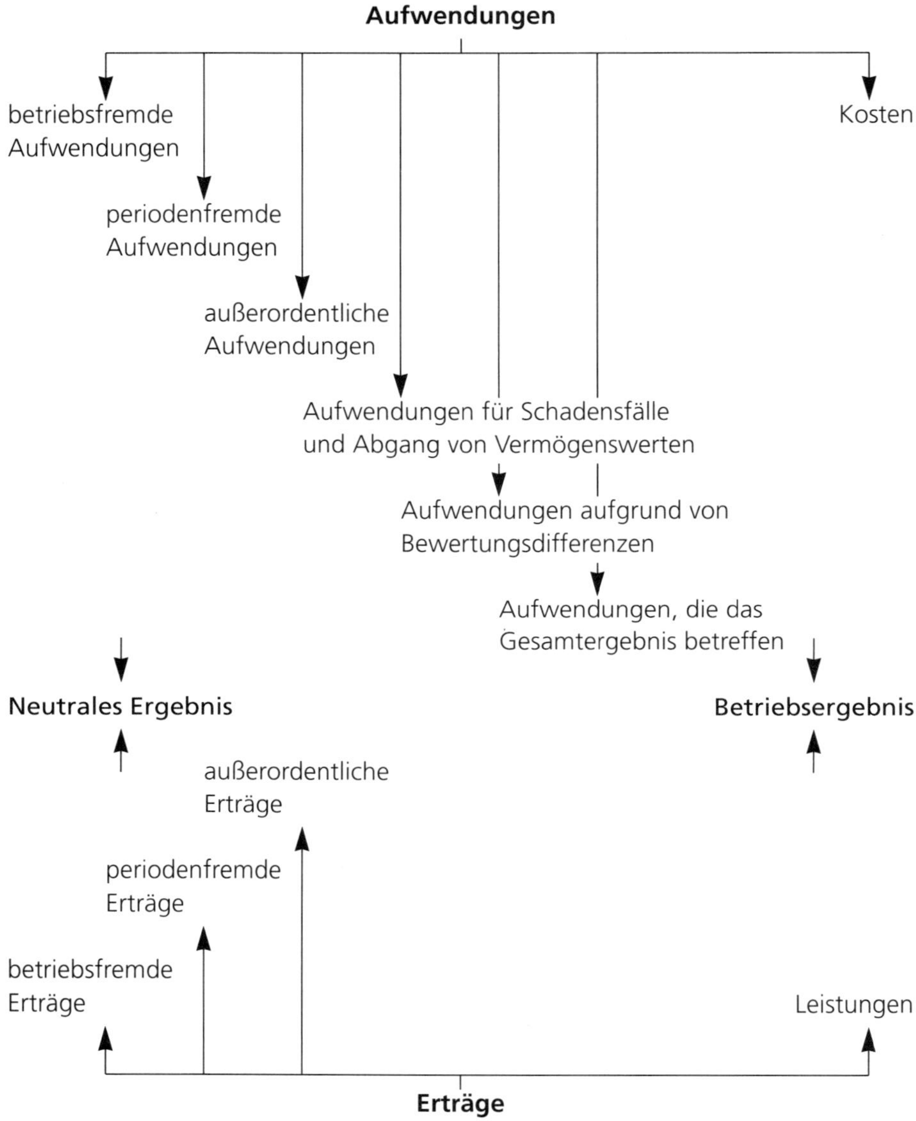
Aufwendungen
betriebsfremde Aufwendungen
periodenfremde Aufwendungen
außerordentliche Aufwendungen
Aufwendungen für Schadensfälle und Abgang von Vermögenswerten
Aufwendungen aufgrund von Bewertungsdifferenzen
Aufwendungen, die das Gesamtergebnis betreffen
Kosten
Neutrales Ergebnis
Betriebsergebnis
außerordentliche Erträge
periodenfremde Erträge
betriebsfremde Erträge
Leistungen
Erträge

Aufgaben

9. Ordnen Sie zu, indem Sie die Buchstaben von 3 der 6 Vorgänge in die Kästchen bei den entsprechenden Begriffen eintragen!

a) Rückerstattung von Steuern
b) Abschreibungen auf Sachanlagen
c) Verkauf von Anlagegütern über Buchwert
d) Zahlung der Einkommensteuer des Inhabers durch Banküberweisung
e) Konkurs eines Großkunden
f) Auflösung einer zu hohen Rückstellung

Ausgaben – keine Aufwendungen ☐
Aufwendungen – keine Ausgaben ☐
außerordentliche Aufwendungen ☐

10. Welche Aussage zu den Kosten trifft zu?

a) Alle Aufwendungen der GuV sind zugleich auch Kosten.
b) Kosten führen immer auch zu Ausgaben.
c) Bei der Ermittlung der Kosten sind handelsrechtliche Vorschriften zu beachten.
d) Kosten sind in Geld bewerteter Werteverzehr zum Zwecke der Leistungserstellung.
e) Zur Ermittlung des Gesamtergebnisses werden den Kosten die Leistungen gegenübergestellt.

11. Setzen Sie die fehlenden Beträge in die Matrix ein (jeweils in TDM)!

	Kosten	Leistungen	Betriebsergebnis	Neutrale Aufwendungen	Neutrale Erträge	Neutrales Ergebnis	Gesamtergebnis
a)	60	65	?	25	?	– 8	?
b)	75	?	12	?	15	?	25
c)	?	87	– 5	13	17	?	?

12. Ordnen Sie zu, indem Sie die Buchstaben von 3 der 5 Vorgänge in die Kästchen bei den entsprechenden Begriffen eintragen!

a) Aktivierung selbsterstellter Anlagen
b) Steuernachzahlung für eine Vorperiode
c) wertmäßiger Verbrauch von Gütern zur Leistungserstellung
d) Dividendenzahlung für eigene Beteiligung an anderen Unternehmen

e) Spenden für soziale Zwecke

Leistungen ☐
betriebsfremde Erträge ☐
Kosten ☐

13. In welchem Fall handelt es sich um Kosten?

a) Der Gesellschafter einer OHG entnimmt 1.000,— DM für private Zwecke.
b) Kauf von Rohstoffen auf Ziel 20.000,— DM + 15 % USt
c) Minderbestände an Fertigerzeugnissen 25.000,— DM
d) Mietzahlung für betrieblich nicht genutzte Räume
e) Ein Einzelunternehmer überweist seine Einkommensteuer über ein Konto des Unternehmens.

14. Ordnen Sie zu, indem Sie die Buchstaben von 3 der 6 Vorgänge in die Kästchen bei den entsprechenden Begriffen eintragen!

a) Ein Anlagegut wird über Buchwert verkauft.
b) Zinsen für das Eigenkapital
c) Zinsgutschrift der Bank
d) Privatentnahme bar
e) Kursverluste bei Wertpapieren des Anlagevermögens
f) Mehrbestände an Erzeugnissen

Aufwendungen ☐
Ausgaben ☐
Kosten ☐

15. In welchem Fall liegt kein Zweckaufwand vor?

a) Grundsteuer für ein betrieblich genutztes Grundstück
b) Abschreibungen für Maschinen
c) Depotgebühren für eigene Wertpapiere
d) Urlaubslöhne
e) Vertreterprovisionen

16. In welchem Fall liegt eine Ausgabe, aber kein Aufwand vor?

a) Privatentnahme bar
b) Verbrauch von Rohstoffen laut Materialentnahmeschein
c) Kauf von Büromaterial durch Banküberweisung
d) Anteilige Jahresabschreibung eines betrieblich genutzten PKW
e) Aufnahme eines langfristigen Darlehens

17. Prüfen Sie, ob die folgenden Aussagen richtig oder falsch sind. Tragen Sie in die Kästchen eine 1 (= richtig) oder eine 2 (= falsch) ein!

a) Selbsterstellte Anlagen gehören zu den betrieblichen Erträgen. ☐

b) Alle Aufwendungen werden aus der GuV grundsätzlich in die KLR übernommen. ☐

c) Verluste aus Wertpapierverkäufen beeinflussen das Betriebsergebnis nicht. ☐

d) Soziale Abgaben sind Kosten, aber keine Aufwendungen. ☐

e) Zinsaufwendungen beeinflussen das Betriebsergebnis. ☐

18. In welchem Fall handelt es sich um Leistungen?

a) Kursgewinne bei eigenen Devisengeschäften

b) Erträge aus der Herabsetzung von Rückstellungen

c) Mieteingänge für eine vermietete Lagerhalle

d) Mehrbestände an fertigen Erzeugnissen

e) Zinserträge aus eigenen Festgeldanlagen

19. Welcher Betrieb hat die höchste Wirtschaftlichkeit? Tragen Sie den Buchstaben des Betriebes in das Kästchen ein! ☐

Betrieb	Kosten (DM)	Leistungen (DM)
A	32.000,—	56.000,—
B	154.000,—	231.000,—
C	65.000,—	117.000,—
D	120.000,—	162.000,—

20. Ermitteln Sie aus den folgenden Zahlen der Gewinn- und Verlustrechnung:

a) Gesamtergebnis

b) Neutrales Ergebnis

c) Betriebsergebnis

Aufwendungen:	Aufwendungen für Rohstoffe	120
(in TDM)	Aufwendungen für Hilfsstoffe	50
	Instandhaltung	30
	Löhne	90
	Gehälter	80
	Soziale Abgaben	45
	Abschreibungen auf Wertpapiere	8
	Abschreibungen auf Sachanlagen	13
	Aufwendungen für Mieten und Pachten	25

	Verluste aus dem Abgang von Vermögensgegenständen	14
	Gewerbesteuer	9
Erträge:	Umsatzerlöse für eigene Erzeugnisse	310
(in TDM)	Mehrbestand an fertigen Erzeugnissen	40
	Mieterträge	90
	Erträge aus dem Abgang von Vermögensgegenständen	35
	Zinserträge	19

21. (Handel) Ermitteln Sie aus den folgenden Zahlen der Gewinn- und Verlustrechnung:

a) Gesamtergebnis
b) Neutrales Ergebnis
c) Betriebsergebnis

Aufwendungen:	Betriebsfremde Aufwendungen	45
(in TDM)	Periodenfremde Aufwendungen	18
	Zinsaufwendungen	23
	Wareneingang	340
	Gehälter	120
	Soziale Aufwendungen	35
	Mieten	21
	Gewerbesteuer	8
	Kfz-Steuer	7
	Beiträge	6
	Abschreibungen auf Sachanlagen	65
Erträge:	Warenverkauf	620
(in TDM)	Zinserträge	54
	Erträge aus der Auflösung von Rückstellungen	16
	Eigenverbrauch	25

3. Kapitel

Abgrenzungsrechnung des Rechnungskreises II

Aufgaben der Abgrenzungsrechnung

Da für die besonderen Zwecke der Kosten- und Leistungsrechnung die **Kosten** und **Leistungen** zur Grundlage betrieblicher Dispositionen gemacht werden müssen, sind zunächst aus den Aufwendungen und Erträgen der Gewinn- und Verlustrechnung des Rechnungskreises I die **neutralen** Aufwendungen und Erträge sachlich abzugrenzen. Dies erfolgt in Form einer tabellarischen **Abgrenzungsrechnung** als Vorstufe zur Kosten- und Leistungsrechnung im Rechnungskreis II.
Diese stellt somit das Bindeglied zwischen der Geschäftsbuchhaltung und der Kosten- und Leistungsrechnung dar und spaltet das **Gesamtergebnis** in ein **Neutrales Ergebnis** und ein **Betriebsergebnis** auf, das zur Beurteilung der wirtschaftlichen Leistungsfähigkeit des Betriebs herangezogen werden kann.
Die Ergebnistabelle ist wie folgt aufgebaut:

Rechnungskreis I			*Rechnungskreis II*			
Erfolgsbereich der Geschäftsbuchführung			**Abgrenzungsbereich** unternehmensbezogene Abgrenzungen		**Kosten- und Leistungsbereich** Betriebsergebnisrechnung	
Konten	Aufwendungen	Erträge	Neutrale Aufwendungen	Neutrale Erträge	Kosten	Leistungen
	Industrie: Ktn.Kl. 6 + 7 **Großhandel:** Ktn.Kl. 2 + 3 + 4	 Ktn.Kl. 5 Ktn.Kl. 2 + 8				

Die tabellarische Abgrenzung wird wie folgt durchgeführt:

1. Übernahme der Salden **aller** Erfolgskonten (Aufwands- und Ertragskonten) einer Abrechnungsperiode (Monat, Vierteljahr, Jahr) in den Erfolgsbereich der Ergebnistabelle
2. Übertragung von Aufwendungen, die zugleich **Kosten** sind, und von Erträgen, die zugleich **Leistungen** sind, in den Kosten- und Leistungsbereich des Rechnungskreises II
3. Übertragung der nicht für die Zwecke der Kosten- und Leistungsrechnung geeigneten **neutralen Aufwendungen** und **neutralen Erträge** als unternehmensbezogene Aufwendungen und Erträge in den Abgrenzungsbereich der Kosten- und Leistungsrechnung

Anmerkung:

- Für die IHK-Prüfungen zum Industriekaufmann bzw. zur -kauffrau, die nach den normierten Prüfungsaufgaben der Aufgabenstelle für kaufmännische Abschluß- und Zwischenprüfungen (AKA) durchgeführt werden, gilt eine andere Zuordnung.

  Danach werden als unternehmensbezogene Abgrenzungen nur die **betriebsfremden** Aufwendungen und Erträge verrechnet. Alle übrigen neutralen Aufwendungen und Erträge werden im Rahmen der kostenrechnerischen Korrekturen abgegrenzt!

4. Aufspaltung von Aufwendungen und Erträgen aus dem Erfolgsbereich des Rechnungskreises I und deren teilweise Übertragung in den Abgrenzungsbereich **und** in den Kosten- und Leistungsbereich

   Beispiel: Grundsteuer insgesamt 65.000,— DM, davon anteilig für vermietete Räume 25.000,— DM

   Da als Kosten lediglich der **betriebsnotwendige** Werteverzehr verrechnet werden kann, werden 40.000,— DM als Kosten für die gewerblich genutzten Räume und 25.000,— DM als neutrale Aufwendungen den jeweiligen Bereichen des Rechnungskreises II zugeordnet.

Unternehmensbezogene Abgrenzungen

Beispiel 3 (Industrie/Zahlen aus Beispiel 1)
Die Firma Schneider & Co. erstellt die folgende Abgrenzungsrechnung:

Rechnungskreis I			*Rechnungskreis II*			
Erfolgsbereich der Geschäftsbuchführung			**Abgrenzungsbereich** unternehmensbez. Abgrenzungen		**Kosten- und Leistungsbereich** Betriebsergebnisrechnung	
Konten	Aufwendungen (TDM)	Erträge (TDM)	Neutrale Aufwendungen (TDM)	Neutrale Erträge (TDM)	Kosten (TDM)	Leistungen (TDM)
Umsatzerl. f. eig. Erz.		5.600				5.600
Minderbest. an fert. Erz.	500				500	
Mieterträge		300		300		
Erträge aus Beteiligungen		250		250		
Zinserträge		150		150		
Aufwend. f. Rohstoffe	1.750				1.750	
Aufwendungen für Hilfs- und Betriebsstoffe	800				800	
Fremdinstandhaltung	150				150	
Löhne	1.000				1.000	
Gehälter	900				900	
Soziale Abgaben	400				400	
Abschreibg. auf Sachanl.	250				250	
Mieten	180				180	
Verluste aus dem Abgang von Vermögensgegenst.	50		50			
betriebliche Steuern	120				120	
Zinsaufwendungen	160				160	
	6.260	6.300	50	700	6.210	5.600
Gesamtergebnis	+ 40					
Neutrales Ergebnis			+ 650			
Betriebsergebnis						– 610
	6.300	6.300	700	700	6.210	6.210

Abstimmung:	RK I	Gesamtergebnis		+ 40 TDM
	RK II	Ergebnis unternehmensbezogener Abgrenzungen (Neutrales Ergebnis)	+ 650 TDM	
		Betriebsergebnis	– 610 TDM	
		Gesamtergebnis		+ 40 TDM

Dieses Beispiel verdeutlicht, daß bei einem positiven steuerpflichtigen Gesamtergebnis der unternehmerische Erfolg aus der eigentlichen betrieblichen Tätigkeit durchaus negativ sein kann (= **operatives Ergebnis**). Es würde im Rahmen der Kontrollfunktion des Rechnungswesens zu völlig falschen Schlußfolgerungen führen, wenn der Saldo der Gewinn- und Verlustrechnung und nicht das **Betriebsergebnis** zum Maßstab betrieblicher Entscheidungen genommen würde.
Dies zeigt auch die Beurteilung der Wirtschaftlichkeit des vorgestellten Betriebes. Sie läßt sich durch die Gegenüberstellung von **Kosten** und **Leistungen** berechnen:

$$\text{Wirtschaftlichkeit} = \frac{\text{Leistungen}}{\text{Kosten}} = \frac{5.600\ \text{TDM}}{6.210\ \text{TDM}} = 0{,}90$$

Das heißt, verursachten Kosten von 1,— DM stehen nur Umsatzerlöse von 0,90 DM gegenüber, obwohl die Abrechnungsperiode mit einem Gesamtgewinn von 40 TDM abschließt.
Dies ist darin begründet, daß sich ein wesentlicher Teil des Gesamterfolges nicht aus der betrieblichen Tätigkeit als Industriebetrieb ergibt, sondern aus sonstigen, das Gesamtunternehmen betreffenden Vorgängen, wie z. B. Anlagen in Immobilien, Beteiligungen und Geldvermögen.
Nur durch eine Erfolgsspaltung im Rechnungskreis II kann dies deutlich gemacht werden.

Beispiel 4 (Großhandel/Zahlen aus Beispiel 2)

Rechnungskreis I			*Rechnungskreis II*			
Erfolgsbereich der Geschäftsbuchführung			**Abgrenzungsbereich** unternehmensbezogene Abgrenzungen		**Kosten- und Leistungsbereich** Betriebsergebnisrechnung	
Konten	Aufwendungen (TDM)	Erträge (TDM)	Neutrale Aufwendungen (TDM)	Neutrale Erträge (TDM)	Kosten (TDM)	Leistungen (TDM)
Warenverkauf		6.150				6.150
außerordentliche Erträge		100		100		
Zinserträge		120		120		
Erträge aus der Auflösung von Rückstellungen		70		70		
Wareneinsatz	4.100				4.100	
betriebsfremde Aufwendungen	30		30			
Verluste aus dem Abgang von Anlagevermögen	70		70			
Zinsaufwendungen	80				80	
Gehälter	960				960	
gesetzliche soziale Aufwendungen	300				300	
Mieten	180				180	
Gewerbesteuer	80				80	
Werbe- und Reisekosten	60				60	
Kosten der Warenabgabe	50				50	
Abschreibungen auf Sachanlagen	150				150	
	6.060	6.440	100	290	5.960	6.150
Gesamtergebnis	+ 380					
Neutrales Ergebnis			+ 190			
Betriebsergebnis					+ 190	
	6.440	6.440	290	290	6.150	6.150

Abstimmung:	RK I	Gesamtergebnis		+ 380 TDM
	RK II	Ergebnis unternehmensbezogener Abgrenzungen (Neutrales Ergebnis)	+ 190 TDM	
		Betriebsergebnis	+ 190 TDM	
		Gesamtergebnis		+ 380 TDM

$$\text{Wirtschaftlichkeit} = \frac{\text{Leistungen}}{\text{Kosten}} = \frac{6.150 \text{ TDM}}{5.960 \text{ TDM}} = 1{,}03$$

Das heißt, durch einen Umsatz von 1,03 DM werden Kosten von 1,— DM verursacht, ein Wert, der mit Vergangenheitswerten oder mit den Werten anderer Betriebe verglichen werden könnte.

Kostenrechnerische Korrekturen durch kalkulatorische Kostenarten

Im Rahmen der **unternehmensbezogenen Abgrenzung** wurden ausschließlich Aufwendungen und Erträge aus der Kosten- und Leistungsrechnung des Rechnungskreises II herausgenommen, die **nicht** als Kosten und Leistungen verrechnet werden konnten. Die zur betrieblichen Entscheidungsfindung erforderliche Trennung von **Betriebsergebnis** und **Neutralem Ergebnis** bedingt jedoch auch, daß Kosten verrechnet werden, denen in der Geschäftsbuchhaltung in der Höhe **unterschiedliche** bzw. **keine** Aufwendungen gegenüberstehen.

Der für die Belange der Kostenrechnung zu erfassende betriebsbedingte Werteverzehr **(= Kosten)** ist damit in der Höhe und in der Zusammensetzung von dem zum Zwecke steuerlicher Gewinnermittlung erfaßten Werteverzehr **(= Aufwendungen)** zu unterscheiden, da die nach handels- und steuerrechtlichen Vorschriften ermittelten Werte nicht in jedem Fall auch dem Verursachungsprinzip der Kostenrechnung entsprechen.

Die folgenden Fälle können für das Verhältnis zwischen Aufwendungen und Kosten unterschieden werden:

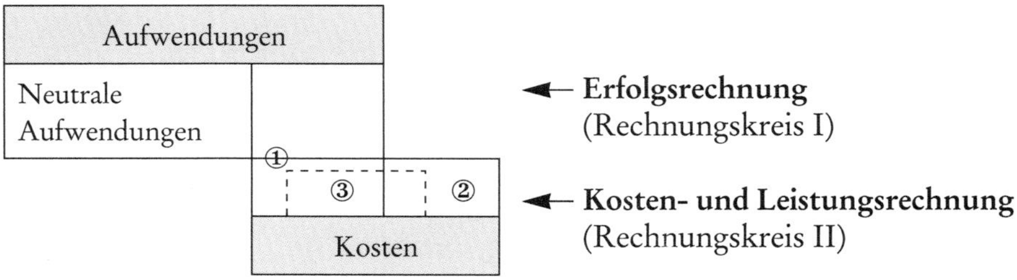

1. *Grundkosten* (= aufwandsgleiche Kosten)
   Sie entsprechen den in der Gewinn- und Verlustrechnung verrechneten betrieblichen Aufwendungen, die weder periodenfremd noch einmalig sind und daher in der Kosten- und Leistungsrechnung in der gleichen Höhe angesetzt werden. Sie sind im Rahmen der Abgrenzungsrechnung nicht korrekturbedürftig, z. B. Gewerbesteuer, Soziale Aufwendungen, u. a. m.
2. *Zusatzkosten* (= aufwandslose Kosten)
   Ihnen liegen in der Geschäftsbuchhaltung **keine** Aufwendungen zugrunde, die das Eigenkapital schmälern würden, da sie nie zu Ausgaben führen. Sie stellen vielmehr einen leistungsbedingten Werteverzehr dar, der zum Zwecke der Kostenrechnung im Sinne des Verursachungsprinzips **zusätzlich** verrechnet wird, z. B. kalkulatorischer Unternehmerlohn, kalkulatorische Eigenkapitalzinsen, kalkulatorische Miete u. a. m.
   Zusatzkosten beeinflussen das Betriebsergebnis in seiner Höhe, wirken sich aber **nicht** auf das Gesamtergebnis aus.
3. *Anderskosten* (= aufwandsungleiche Kosten)
   Sie werden in der Kosten- und Leistungsrechnung in **anderer** Höhe verrechnet, da die Aufwendungen der Geschäftsbuchhaltung nicht dem verursachungsgerechten Werteverzehr und den Anforderungen der Kosten- und Leistungsrechnung entsprechen.
   Die entsprechenden Aufwendungen der Gewinn- und Verlustrechnung sind somit im Rahmen der Abgrenzungsrechnung des Rechnungskreises II korrekturbedürftig, z. B. kalkulatorische Abschreibungen, kalkulatorische Wagnisse u. a.m.
   Zusatzkosten und Anderskosten werden als **kalkulatorische Kostenarten** bezeichnet. Sie ermöglichen die Vergleichbarkeit mit anderen Betrieben oder anderen Abrechnungsperioden des gleichen Betriebes, da auf diese Weise nur derjenige Werteverzehr in die Kosten- und Leistungsrechnung eingeht, der durch die Vorgänge der Leistungserstellung und Leistungsverwertung auch verursacht wurde. Die wertmäßige Erfassung der Kosten ist unabhängig von steuer- und handelsrechtlichen Ansätzen (= Aufwendungen) oder Zahlungsvorgängen (= Ausgaben).

Zusatzkosten

Zu den **Zusatzkosten** gehören:
- Kalkulatorischer Unternehmerlohn
- Kalkulatorische Zinsen für das betriebsnotwendige Eigenkapital
- Kalkulatorische Miete
- der Überhang
  - der kalkulatorischen Zinsen über die gezahlten Fremdkapitalzinsen
  - der kalkulatorischen Abschreibungen über die bilanziellen Abschreibungen
  - der kalkulatorischen Wagnisse über die eingetretenen Wagnisse
  - der kalkulatorischen Miete über die gezahlten Mietaufwendungen

Im Gegensatz zu den Vorstandsmitgliedern einer AG oder den Geschäftsführern einer GmbH erhalten die Unternehmer bei Einzelunternehmen oder die voll haftenden Gesellschafter bei Personengesellschaften für ihre Tätigkeit in der Betriebs- und Geschäftsleitung selbst kein Gehalt, das sowohl als Aufwand in der Gewinn- und Verlustrechnung als auch als Aufwand in der Kosten- und Leistungsrechnung berücksichtigt wird.

Vielmehr wird die unentgeltliche Mitarbeit im eigenen Betrieb durch einen **kalkulatorischen Unternehmerlohn** erfaßt, der zwar Bestandteil der Kosten ist, aber zu keinen Ausgaben führt. Er ist unabhängig von den tatsächlichen Entnahmen des Unternehmers für private Zwecke und kann auch für mitarbeitende Familienangehörige in angemessener Höhe verrechnet werden.

Da die Preise kostenorientiert kalkuliert werden, wird diese Tätigkeit über die Umsatzerlöse, d. h. über den Markt honoriert.

Bemessungsgrundlage für die Höhe des kalkulatorischen Unternehmerlohnes kann das durchschnittliche Gehalt eines Angestellten in einer gleichwertigen Funktion in einem vergleichbaren Unternehmen sein.

Auf diese Weise werden Personengesellschaften und Kapitalgesellschaften unabhängig von der gewählten Rechtsform vergleichbar gemacht.

In der Abgrenzungstabelle wird z. B. ein Unternehmerlohn von 60.000,— DM in der folgenden Weise verrechnet:

Da er bezüglich des Gesamtergebnisses erfolgsneutral wirken muß, wird der Verrechnung in der Kosten- und Leistungsrechnung als Kosten im Rahmen der Abgrenzungsrechnung ein fiktiver Ertrag gegenübergestellt. Somit vermindert sich das Betriebsergebnis um 60.000,— DM, während sich das Abgrenzungsergebnis um 60.000,— DM erhöht.

Kalkulatorische Zinsen werden im Gegensatz zu den gezahlten Fremdkapitalzinsen, die entweder gleichzeitig, vorher oder nachträglich immer zu Ausgaben führen, für den Einsatz des **betriebsnotwendigen Kapitals**, unabhängig von dessen Herkunft, angesetzt.

Dies geschieht entweder in Form der **zusätzlichen** Verrechnung kalkulatorischer Zinsen für das betriebsnotwendige **Eigenkapital** als Zusatzkosten zu den in die KLR übernommenen Fremdkapitalzinsen oder aber an deren Stelle in Form der Verrechnung kalkulatorischer Zinsen mit einem einheitlichen Satz auf der Basis des gesamten betriebsnotwendigen Kapitals als **Anderskosten.**
Da es bei der Kostenkontrolle nicht darauf ankommt, woher das Kapital des Unternehmens stammt, sondern ob es im betrieblichen Leistungsprozeß gebunden ist, werden auf diese Weise die Zinsen unabhängig von dem Finanzierungsverhältnis des einzelnen Betriebes verrechnet und wird so ein zwischenbetrieblicher Vergleich ermöglicht.
Eigenkapitalzinsen sind keine mit Liquiditätsabflüssen (**Ausgaben**) verbundenen Aufwendungen, da sie steuer- und handelsrechtlich nicht als solche anerkannt werden, sondern Kosten im Sinne von **entgehendem Nutzen** in anderen Verwendungsmöglichkeiten der eingesetzten Mittel, die durch den betrieblichen Einsatz ausgeschlossen sind.
So kann es sich vom kostenrechnerischen Aspekt her nur um einen Verkauf mit Verlust handeln, wenn der Markt über den erzielten Preis keine angemessene Eigenkapitalverzinsung vergütet.
Kalkulatorische Eigenkapitalzinsen werden wie der Unternehmerlohn als kostenrechnerische Korrektur in den KLR-Bereich übertragen und wirken bezogen auf das Gesamtergebnis erfolgsneutral.
Stellt ein Einzelunternehmer oder Gesellschafter einer Personengesellschaft dem Unternehmen Räume in seinem privaten Gebäude zur Verfügung, so kann die ortsübliche Miete als **kalkulatorische Miete** (Eigenmiete) in der Kosten- und Leistungsrechnung angesetzt werden.
Dieser Mietwert stellt echte Zusatzkosten im Sinne von einem entgehenden Nutzen durch eine andere Verwendung der Räume dar, da es aus Sicht der Kostenrechnung gleichgültig ist, ob eigene oder fremde Räume betrieblich genutzt werden. Entscheidend ist auch hierbei der Werteverzehr, nicht die Minderung des Eigenkapitals (= Aufwendungen) oder der Liquiditätsabfluß (= Ausgaben).

Anderskosten

Zu den **Anderskosten** gehören:
- kalkulatorische Zinsen für das betriebsnotwendige Kapital
- kalkulatorische Abschreibungen
- kalkulatorische Wagnisse
- kalkulatorische Raumkosten

Auf der Basis des **betriebsnotwendigen Kapitals** werden kalkulatorische Zinsen als Anderskosten wie folgt berechnet:

	Summe der kalkulatorischen Restwerte des betriebsbedingten **Anlagevermögens** (ohne betrieblich nicht oder zu betriebsfremden Zwecken genutzte Vermögensteile wie z. B. vermietete Gebäude oder stillgelegte Anlagen)	1.600.000,— DM
+	Summe des durchschnittlich gebundenen betriebsbedingten **Umlaufvermögens** (ohne Vermögenswerte, die betriebsfremden Zwecken dienen, z. B. Wertpapiere)	450.000,— DM
=	betriebsnotwendiges Vermögen	2.050.000,— DM
–	Abzugskapital (= zinslos überlassenes Fremdkapital wie z. B. Rückstellungen, Kundenanzahlungen, Umsatzsteuer)	250.000,— DM
=	betriebsnotwendiges Kapital	1.800.000,— DM

Bei einem kalkulatorischen Zinssatz von 8 % verzinst sich das betriebsnotwendige Kapital mit 144.000,— DM jährlich:

$$\text{kalkulatorische Zinsen} = \frac{\text{BNK x Zinssatz}}{100} = \frac{1.800.000,\text{— x } 8}{100} = 144.000,\text{— DM}$$

In der Abgrenzungsrechnung werden die gezahlten Fremdkapitalzinsen als Aufwendungen der Gewinn- und Verlustrechnung herausgenommen und an deren Stelle in der Kosten- und Leistungsrechnung die kalkulatorischen Zinsen verrechnet. Sie beeinflussen das Betriebsergebnis, wirken aber bezogen auf das Gesamtergebnis neutral. Bei angenommenen Fremdkapitalzinsen von 116.000,— DM entstehen im vorliegenden Fall:

Grundkosten:	116.000,— DM
Anderskosten:	144.000,— DM
Zusatzkosten:	28.000,— DM

Die in der Geschäftsbuchhaltung verrechneten **bilanzmäßigen Abschreibungen** (= AfA – Absetzung für Abnutzung) gehen als Aufwendungen in die Gewinn- und Verlustrechnung zur Ermittlung des Gesamterfolges ein und sind in ihrer Bemessung von handels- und steuerrechtlichen Bewertungsvorschriften abhängig. Dabei stehen die Prinzipien kaufmännischer Vorschrift und des Gläubigerschutzes und nicht die verursachungsgerechte Ermittlung des verbrauchsbedingten betrieblichen Werteverzehrs im Vordergrund.
Die als Kosten verrechneten **kalkulatorischen Abschreibungen** berücksichtigen dagegen die tatsächliche, verbrauchsbedingte Wertminderung der betriebsnotwendigen Anlagegüter. Sie können in ihrer Höhe von dem steuerlichen Ansatz abweichen, da sie nur die durch die Leistungserstellung bedingte Wertminderung erfassen, und sind somit **Anderskosten.**

Die wertmäßigen Unterschiede können durch die folgenden Faktoren bedingt sein:

- Die bilanzmäßige Abschreibung endet nach einer innerhalb steuerlicher Grenzen geschätzten Nutzungsdauer (Abschreibung auf einen Erinnerungswert von 1,— DM), während die kalkulatorische Abschreibung so lange fortgeführt werden kann, wie das Wirtschaftsgut im Betrieb genutzt wird.
- Bilanzmäßig, planmäßig abgeschrieben werden **alle** Wirtschaftsgüter des Anlagevermögens, die als abnutzbare Wirtschaftsgüter einer Wertminderung unterliegen, kalkulatorisch nur solche, die dem eigentlichen Betriebszweck dienen. Auch stillgelegte Anlagen werden bei der kalkulatorischen Abschreibung nicht berücksichtigt.
- Kalkulatorische Abschreibungen werden von den gestiegenen **Wiederbeschaffungswerten** unter Berücksichtigung von Preisindizes berechnet, da nur deren Kalkulation die Finanzierung der Ersatzbeschaffung über die zugeflossenen Umsatzerlöse ermöglicht. Das **Anschaffungswertprinzip** begrenzt dagegen die bilanzmäßigen Abschreibungen insgesamt auf die Höhe der Anschaffungskosten. Eine Substanzerhaltung des Betriebes ist nicht gewährleistet, wenn bei Preissteigerungen im Beschaffungsmarkt nur die Anschaffungskosten über die Absatzmärkte wieder zufließen. So entsprechen die bilanzmäßigen Abschreibungen dem Prinzip der nominellen Kapitalerhaltung.
- Steuerliche und kalkulatorische Abschreibungen werden nach verschiedenen Berechnungsmethoden (linear, degressiv, Abschreibung nach Leistungseinheiten) durchgeführt, oder aber es werden steuerliche Vorteile wie etwa die volle Abschreibung „Geringwertiger Wirtschaftsgüter" im Jahr der Anschaffung ausgenutzt.
  Anschaffungskosten eines betrieblich genutzten PKW 80.000,— DM, Abschreibung 25 %, linear
  Wiederbeschaffungswert 90.000,— DM,
  gleicher Abschreibungssatz

$$\text{bilanzmäßige Abschreibung} = \text{Anschaffungskosten} \times \frac{25}{100} =$$

$$= 80.000,\text{— DM} \times \frac{25}{100} = 20.000,\text{— DM pro Jahr}$$

$$\text{kalkulatorische Abschreibung} = \text{Wiederbeschaffungswert} \times \frac{25}{100} =$$

$$= 90.000,\text{— DM} \times \frac{25}{100} = 22.500,\text{— DM pro Jahr}$$

Damit entstehen in dem vorliegenden Fall:

Grundkosten:	20.000,— DM
Anderskosten:	22.500,— DM
Zusatzkosten:	2.500,— DM

Sind die bilanzmäßigen Abschreibungen **höher** als die kalkulatorischen Abschreibungen, so entstehen in Höhe der Differenz **neutrale Aufwendungen.**
Somit sind hinsichtlich des Verhältnisses von bilanzmäßiger und kalkulatorischer Abschreibung die folgenden Fälle denkbar:

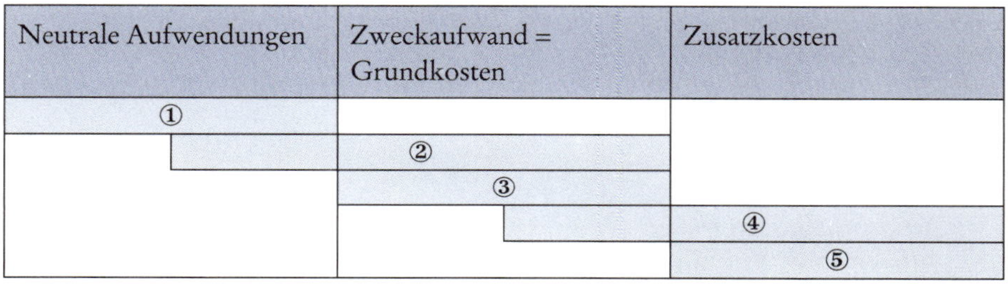

1. Abschreibung betrieblich nicht genutzter Anlagen, keine Auswirkung auf die Kosten- und Leistungsrechnung
2. Bilanzmäßige Abschreibungen > kalkulatorische Abschreibungen; z. B. die Anschaffungskosten Geringwertiger Wirtschaftsgüter (= bewegliche Anlagegüter bis 800,— DM) werden im Jahr der Anschaffung **voll** abgeschrieben, kalkulatorisch aber auf die Nutzungsdauer verteilt. Bei 10 Jahren bilanzmäßige Abschreibung im ersten Jahr 800,— DM, kalkulatorische Abschreibung 80,— DM
3. Die bilanzmäßigen Abschreibungen entsprechen den kalkulatorischen Abschreibungen
4. Bilanzmäßige Abschreibungen < kalkulatorische Abschreibungen, z. B. kalkulatorische Abschreibungen vom steigenden Wiederbeschaffungswert bei gleicher Nutzungsdauer (Anderskosten)
5. Abschreibung bilanzmäßig bereits voll abgeschriebener Anlagen, keine Auswirkung auf die Gewinn- und Verlustrechnung. Entspricht Fall 2 in den folgenden 9 Jahren.

Unter **Wagnis** (= Risiko) versteht man die Gefahr von Verlusten oder Schadensfällen, d. h. Gewinn-, Wert- oder Vermögensminderungen, die mit der unternehmerischen Tätigkeit verbunden sind.
Dabei werden unterschieden:

▶ ***Allgemeines Unternehmerwagnis:***

Es besteht in den Risiken, die das Unternehmen als **Ganzes** gefährden, bedingt durch die politische und konjunkturelle Lage, den technischen Fortschritt,

Konkurrenten- und Konsumentenverhalten, Geldentwertung, Managementfehler und andere Ursachen.
Diese Gefahren sind kaum vorhersehbar, das Risiko ist nicht kalkulierbar und somit auch kein Bestandteil der Kosten. Es wird vielmehr im Gewinn abgegolten. Dies ist die marktwirtschaftlich adäquate Legitimation für den Gewinn.
- *Kalkulatorische Einzelwagnisse:*

Sie betreffen spezielle **Einzelrisiken** in unmittelbarem Zusammenhang mit der Leistungserstellung, die unregelmäßig anfallen und zu Verlusten in unterschiedlicher Höhe führen können. Sie sind vorhersehbar und durch den Ansatz von Erfahrungswerten aus der Vergangenheit auch kalkulierbar.
Dagegen sind die tatsächlich eintretenden Wagnisse im Rahmen der Kosten- und Leistungsrechnung nicht kalkulierbar, da sie hinsichtlich Höhe und Zeitpunkt unregelmäßig anfallen.
Sie gehen als **Aufwendungen** in die Erfolgsrechnung ein und verringern das eingesetzte Eigenkapital.
Der Ansatz **kalkulatorischer Wagnisse** anstelle tatsächlich eintretender Wagnisverluste in der Kosten- und Leistungsrechnung als eine Form der **Selbstversicherung** bewirkt, daß die entsprechenden Risiken als Kostenfaktor über den Markt abgedeckt werden, wenn sie prozentual auf der Basis der Herstellungskosten, des Umsatzes oder anderer Größen verrechnet werden. Zugleich führt die Verrechnung konstanter Wagniszuschläge zu einer gleichmäßigen Belastung der Abrechnungsperioden.
Werden die Risiken auf Fremdversicherungen abgewälzt, so gehen die gezahlten Prämien als Aufwendungen der Geschäftsbuchhaltung auch in die Kosten- und Leistungsrechnung ein.
Zu den kalkulierbaren **Einzelwagnissen** zählen insbesondere:
- **Anlagewagnisse:** z. B. Beschädigung von Anlagegütern durch Brand, Werteverzehr und durch technischen Fortschritt
- **Beständewagnisse:** z. B. Minderung des Vorratsvermögens durch Diebstahl, Verderb, Preisverfall
- **Gewährleistungswagnisse:** z. B. Garantieleistungen bei Mängelrügen der Kunden
- **Fertigungswagnisse:** z. B. Mehrkosten durch Materialfehler, Ausschuß
- **Vertriebswagnisse:** z. B. Währungsverluste bei Fakturierung in Fremdwährung, Kundenausfälle
- **Entwicklungswagnisse:** z. B. Verluste aus Fehlentwicklungen

So können in einem Betrieb die durchschnittlichen Wagniskosten in Prozent des Umsatzes wie folgt errechnet werden:

Geschäftsjahr	Aufwendungen für Gewährleistungen	Umsätze
1	30.150,— DM	1.500.000,— DM
2	35.630,— DM	1.350.000,— DM
3	28.400,— DM	1.480.000,— DM
4	31.900,— DM	1.710.000,— DM
5	27.520,— DM	1.640.000,— DM
	153.600,— DM	7.680.000,— DM

Durchschnittlicher Gewährleistungsaufwand je Periode:

$$\frac{153.600,\text{— DM} \times 100}{7.680.000,\text{— DM}} = 2\,\%$$

Bei einem Umsatz des abgelaufenen Jahres von 1.650.000,— DM und einer geschätzten Steigerung von 6,5 % lassen sich für das folgende Jahr die Kosten für kalkulatorische Wagnisse errechnen:

	Umsatz des abgelaufenen Jahres	1.650.000,— DM
+	geschätzte Steigerung	107.250,— DM
=	geschätzter Umsatz im nächsten Jahr	1.757.250,— DM

$$\text{Kalkulatorische Wagnisse} = \frac{\text{Umsatz} \times 2}{100} = 35.145,\text{— DM}$$

Dieser Betrag wird anstelle der **tatsächlichen** Schadensfälle über die Abgrenzungsrechnung in den Kosten- und Leistungsbereich übertragen. Er wirkt, bezogen auf das Gesamtergebnis, neutral, wohingegen die tatsächlichen Schadensfälle in der Geschäftsbuchhaltung gewinnmindernd erfaßt werden.
An Stelle tatsächlich anfallender Aufwendungen für Grundstücke und Gebäude wie z. B. Gebäudeabschreibungen, Grundsteuer u. a.m. können auch **kalkulatorische Raumkosten** (kalkulatorische Miete) als **Anderskosten** in der Kosten- und Leistungsrechnung verrechnet werden. Die in der Gewinn- und Verlustrechnung angesetzten Aufwendungen betrieblicher Art werden über die Abgrenzungsrechnung zum Zwecke der Kosten- und Leistungsrechnung entsprechend korrigiert.
Als Berechnungsgrundlage können herangezogen werden:

- vergleichbare ortsübliche Mieten für gewerbliche Nutzungen oder
- sämtliche Kosten für die Gebäude, wie z. B. kalkulatorische Abschreibungen, kalkulatorische Zinsen

Kostenrechnerische Korrekturen durch Verrechnungspreise und periodengerechte Kostenerfassung

Der mengenmäßige Verbrauch an Material in Industriebetrieben wird entweder permanent durch Materialentnahmescheine oder einmalig durch körperliche Bestandsaufnahme (= Inventur) ermittelt und in der Geschäftsbuchhaltung zu den Anschaffungskosten bewertet.

Um die Preisschwankungen des Beschaffungsmarktes aus der Kosten- und Leistungsrechnung herauszuhalten und Kostenvergleiche zu ermöglichen, ist es sinnvoll, den Materialverbrauch mit **festen Verrechnungspreisen** in der Kostenrechnung anzusetzen, die regelmäßig der tatsächlichen Entwicklung anzupassen sind.

Auf diese Weise können auch die Verbrauchsmengen zu Wiederbeschaffungspreisen bewertet werden, die hinsichtlich erwarteter Preissteigerungen prognostiziert werden.

Dies ermöglicht eine entsprechende Kalkulation und die Rückführung der zur Wiederbeschaffung erforderlichen Materialpreise über den Absatzmarkt. Nur so ist die Substanzerhaltung des Betriebes erreichbar, da es im Sinne der Kostenverursachung nicht auf gezahlte Anschaffungspreise, sondern auf den tatsächlichen Werteverzehr ankommt.

Im **Abgrenzungsbereich** der Kosten- und Leistungsrechnung werden die Aufwendungen für die Stoffe laut Gewinn- und Verlustrechnung ebenso wie die aufgezeigten Anderskosten herausgenommen und dann als **kostenrechnerische Korrektur** in den Kosten- und Leistungsbereich in anderer Höhe übertragen.

In der gleichen Weise erfolgt auch die Verrechnung von Kosten, die im Sinne einer kurzfristigen **zeitlichen Abgrenzung** auf eine andere Abrechnungsperiode (z. B. Monat) zu verteilen sind als die mit einmaligen Ausgaben verbundenen Aufwendungen.

Dabei werden zwei Fälle unterschieden:

1. **Vorverteilung** von Kosten, wenn nachträgliche Ausgaben im voraus als Kosten in der Kosten- und Leistungsrechnung auf mehrere Monate zu verteilen sind (z. B. Weihnachtsgratifikationen für Mitarbeiter, die im Januar zu 1/12 als Kosten angesetzt werden)
2. **Nachverteilung** von Kosten, wenn im voraus erfolgte Ausgaben in der Kosten- und Leistungsrechnung auf nachfolgende Monate verteilt werden (z. B. anteilige Kfz-Steuer im November, die im Mai für zwölf Monate im voraus gezahlt wurde.)

In der gleichen Weise wie für das Verhältnis zwischen Aufwendungen und Kosten können auch für die Erträge und Leistungen zum Zwecke der Kosten- und Leistungsrechnung Korrekturen im Rahmen der Abgrenzungsrechnung vorgenommen werden.

Danach sind zu unterscheiden:

- Grundleistung (= Zweckertrag)
- Andersleistung (Leistung ≠ Ertrag)
- Zusatzleistung (Leistung ohne Ertrag)

Auf diese Probleme einzugehen würde den Rahmen dieser einführenden Darstellung sprengen, zumal sie auch in den kaufmännischen Abschlußprüfungen nicht angesprochen werden.

Abgrenzungstabelle

Unternehmensbezogene Abgrenzungen und **kostenrechnerische Korrekturen** werden in einer Abgrenzungstabelle in statistischer Form vorgenommen.

Beispiel 5 (Industrie/Zahlen aus Beispiel 3)

Die Firma Schneider & Co berücksichtigt zum Zwecke kostenrechnerischer Korrekturen in der Kosten- und Leistungsrechnung

- statt bilanzmäßiger Abschreibungen von 250 TDM kalkulatorische Abschreibungen von 300 TDM auf der Basis steigender Wiederbeschaffungskosten
- statt gezahlter Fremdkapitalzinsen von 160 TDM kalkulatorische Zinsen für das gesamte betriebsnotwendige Kapital in Höhe von 200 TDM

und verrechnet **zusätzlich** einen kalkulatorischen Unternehmerlohn von 100 TDM:

(Fortsetzung des Beispiels auf der nächsten Seite)

Rechnungskreis I			*Rechnungskreis II*					
Erfolgsbereich der Geschäftsbuchführung			**Abgrenzungsbereich**				**Kosten- und Leistungsber.**	
			unternehmensbez. Abgrenz.		kostenrechnerischer Korrekturen		Betriebserg.-rechnung	
Konten	Aufwendungen (TDM)	Erträge (TDM)	Neutr. Aufw. (TDM)	Neutr. Ertr. (TDM)	Aufwend. lt. Gesch.-buchh. (TDM)	Verrechnete Kosten (TDM)	Kosten (TDM)	Leistungen (TDM)
Umsatzerl. f. eig. Erz.		5.600						5.600
Minderbest. an fert. Erz.	500						500	
Mieterträge		300		300				
Erträge aus Beteiligungen		250		250				
Zinserträge		150		150				
Aufwend. für Rohstoffe	1.750						1.750	
Aufwendungen für Hilfs- und Betriebsstoffe	800						800	
Fremdinstandhaltung	150						150	
Löhne	1.000						1.000	
Gehälter	900						900	
Soziale Abgaben	400						400	
Abschreib. auf Sachanl.	250				250			
Mieten	180						180	
Verluste aus dem Abgang v. Vermögensgegenständen	50		50					
betriebliche Steuern	120						120	
Zinsaufwendungen	160		160					
kalk. Abschreibungen						300	300	
kalkulatorische Zinsen						200	200	
kalkulatorischer Unternehmerlohn						100	100	
	6.260	6.300	210	700	250	600	6.400	5.600
Gesamtergebnis	+ 40							
Erg. untern.-bez. Abgr.			+ 490					
Erg. kostenr. Korr.					+ 350			
Betriebsergebnis								– 800
	6.300	6.300	700	700	600	600	6.400	6.400

Abstimmung:	RK I	Gesamtergebnis		+ 40 TDM
	RK II	Ergebnis unternehmens-bezogener Abgrenzungen	+ 490 TDM	
		Ergebnis kostenrechne-rischer Korrekturen	+ 350 TDM	
		Betriebsergebnis	– 800 TDM	
		Gesamtergebnis		+ 40 TDM

Diese Abgrenzungsrechnung wird in der von der Aufgabenstelle für kaufmännische Abschluß- und Zwischenprüfungen (AKA) vorgelegten Form wie folgt vorgenommen. Dabei werden die **betriebsfremden** Aufwendungen und Erträge als unternehmensbezogene Abgrenzungen und alle übrigen neutralen Aufwendungen und Erträge in den für die kostenrechnerischen Korrekturen vorgesehenen Spalten verrechnet:

(Fortsetzung des Beispiels auf der nächsten Seite)

Rechnungskreis I			*Rechnungskreis II*					
Erfolgsbereich der Geschäftsbuchführung Klassen 5, 6, 7			**Abgrenzungsbereich** unternehmensbez. Abgrenzungen (betriebsfremd) Gruppe 90		kosten- u. leistungsrechn. Korrekt. (außerord. betriebsbez. Verrechn.-korr., sonst. Abgrenz.) Gruppe 91		**Kosten- und Leistungsber.** Kosten- und Leistungsarten Gruppe 92	
Konten	Aufwendungen (TDM)	Erträge (TDM)	Aufwendungen (TDM)	Erträge (TDM)	Aufwendungen (TDM)	Erträge (TDM)	Kosten (TDM)	Leistungen (TDM)
Umsatzerl. f. eig. Erz.		5.600						5.600
Minderbest. an fert. Erz.	500						500	
Mieterträge		300		300				
Erträge aus Beteiligungen		250		250				
Zinserträge		150		150				
Aufw. für Rohstoffe	1.750						1.750	
Aufw. f. Hilfs- u. Betriebsst.	800						800	
Fremdinstandhaltung	150						150	
Löhne	1.000						1.000	
Gehälter	900						900	
Soziale Abgaben	400						400	
Abschr. auf Sachanl.	250				250			
Mieten	180						180	
Verluste aus dem Abgang v. Vermögensgegenständen	50				50			
betriebliche Steuern	120						120	
Zinsaufwendungen	160		160					
kalk. Abschreibeibungen						300	300	
kalkulatorische Zinsen						200	200	
kalk. Unternehmerlohn						100	100	
	6.260	6.300	160	700	300	600	6.400	5.600
Gesamtergebnis	+ 40							
Erg. untern.-bez. Abgr.			+ 540					
Erg. kostenr. Korr.					+ 300			
Betriebsergebnis								– 800
	6.300	6.300	700	700	600	600	6.400	6.400

Beispiel 6 (Großhandel/Zahlen aus Beispiel 4)

Rechnungskreis I			*Rechnungskreis II*					
Erfolgsbereich der Geschäftsbuchführung			**Abgrenzungsbereich**				**Kosten- und Leistungsbereich**	
			untern.-bez. Abgr.		kostenrechn. Korr.			
Konten	Aufwendungen (TDM)	Erträge (TDM)	Neutr. Aufw. (TDM)	Neutr. Erträge (TDM)	Aufw. lt. Gesch.-buchh. (TDM)	Verrechnete Kosten (TDM)	Kosten (TDM)	Leistungen (TDM)
Warenverkauf		6.150						6.150
außerordentliche Erträge		100		100				
Zinserträge		120		120				
Erträge aus der Auflösung von Rückstellungen		70		70				
Wareneinsatz	4.100						4.100	
betriebsfremde Aufw.	30		30					
Verluste aus Abgang von Anlagevermögen	70		70					
Zinsaufwendungen	80		80					
Gehälter	960						960	
gesetzliche soziale Aufwendungen	300						300	
Mieten	180						180	
Gewerbesteuer	80						80	
Werbe- und Reisekosten	60						60	
Kosten der Warenabgabe	50						50	
Abschreibungen auf Sachanlagen	150				150			
kalk. Abschreibungen						135	135	
kalk. Zinsen						100	100	
kalk. Wagnisse						60	60	
	6.060	6.440	180	290	150	295	6.025	6.150
Gesamtergebnis	+ 380							
Erg. unternehmensbez. Abgrenzungen			+ 110					
Ergebnis kostenrechn. Korrekturen					+ 145			
Betriebsergebnis							+ 125	
	6.440	6.440	290	290	295	295	6.150	6.150

Abstimmung:	RK I	Gesamtergebnis		+ 380 TDM
	RK II	Ergebnis unternehmensbezogener Abgrenzungen	+ 110 TDM	
		Ergebnis kostenrechnerischer Korrekturen	+ 145 TDM	
		Betriebsergebnis	+ 125 TDM	
		Gesamtergebnis		+ 380 TDM

Überblick

Abgrenzungsrechnung als Vorstufe der Kosten- und Leistungsrechnung:

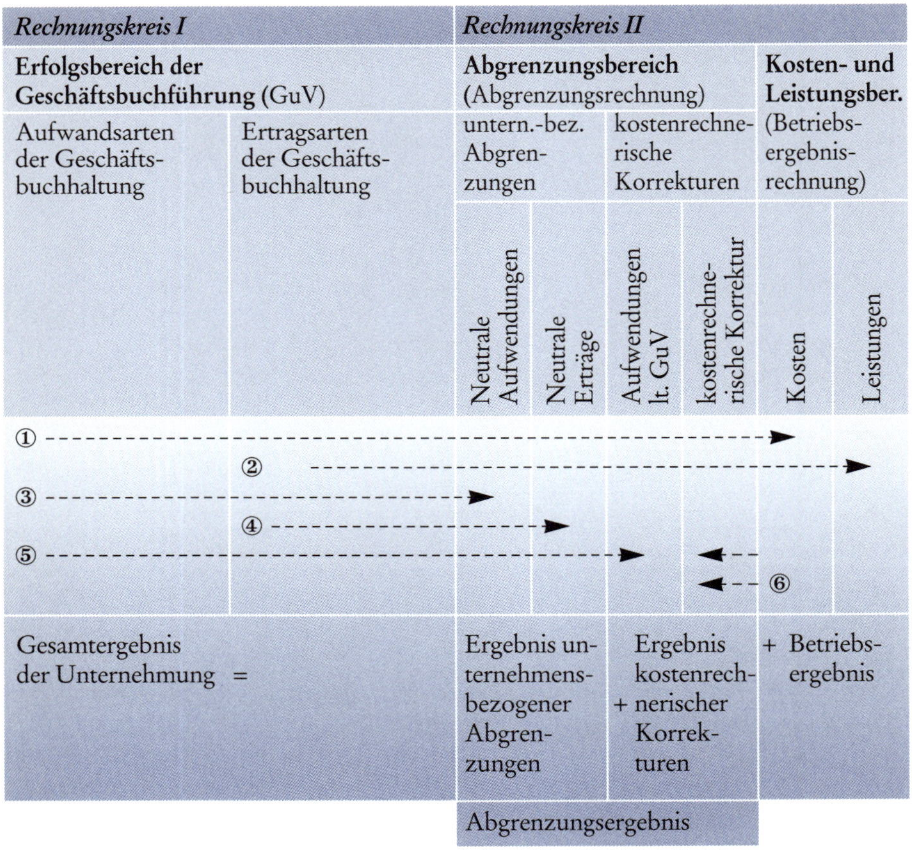

1. Übernahme der aufwandsgleichen Kosten in die Kosten- und Leistungsrechnung
2. Übernahme derjenigen Erträge in die Kosten-und Leistungsrechnung, die zugleich auch Leistungen darstellen
3. Abgrenzung der Neutralen Aufwendungen durch Herausnahme im Rahmen der Abgrenzungsrechnung
4. Abgrenzung der Neutralen Erträge
5. Verrechnung der aufwandsungleichen Kosten (Anderskosten) und Abgrenzung der entsprechenden Aufwendungen der Gewinn- und Verlustrechnung
   Verrechnung derjenigen betrieblichen Aufwendungen, für die zum Zwecke der Kosten- und Leistungsrechnung Verrechnungspreise angesetzt werden
   Verrechnung derjenigen betrieblichen Aufwendungen, die zum Zwecke einer kurzfristigen Erfolgsrechnung zu periodisieren sind
6. Verrechnung von aufwandslosen Kosten (Zusatzkosten)

Aufgaben

22. In einem Industriebetrieb werden die folgenden Ergebnisse ermittelt:
Gesamtergebnis + 70.000,— DM
Ergebnis unternehmensbezogener Abgrenzung + 25.000,— DM
Ergebnis kostenrechnerischer Korrekturen – 30.000,— DM
Wie groß ist das Betriebsergebnis?

23. Welcher Posten gehört zu den kalkulatorischen Kosten?
a) Verbrauch von Rohstoffen zu Anschaffungspreisen
b) Ausgangsfrachten
c) Zinsen für das betriebsnotwendige Eigenkapital
d) tatsächlich gezahlte Mieten
e) Kursverluste aus Wertpapieren

24. Welche Aussage zu den kalkulatorischen Abschreibungen ist richtig?
a) Sie dürfen höchstens von den Anschaffungs- oder Herstellungskosten vorgenommen werden.
b) Sie wirken sich nicht auf das Betriebsergebnis aus.
c) Sie sind grundsätzlich nach der AfA-Tabellen des Finanzamtes zu berechnen.
d) Sie sollen bei Preissteigerungen die Finanzierung der Ersatzbeschaffung über die Umsatzerlöse ermöglichen.
e) Sie können zusätzlich im Rechnungskreis I zu den steuerlichen Abschreibungen geltend gemacht werden.

25. Eine Maschine mit Anschaffungskosten von 180.000,— DM soll bilanzmäßig in 5 Jahren linear abgeschrieben werden.
Wie hoch sind die Abschreibungsbeträge im ersten Jahr
a) steuerlich
b) kalkulatorisch, wenn eine tatsächliche Nutzungsdauer von 8 Jahren und eine Preissteigerungsrate von insgesamt 40 % angenommen wird?

26. Welche Aussage zu den kostenrechnerischen Korrekturen im Rechnungskreis II ist richtig?
a) Sie erfassen alle neutralen Aufwendungen und Erträge.
b) Sie erfassen u. a. die Aufwendungen der GuV, die in der KLR in anderer Höhe verrechnet werden sollen.
c) Durch sie wird das Betriebsergebnis ermittelt.
d) Das Ergebnis kostenrechnerischer Korrekturen ist negativ, wenn die verrechneten Kosten höher sind als die Aufwendungen laut GuV.
d) Kostenrechnerische Korrekturen mindern den steuerpflichtigen Gewinn.

27. Ordnen Sie die folgenden Fälle den jeweiligen Spalten der Abgrenzungsrechnung zu, indem Sie die entsprechenden Buchstaben eintragen!

Neutrale Aufwendungen	Neutrale Erträge	Aufwendungen lt. GuV	kostenrechn. Korr.	Kosten	Leistungen
1	2	3	4	5	6

a) Kalkulatorische Abschreibungen auf Sachanlagen
b) Minderbestände an fertigen Erzeugnissen
c) Fremdkapitalzinsen, bei Verrechnung kalkulatorischer Zinsen
d) Gehälter
e) Bilanzmäßige Abschreibungen auf Sachanlagen, sofern kalkulatorische Abschreibungen in anderer Höhe verrechnet werden
f) Zinserträge
g) Umsatzerlöse für Handelswaren
h) Gewerbesteuernachzahlung für eine Vorperiode
i) Rohstoffverbrauch zu Verrechnungspreisen

28. In welchem Fall handelt es sich um periodenfremde Erträge?
a) Verkauf eines gebrauchten Anlagegutes über Buchwert
b) Mieter zahlen die Dezembermiete erst im Januar.

c) Gewerbesteuerrückerstattung
d) Die Abschlußzahlung beim Konkurs eines Kunden ist höher als erwartet.
e) Kunden leisten eine Anzahlung für einen größeren Auftrag.

29. Berechnen Sie die kalkulatorischen Zinsen (jährlich):

Anlagevermögen:	Grundstücke und Gebäude	1.500.000,— DM
	Beteiligungen	250.000,— DM
	Maschinen	780.000,— DM
	Betriebs- u. Geschäftsausstattung	650.000,— DM
Umlaufvermögen:	Vorräte	950.000,— DM
	Forderungen	680.000,— DM
	liquide Mittel	350.000,— DM
	Lieferantenkredite	710.000,— DM
	Kundenanzahlungen	150.000,— DM

In der Position Gebäude sind 150.000,— DM betrieblich nicht genutzte Grundstücke enthalten!
Kalkulatorischer Zins 9,5 %.

30. Berechnen Sie nach dem Ergebnis der Aufgabe 29 unter der Annahme von Fremdkapitalzinsen in Höhe von 87.500,— DM

a) Anderskosten
b) Grundkosten
c) Zusatzkosten
d) Zweckaufwand

31. a) **Berechnen Sie den Wagniszuschlag für das Gewährleistungswagnis für das 6. Geschäftsjahr in % des Umsatzes aus dem Durchschnitt der prozentualen Wagnisverluste der vorangegangenen 5 Jahre:**

	eingetretene Wagnisverluste	Umsätze
1. Jahr	13.000,— DM	650.000,— DM
2. Jahr	13.125,— DM	875.000,— DM
3. Jahr	16.450,— DM	940.000,— DM
4. Jahr	12.625,— DM	1.010.000,— DM
5. Jahr	29.250,— DM	1.300.000,— DM

b) Der Umsatz beträgt im 6. Jahr 1.650.000,— DM, die tatsächlichen Wagnisverluste 35.000,— DM
Berechnen Sie: 1. Anderskosten
2. Grundkosten
3. Zusatzkosten

32. Führen Sie nach den folgenden Angaben eine Abgrenzungsrechnung durch:

Zahlen der Buchhaltung: (in TDM)

Umsatzerlöse für eigene Erzeugnisse	1.500
Mehrbestand an fertigen Erzeugnissen	180
Mieterträge	45
Periodenfremde Erträge	60
Erträge aus Beteiligungen	96
Zinserträge	75
Aufwendungen für Stoffe	450
Fremdinstandhaltung	25
Löhne	625
Gehälter	380
Soziale Abgaben	210
Abschreibungen auf Sachanlagen	65
Mietaufwendungen	38
Büromaterial	15
Verluste aus dem Abgang von Gegenständen des Anlagevermögens	16
Betriebliche Steuern	27
Zinsaufwendungen	30
Verrechnungspreise für den Materialverbrauch	485
Kalkulatorische Zinsen für das BNK	36
Kalkulatorische Abschreibungen auf Sachanlagen	70
Kalkulatorische Wagnisse	8

33. (Handel) Führen Sie nach den folgenden Angaben eine Abgrenzungsrechnung durch:

Zahlen der Buchhaltung: (in TDM)

Zinsaufwendungen	25
Abschreibungen auf Forderungen	64
Mieterträge	32
Erträge aus Wertpapieren	15
Zinserträge	38
Erträge aus dem Abgang von Vermögensgegenständen	9
Wareneingang	165
Löhne	50
Gehälter	85
Gesetzliche soziale Aufwendungen	34
Mieten	28

Gewerbesteuer	30
Abschreibungen auf Sachanlagen	84
Warenverkauf	485
Die Gehälter enthalten Nachzahlungen in Höhe von	16
Kalkulatorischer Unternehmerlohn	5
Kalkulatorische Abschreibungen auf Sachanlagen	75
Kalkulatorische Zinsen für das BNK	30

4. Kapitel

Kostenartenrechnung

Aufgaben der Kostenartenrechnung

Durch die Abgrenzungsrechnung des Rechnungskreises II als Vorstufe der Kosten- und Leistungsrechnung werden die **Kosten** als die bei der Leistungserstellung (= Produktion) und Leistungsverwertung (= Absatz) verbrauchten Güter und Dienstleistungen ermittelt und den Leistungen der Periode gegenübergestellt. Für die richtige Kontierung sind die Kosten im Rahmen der **Kostenartenrechnung** zu erfassen, zu gliedern und je nach Verwendungszweck zu gruppieren.
Verschiedene Gliederungsprinzipien wurden bereits erwähnt oder ergeben sich aus der Gruppierung der Aufwandsarten der Geschäftsbuchhaltung.

Einige Beispiele:

1. Verhältnis zwischen Kosten und Aufwendungen der Geschäftsbuchhaltung
   - Grundkosten (= aufwandsgleiche Kosten)
   - Anderskosten (= aufwandsungleiche Kosten)
   - Zusatzkosten (= aufwandslose Kosten)
2. Art des Werteverzehrs
   - Gebrauch und Verbrauch von Sachgütern
   - Arbeitsleistungen
   - fremde Dienstleistungen
   - Kapitalnutzung
   - Zwangsverbrauch wie z. B. Steuern
3. Betriebliche Funktionen
   - Beschaffungskosten
   - Lagerkosten
   - Materialkosten
   - Fertigungskosten
   - Verwaltungskosten
   - Vertriebskosten

Einteilung der Kosten in Abhängigkeit vom Beschäftigungsgrad: Fixe Kosten und variable Kosten

Unter **Beschäftigung** versteht man das in Produktionsmengen je Zeiteinheit ausgedrückte Leistungsvermögen eines Betriebes.
Der **Beschäftigungsgrad** gibt die tatsächliche Ausnutzung im Verhältnis zur technisch möglichen Ausnutzung an.
So wäre bei einer Monatskapazität von 80.000 Stück und einer Auslastung von 65.000 Stück der Beschäftigungsgrad 81,25 %.

$$\text{Beschäftigungsgrad} = \frac{\text{tatsächliche Auslastung x 100}}{\text{technische Maximalauslastung (Kapazität)}} = \frac{65.000 \text{ x } 100}{80.000} = 81{,}25\,\%$$

In Abhängigkeit von Veränderungen des Beschäftigungsgrades sind diejenigen Kosten, die davon unabhängig bleiben **(= Fixe Kosten),** von jenen zu unterscheiden, die sich ändern **(= Variable Kosten).**
Eine derartige Aufspaltung der Kosten ist z. B. dann erforderlich, wenn eine kostenorientierte Preisbildung auf der Basis der Selbstkosten im Markt nicht durchsetzbar ist und Preisuntergrenzen nach den Teilkosten ermittelt werden müssen.
Fixe Kosten sind alle Kosten, die als **Kosten der Betriebsbereitschaft** in jeder Abrechnungsperiode innerhalb der Kapazitätsgrenze, unabhängig von der tatsächlichen Produktions- oder Absatzmenge, anfallen.
Sie sind **zeitproportional.** Bei einer Erhöhung der Kapazität steigen sie sprunghaft auf ein höheres Niveau (intervall-fixe Kosten) an.

Beispiel 7

Es werden kalkulatorische Abschreibungen in Höhe von 20.000,— DM nach der Zeit (Monat, Jahr) berechnet. Der Gesamtbetrag ist somit zeit- und nicht mengenabhängig.

Die Verläufe von Gesamt- und Stückkosten können so dargestellt werden:

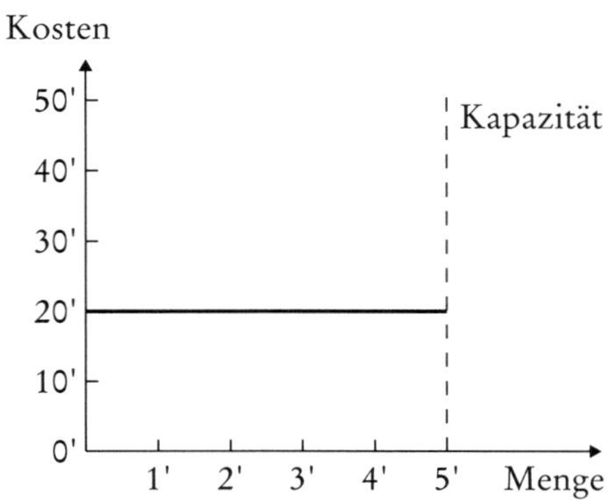

Gesamtkosten sind unabhängig vom Beschäftigungsgrad, d. h. **konstant**

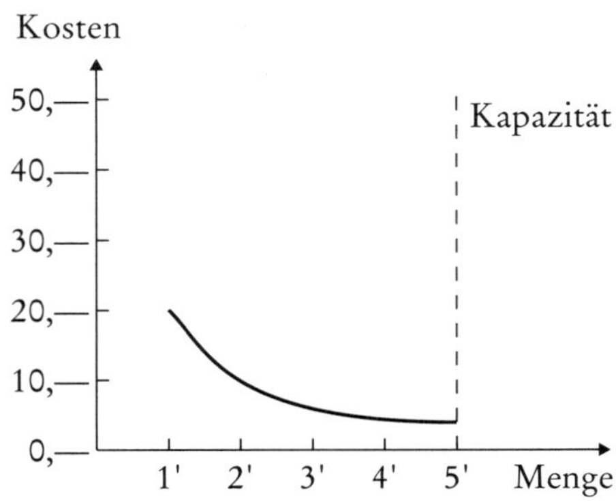

Stückkosten verlaufen bei steigendem Beschäftigungsgrad **degressiv**

Menge in Stück	Fixe Gesamtkosten	Fixe Stückkosten
1.000	20.000,— DM	20,— DM
2.000	20.000,— DM	10,— DM
3.000	20.000,— DM	6,67 DM
4.000	20.000,— DM	5,— DM
5.000	20.000,— DM	4,— DM

Bei fixen Gesamtkosten ist der Reagibilitätsgrad 0

$$R = \frac{\text{relative Kostenänderung}}{\text{relative Mengenänderung}} = \frac{0\,\%}{100\,\%} = 0$$

(zwischen 1.000 und 2.000 Stück)

Variable Kosten sind alle Kosten, die sich bei einer Änderung des Beschäftigungsgrades ebenfalls verändern, wie etwa der Verbrauch von Rohstoffen (Industrie) oder der Wareneinsatz (Handel).

Die Veränderung der Kosten im Verhältnis zur Veränderung der Menge kann **proportional, überproportional** oder **unterproportional** erfolgen.

Beispiel 8
Variable Kosten als **proportionale Kosten:** Die Kosten steigen im gleichen Verhältnis wie die Menge.
Fertigungsmaterial (Handel: Wareneinsatz) je Stück 15,— DM

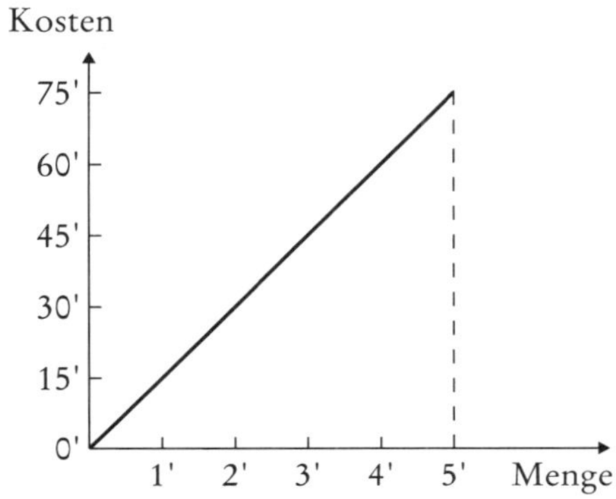

Gesamtkosten sind **proportional** (linear variabel)

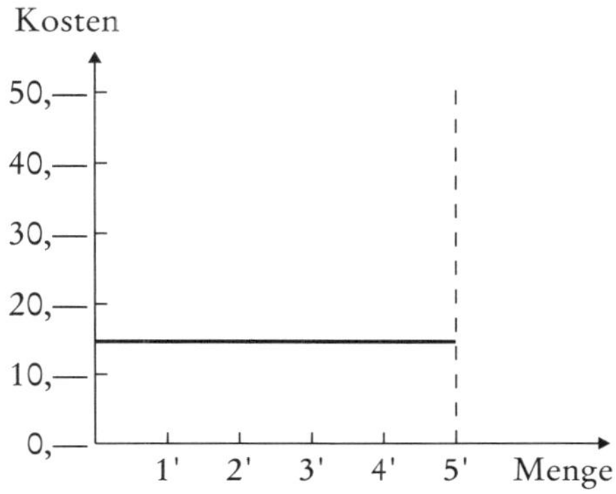

Stückkosten sind **konstant**

Menge in Stück	Variable Gesamtkosten	Variable Stückkosten
1.000	15.000,— DM	15,— DM
2.000	30.000,— DM	15,— DM
3.000	45.000,— DM	15,— DM
4.000	60.000,— DM	15,— DM
5.000	75.000,— DM	15,— DM

Bei proportional variablen Kosten ist der Reagibilitätsgrad 1.

$$R = \frac{100\,\%}{100\,\%} = 1 \text{ (zwischen 1.000 und 2.000 Stück)}$$

Variable Kosten als **überproportionale Kosten:**
Die Kosten steigen stärker an als die Menge, etwa bei intensiver Nutzung maschineller Anlagen in der Fertigung und damit verbundenem überhöhtem Verschleiß und Energieverbrauch.

Beispiel 9
Maschinenkosten für Wartung, Abschreibungen, Energieverbrauch

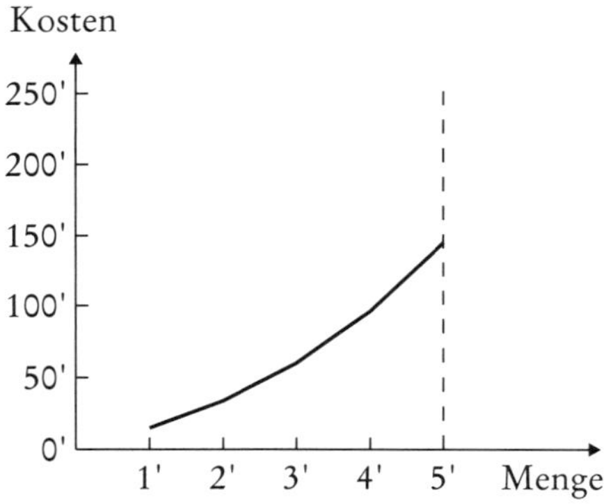

Gesamtkosten sind **überproportional**

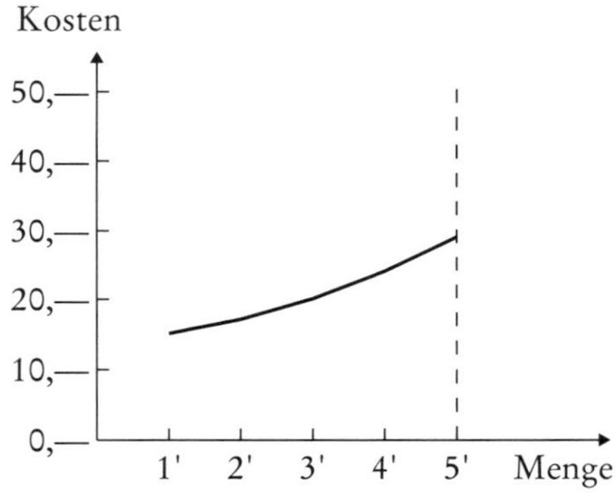

Stückkosten sind **progressiv**

Menge in Stück	Variable Gesamtkosten	Variable Stückkosten
1.000	15.000,— DM	15,— DM
2.000	34.000,— DM	17,— DM
3.000	60.000,— DM	20,— DM
4.000	96.000,— DM	24,— DM
5.000	145.000,— DM	29,— DM

Bei überproportionalen Kosten ist der Reagibilitätsgrad > 1

$$R = \frac{126{,}7\,\%}{100\,\%} = 1{,}27 \text{ (zwischen 1.000 und 2.000 Stück)}$$

Variable Kosten als **unterproportionale Kosten:**
Die Kosten sinken bei steigender Menge.

Beispiel 10
Einstandspreise für Material (Waren) bei entsprechender Rabattstaffelung, Einkaufspreis pro Stück 15,— DM

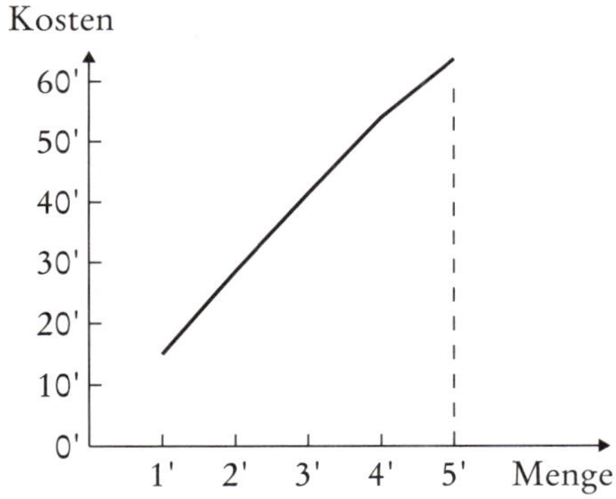

Gesamtkosten sind **unterproportional**

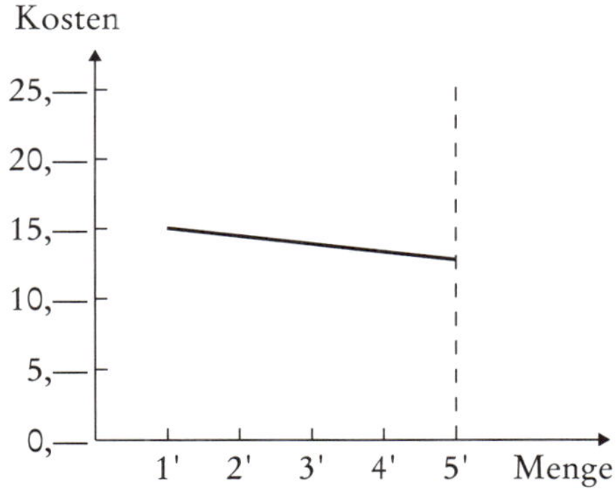

Stückkosten sind **degressiv**

Rabatt	Menge in Stück	Variable Gesamtkosten	Variable Stückkosten
0 %	1.000	15.000,— DM	15,— DM
5 %	2.000	28.500,— DM	14,25 DM
8 %	3.000	41.400,— DM	13,80 DM
10 %	4.000	54.000,— DM	13,50 DM
15 %	5.000	63.750,— DM	12,75 DM

Bei unterproportionalen Kosten ist der Reagibilitätsgrad < 1, aber > 0

$$R = \frac{90\,\%}{100\,\%} = 0{,}9 \text{ (Zwischen 1.000 und 2.000 Stück)}$$

Bei der in den Beispielen angenommenen technischen Kapazität von 5.000 Stück können die Fixkosten von 20.000,— DM unter dem Aspekt der Ausnutzung dieser Kapazität betrachtet werden. Danach sind **Nutzkosten** und **Leerkosten** zu unterscheiden.
Nutzkosten sind der Fixkostenanteil, der sich auf die ausgenutzte Kapazität bezieht, z. B. bei einer Produktion von 4.000 Stück:

$$\text{Nutzkosten} = \frac{\text{Fixkosten x tatsächliche Produktionsmenge}}{\text{Kapazität}} =$$

$$= \frac{\text{20.000,— DM x 4.000}}{\text{5.000}} = \text{16.000,— DM}$$

Leerkosten sind dagegen derjenige Fixkostenanteil, der sich auf die **nicht** ausgenutzte Kapazität bezieht:

$$\text{Leerkosten} = \frac{\text{Fixkosten x (Kapazität – tatsächliche Produktionsmenge)}}{\text{Kapazität}} =$$

$$= \frac{\text{20.000,— DM x (5.000 – 4.000)}}{\text{5.000}} = \text{4.000,— DM}$$

Nutzkosten + Leerkosten = Fixkosten
16.000,— DM + 4.000,— DM = 20.000,— DM

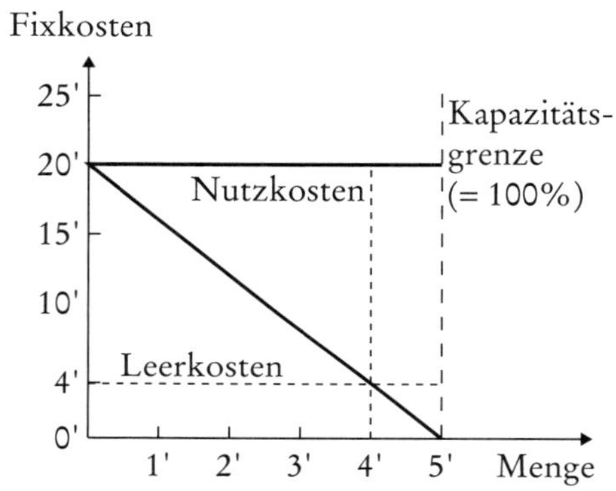

Bei voller Auslastung der Kapazität sind die Nutzkosten 100%, Leerkosten fallen keine an. Da Anlagen nicht teilbar sind, entstehen bei nur teilweiser Auslastung dagegen Leerkosten.
Sind die Kosten teilweise fix und teilweise variabel **(Mischkosten)**, so ergeben sich die folgenden Kostenverläufe:

Beispiel 11
Fixe Kosten: 20.000,— DM
variable Kosten: pro Stück 15,— DM

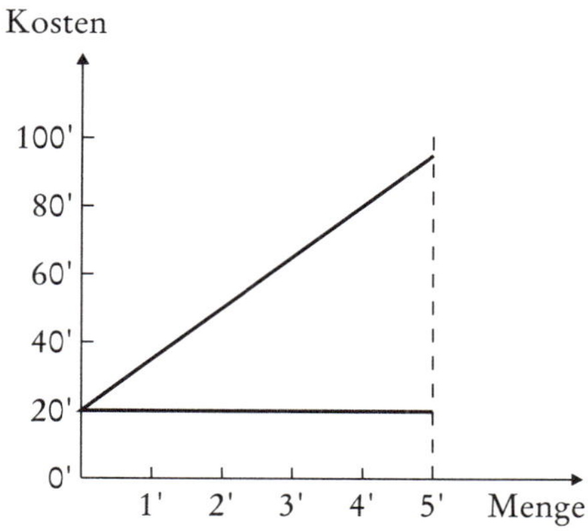

Gesamtkostenverlauf

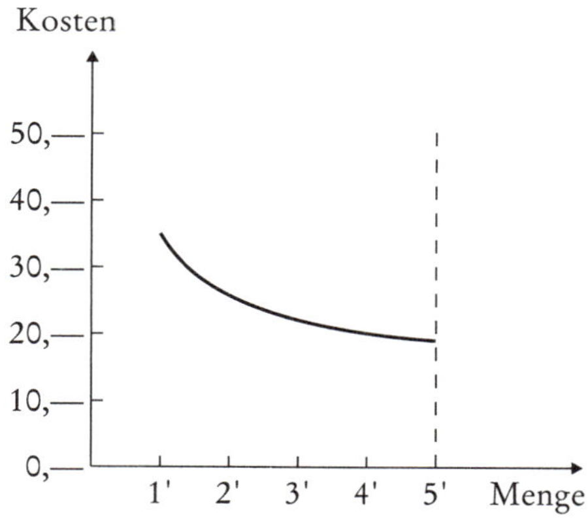

Stückkostenverlauf

Menge in Stück	Gesamtkosten	Stückkosten
1.000	35.000,— DM	35,— DM
2.000	50.000,— DM	25,— DM
3.000	65.000,— DM	21,67 DM
4.000	80.000,— DM	20,— DM
5.000	95.000,— DM	19,— DM

Die Stückkosten sind bei steigender Auslastung **degressiv,** da sich die Fixkosten auf mehrere Produkte verteilen (Gesetz der Massenproduktion). Bei sinkender Beschäftigung verlaufen sie **progressiv.**
Mischkosten sind bei der Anwendung von Teilkostenverfahren, die auf der Trennung von variablen und fixen Kosten beruhen, aufzuspalten, etwa durch das folgende mathematische Verfahren, bei dem die Kosten unterschiedlicher Beschäftigungsgrade ins Verhältnis zueinander gesetzt werden:

Beschäftigungsgrade
I = 1.000 Stück:
entspricht 20 % bei einer Kapazität von 5.000 Stück
II = 2.000 Stück:
entspricht 40 % bei einer Kapazität von 5.000 Stück

$$\text{Variable Kosten pro Stück} = \frac{\text{Kostenänderung in DM}}{\text{Mengenänderung in Stück}} = \frac{15.000,\text{— DM}}{1.000} = 15,\text{— DM}$$

(Werte aus Beispiel 11)

Bei 1.000 Stück sind daher von 35.000,— DM Gesamtkosten
15.000,— DM (15,— DM x 1.000 Stück) variable Kosten und
20.000,— DM (35.000,— DM minus 15.000,— DM) Fixkosten.
Eine eindeutige Trennung ist schwer durchführbar, da die meisten Kosten Mischkosten sind.
Die Abhängigkeit der Kosten von der Beschäftigung läßt sich in Form einer linearen **Kostenfunktion** darstellen (x = Menge, K = Gesamtkosten, K_v = variable Kosten, K_f = fixe Kosten):

$$K = K_v + K_f;\ \text{wobei } K_v = f(x) \text{ und } K_f = 20.000,\text{— DM}$$
$$K = 15 \cdot x + 20.000$$

Auf diese Weise lassen sich für jede Produktions- bzw. Absatzmenge die Gesamtkosten ermitteln, z. B. bei 5.000 Stück:

$$K = 5.000 \text{ x } 15,\text{—} + 20.000,\text{—}$$
$$K = 75.000,\text{—} + 20.000,\text{—}$$
$$K = 95.000,\text{— DM}$$

Einteilung der Kosten nach der Zurechenbarkeit auf Kostenstellen und Kostenträger: Einzelkosten und Gemeinkosten

Wesentliche Aufgabe der Kosten- und Leistungsrechnung ist die Ermittlung der **Selbstkosten** je Kostenträger (Auftrag, Serie, Leistungseinheit, Ware, Warengruppe), entweder bezogen auf eine Zeitperiode oder pro Stück. Dabei ist jedoch nur bei einem Teil der Gesamtkosten eine **unmittelbare** Zurechnung auf die Kostenträger möglich. Diese Kosten bezeichnet man als **Kostenträgereinzelkosten.**

Hierzu gehören:

in der **Industrie:**
- Fertigungsmaterial (= Rohstoffverbrauch)
- Fertigungslöhne
- Sondereinzelkosten der Fertigung (z. B. Modellkosten)
- Sondereinzelkosten des Vertriebs (z. B. Spezialverpackungen, Verkaufsprovisionen)

im **Handel:**
- Wareneinsatz (= verkaufte Ware zu Einstandspreisen)

Die übrigen Kosten sind **Kostenträgergemeinkosten,** die für **alle** Kostenträger anfallen und sich einem bestimmten Kostenträger nicht **direkt** zurechnen lassen. Sie werden durch prozentuale Schlüssel **indirekt** auf die Kostenträger verrechnet, die durch eine Kostenstellenrechnung ermittelt werden. Sie erfolgt in tabellarischer Form durch einen **Betriebsabrechnungsbogen.**

Beispiel 12 (Industrie/Zahlen aus Beispiel 5)

Von den Löhnen (1.000 TDM) sind aufgrund von Laufzetteln 800 TDM den Produkten direkt zuzurechnen, da sie unmittelbar am Objekt anfallen und auftragsweise erfaßt werden.

Sie sind damit einschließlich aller Zulagen und brutto erfaßt **Fertigungslöhne.**

Die restlichen Löhne von 200 TDM sind **Hilfslöhne** (Gemeinkostenlöhne), die sich nicht für jeden Kostenträger einzeln erfassen lassen (z. B. Löhne für „Springer“ in der Fertigung).

Die Erfassung des **Fertigungsmaterials** ist möglich durch eine lagermäßige Erfassung der verbrauchten Rohstoffmengen anhand von **Materialentnahmescheinen,** in denen der Kostenträger, die Kostenart und der Wert für die Kostenerfassung ausgewiesen wird, oder in Form von **Stücklisten** für die Arbeitsvorbereitung.

Die Bewertung der Mengen erfolgt nach steuer- und handelsrechtlichen Kriterien (z. B. Anschaffungswertprinzip, Niederstwertprinzip, Verbrauchsfolgebewertung nach Lifo oder Fifo). Um die Preisschwankungen des Beschaffungsmarktes aus der Kosten- und Leistungsrechnung herauszuhalten, kann es auch sinnvoll sein, das Fertigungsmaterial nicht mit Tagespreisen, sondern mit festen Verrechnungspreisen anzusetzen.

Die permanente buchmäßige Bestandsfortschreibung ist wenigstens einmal im Jahr durch **körperliche** Bestandsaufnahme zu überpüfen.

Es ist auch möglich, den Verbrauch summarisch durch Inventur zu ermitteln:

Verbrauch = Anfangsbestand + Zugänge – Endbestand

Zum Zwecke der Verbrauchsermittlung für eine kurzfristige Erfolgsrechnung müßte aber die Inventur auch monatlich oder vierteljährlich durchgeführt werden.

Beispiel 13 (Handel/Zahlen aus Beispiel 6)

Der Wareneinsatz (= Verkaufte Ware zu Einstandspreisen = Einkäufe der Zeitperiode + Lagerabgänge – Lagerzugänge) von 4.100 TDM läßt sich eindeutig bestimmten Waren oder Warengruppen entsprechend den Eingangsrechnungen zuordnen. Er wird zu Einstandspreisen (Bezugspreisen) bewertet und bildet die Grundlage für die spätere Ermittlung des Handlungskostenzuschlages.

Kostenträgergemeinkosten, die den einzelnen Kostenstellen **unmittelbar** ohne Schlüsselung zugerechnet werden können, sind **Kostenstelleneinzelkosten.** Der Kostenanteil der Kostenstellen kann direkt festgestellt werden.

Kostenträgergemeinkosten, die den einzelnen Kostenstellen nur **indirekt** durch entsprechende Verteilungsschlüssel zugerechnet werden können, sind **Kostenstellengemeinkosten.**

Als Schlüsselgrößen können Wert- oder Mengenschlüssel verwendet werden.

Wertschlüssel:
- Gehälter
- Löhne
- Umsätze
- Fertigungsmaterial
- Wareneinsatz

Mengenschlüssel:
- m^2/m^3
- Kopfzahl
- Maschinenstunden
- Lohnstunden
- kWh-Verbrauch

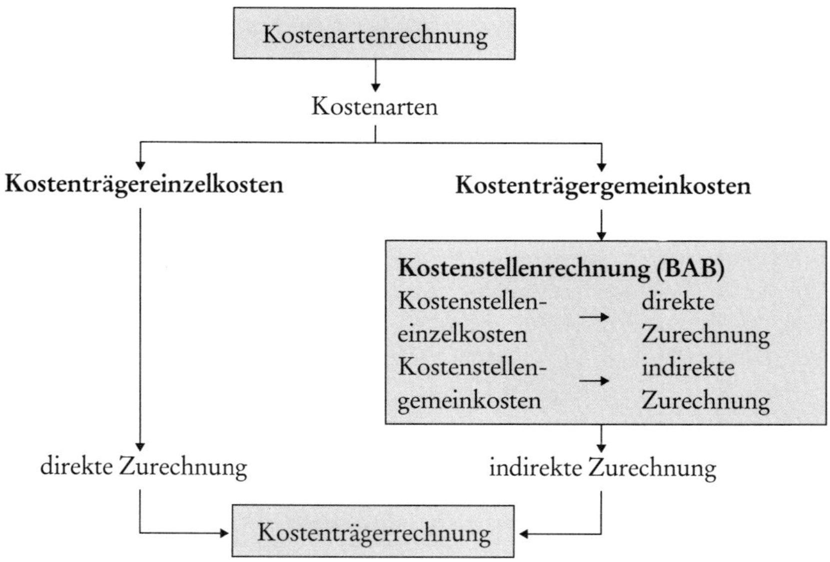

Für das Verhältnis zwischen Kostenträgereinzelkosten und Kostenträgergemeinkosten sowie Fixen Kosten und Variablen Kosten gilt:

Kostenträgereinzelkosten = Variable Kosten
Kostenträgergemeinkosten = Mischkosten
- Fixe Anteile, z. B. Gehälter
- Variable Anteile, z. B. Stoffverbrauch

Überblick

Kosten und Beschäftigungsgrad

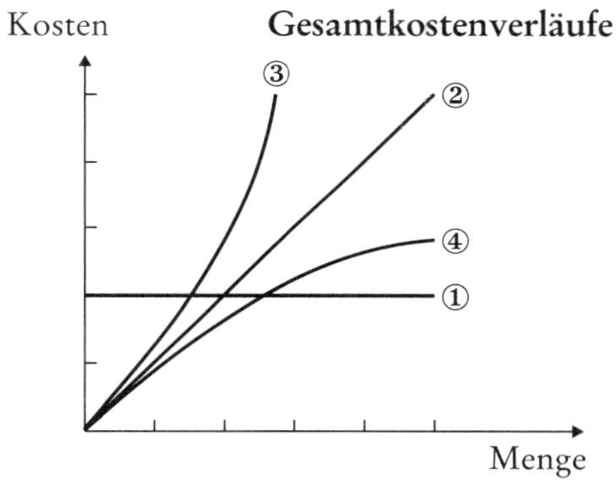

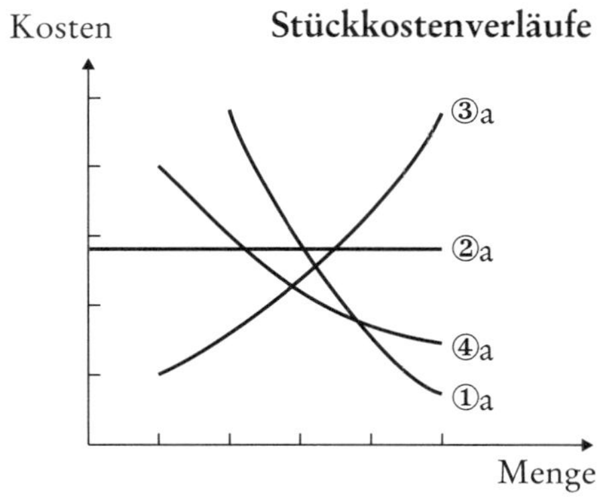

1. Fixen Gesamtkosten (1) entsprechen degressive Stückkosten (1a).
2. Proportional variablen Gesamtkosten (2) entsprechen konstante Stückkosten (2a).
3. Überproportional variablen Gesamtkosten (3) entsprechen progressive Stückkosten (3a).
4. Unterproportional variablen Gesamtkosten (4) entsprechen degressive Stückkosten (4a).

Verteilung der Kosten auf Kostenstellen und Kostenträger

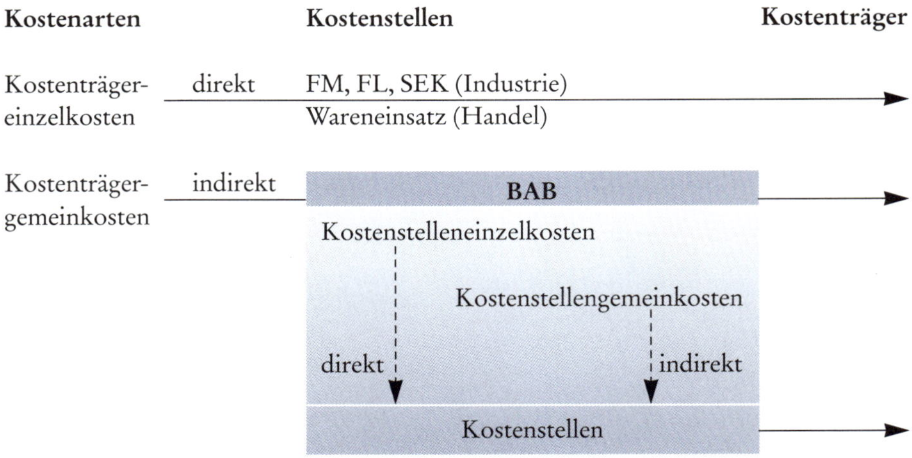

Aufgaben

34. Ermitteln Sie die variablen Kosten pro Stück und die Fixkosten insgesamt:
Ein Betrieb hat eine monatliche Kapazität von 8.000 Stück. Bei einem Beschäftigungsgrad von 75 % beträgt die Höhe der Selbstkosten 185.000,— DM. Diese steigen auf 192.000,— DM bei einer Steigerung des Beschäftigungsgrades auf 80 %.

35. Welche Aussage zum Kostenverlauf ist bei steigender Beschäftigung richtig?
a) Bei fixen Gesamtkosten steigen die Stückkosten progressiv.
b) Bei proportionalen Gesamtkosten sind die Stückkosten konstant.
c) Bei überproportionalen Gesamtkosten sind die Stückkosten konstant.
d) Bei Mischkosten mit proportionalen variablen Kosten führt der Degressionseffekt der Fixkosten zu konstanten Stückkosten.
e) Die Leerkosten nehmen im Verhältnis zu den Nutzkosten zu.

36. Ermitteln Sie den Reagibilitätsgrad und bestimmen Sie, ob es sich um proportionale, über- oder unterproportionale Kosten handelt: Selbstkosten bei 4.000 Stück 80.000,— DM und bei 6.000 Stück 140.000,— DM.

37. Ordnen Sie drei der fünf Ziffern den richtigen Begriffen zu.

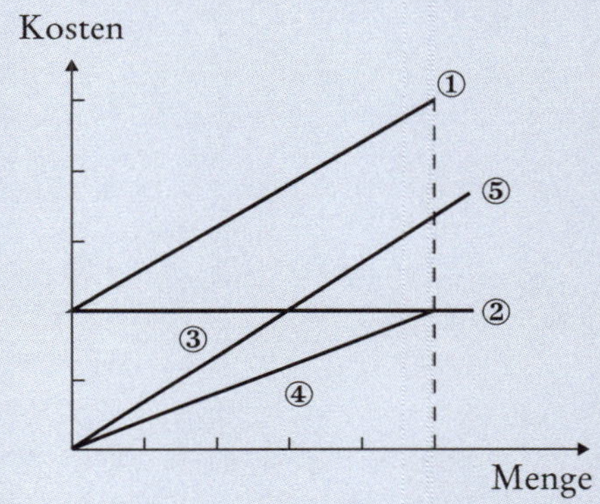

Leerkosten ☐
variable Kosten ☐
Fixkosten ☐

38. Berechnen Sie die Nutzkosten bei einem Beschäftigungsgrad von 85 %: Ein Betrieb hat monatliche Fixkosten von 160.000,— DM bei einer Kapazität von 25.000 Stück.

39. Um welche Kostenart in Abhängigkeit vom Beschäftigungsgrad handelt es sich? Aus der Kostenrechnung liegen die folgenden Werte vor.

Stückzahl	Gesamtkosten
1.000	15.000,— DM
2.000	35.000,— DM
3.000	61.500,— DM
4.000	98.000,— DM

40. Welche der folgenden Kosten sind Kostenträgereinzelkosten?

a) Gehalt des Betriebsarztes
b) Seeversicherung für ein bestimmtes Produkt
c) Abschreibung der EDV-Anlage
d) Umsatzabhängige Wagniszuschläge, nicht nach Produkten differenziert
e) Gewerbesteuer

41. In welchem Fall ist die Zuordnung der Begriffe bei steigender Beschäftigung insgesamt richtig?

	Gesamtkosten	Stückkosten
a)	fixe Kosten	progressiv
b)	überproportional variabel	konstant
c)	proportional variabel	konstant
d)	unterproportional variabel	progressiv
e)	fixe Kosten	konstant

42. Zwei alternative Fertigungsverfahren verursachen die folgenden Kosten:

Verfahren A: Fixkosten 80.000,— DM, variable Kosten pro Stück 15,— DM

Verfahren B: Fixkosten 60.000,— DM, variable Kosten pro Stück 25,— DM

Bis zu welcher Stückzahl ist Verfahren B kostengünstiger?

43. Welche der folgenden Kostenarten sind variable Kosten?

a) Jahresabschreibung
b) Gehälter
c) Miete
d) Verbrauch von Dieselöl
e) Stromkosten (Grundgebühr)

44. Ermitteln Sie den Verbrauch von Rohstoffen nach den folgenden Angaben:

Anfangsbestand	165.000,— DM
Einkäufe	54.000,— DM
Rücksendungen	8.000,— DM
Endbestand	136.000,— DM

45. Ein Betrieb rechnet für die Produktion mit monatlichen Fixkosten von 150.000,— DM bei variablen Kosten pro Stück von 250,— DM. Berechnen Sie Gesamtkosten und Stückkosten bei 400, 500 und 600 Stück, und stellen Sie die Kostenverläufe graphisch dar!

5. Kapitel

Kostenstellenrechnung

Aufgaben der Kostenstellenrechnung

Wie im vorherigen Kapitel dargestellt wurde, können lediglich die **Kostenträgereinzelkosten** den Kostenträgern **direkt** zugerechnet werden, sofern in einem Industriebetrieb mehrere verschiedene Produkte in Serienfertigung erstellt werden oder in einem Handelsbetrieb mehrere Warenarten verkauft werden.

Alle anderen Kosten sind als **Kostenträgergemeinkosten** zu erfassen und **indirekt** zunächst auf die Kostenstellen des Betriebes zu verteilen, um sie danach mittels prozentualer Schlüssel den Leistungseinheiten zuzurechnen und die Selbstkosten zu ermitteln.

Dies ist die notwendige Voraussetzung für eine kostenorientierte Preisbildung auf der Basis von Selbstkosten, die dem Betrieb langfristig Kostendeckung über die Umsatzerlöse ermöglicht.

Die Problematik der Kostenzurechnung auf die Kostenträger ist im Industriebetrieb von dem Fertigungsverfahren abhängig. So stellt die Zuordnung bei **Einzelfertigung,** z. B. als Auftragsfertigung, kein Problem dar, weil sich alle Kosten einem Auftrag eindeutig zurechnen lassen.

Dies gilt auch für die **Massenfertigung** eines einheitlichen Erzeugnisses in großer Stückzahl.

Bei der **Serienfertigung** unterschiedlicher Erzeugnisse bei einem mehrere Produktionsstufen umfassenden Fertigungsprozeß mit unterschiedlichem Kostenanfall muß jedoch die Differenzierung der Kosten in Einzel- und Gemeinkosten vorgenommen werden.

Hierbei erfüllt die **Kostenstellenrechnung** als zweite Stufe der Kosten- und Leistungsrechnung die folgenden Aufgaben:

1. Übernahme der im Rahmen der Kostenartenrechnung differenzierten Kostenträgergemeinkosten aus der Abgrenzungstabelle und deren verursachungsgerechte Verteilung auf die Kostenstellen des Unternehmens, und zwar
   - Kostenstelleneinzelkosten **direkt** nach Belegen und
   - Kostenstellengemeinkosten **indirekt** unter Verwendung entsprechender wert- oder mengenmäßiger Verteilungsschlüssel
2. Ermittlung der Gemeinkostensummen der verschiedenen Kostenstellen
3. Berechnung der prozentualen Zuschlagssätze für die Zurechnung der Kostenträgergemeinkosten auf die Kostenträger
4. Gegenüberstellung der **Istgemeinkosten** der Kostenstellen für die jeweilige Abrechnungsperiode mit verrechneten **Normalgemeinkosten** zur Berechnung von Unter- und Überdeckungen sowie eine genaue Analyse der Abweichungen

Die Gegenüberstellung von Istkosten und Normalkosten oder auch Istkosten und Plankosten erlaubt es, den Kostenanfall in den Kostenstellen laufend zu beobachten und zu kontrollieren. Durch die Schaffung entsprechender Verantwortlichkeitsbereiche wird somit die Kostenstellenrechnung zum wesentlichen dispositiven Controlling-Instrument.
Die Ermittlung nach Kostenstellen differenzierter Schlüsselgrößen dient der Verbesserung der Selbstkostenkalkulation, wenn die verschiedenen Kostenträger die Kostenstellen unterschiedlich beanspruchen. Ein einheitlicher Zuschlagssatz für alle Gemeinkosten würde eine gleichmäßige Kostenbelastung unterstellen, die nicht gegeben ist.
Die Bedeutung der Kostenstellenrechnung zur Ermittlung der Zuschlagssätze für die Kostenträgergemeinkosten ist im Handel geringer als in der Industrie, wenn alle Gemeinkosten nur in Form eines globalen Zuschlagssatzes (Handlungskostenzuschlag) auf die Einstandspreise verrechnet werden.
Ist ein Handelsbetrieb aber in den Bereichen Groß- und Einzelhandel tätig, so empfiehlt sich eine nach Bereichen differenzierte Kalkulation mit unterschiedlichen Zuschlägen.
Auch bei verschiedenartigen Sortimenten, denen die Kosten als Kostenträger zugerechnet werden, ist eine Ermittlung und Verwendung getrennter Kalkulationszuschläge sinnvoll.

Bildung der Kostenstellen im Industriebetrieb

Nach den Grundfunktionen der Industriebetriebe lassen sich vier Bereiche bilden, in denen die Kosten ursächlich entstehen:

- Materialbereich
- Fertigungsbereich
- Verwaltungsbereich
- Vertriebsbereich

Diese Bereiche können in kleineren Betrieben den zu bildenden Kostenstellen entsprechen, in größeren Betrieben sind dagegen teilweise mehrere Kostenstellen einem Kostenbereich zuzuordnen. Eine entsprechende Gliederung des Betriebes in Kostenstellen hängt u. a. ab von der Betriebsgröße, der Betriebsstruktur und davon, inwieweit dem Kostenverursachungsprinzip bei der Kostenzuordnung Rechnung getragen wird.
So kann z. B. eine Abteilung als Kostenstelle angesehen werden oder ein einzelner Arbeitsplatz, aber auch ein ganzer Zweigbetrieb.

Kostenstellen können in den vier Bereichen nach Tätigkeiten gebildet werden, wobei im Fertigungsbereich die Aufgliederung am differenziertesten ist:

1. *Materialbereich:* Beschaffung, Materialprüfung, Lagerung, Materialverwaltung u. a. m.
2. *Fertigungsbereich:* Fräserei, Sägewerk, Endmontage u. a. m.
   In diesen Kostenstellen erfolgt die eigentliche Leistungserstellung.
3. *Verwaltungsbereich:* Finanzbuchhaltung, Controlling, Personalwirtschaft, kaufmännische Leitung u. a. m.
4. *Vertriebsbereich:* Marketing, Versand, Kundendienst, Fertigerzeugnislager u. a. m.

Kriterium für die Bildung dieser Kostenstellen ist die Einheitlichkeit der jeweiligen Tätigkeiten **(Verrichtungsprinzip).**
Um aber eine Kostenkontrolle am Entstehungsort zu realisieren, ist eine Zuordnung der nach Verrichtungen gebildeten Kostenstellen zu Verantwortungsbereichen erforderlich.
Die einzelne Kostenstelle wird so zur organisatorischen Einheit im Betrieb, die eine unmittelbare Kontrolle der Wirtschaftlichkeit ermöglicht.
Dabei kann die Gliederung in der Tiefe so weit gehen, daß der einzelne Arbeitsplatz eine Kostenstelle bildet. Die Kostenstelle wird somit zum eigentlichen Ort der Kostenkontrolle.

Bildung der Kostenstellen im Handelsbetrieb

Im Handelsbetrieb können die nach den verschiedenen Warengruppen geordneten Verkaufsabteilungen als Kostenstellen angesehen werden, d. h., es wird eine Kostenstellenbildung nach den Kostenträgern vorgenommen.
Dies ermöglicht es, wie im Industriebetrieb, für die Kostenstellengemeinkosten differenzierte Zuschlagssätze, möglichst nach dem Kostenverursachungsprinzip, zu ermitteln und auf deren Grundlage diese Kosten den Kostenträgern **indirekt** zuzuordnen:

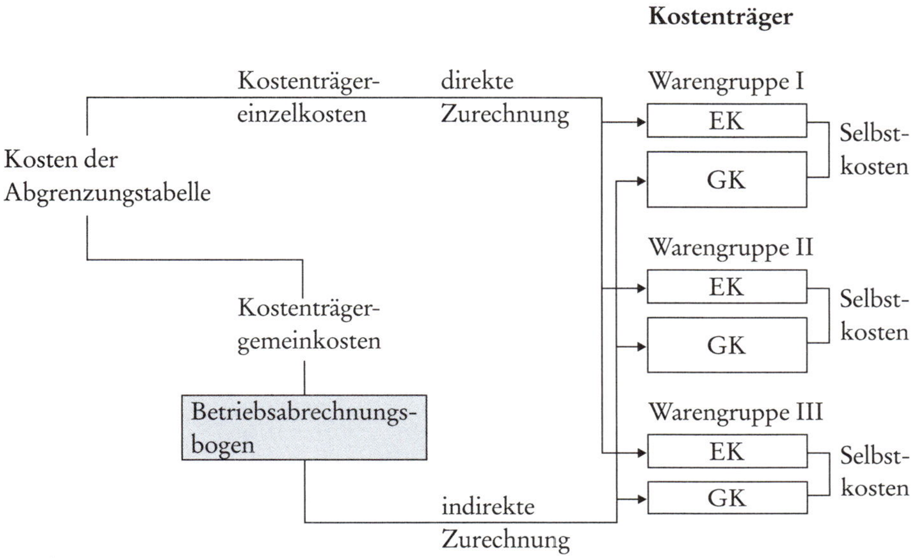

Einstufiger Betriebsabrechnungsbogen für die Industrie (BAB I)

Organisatorisches Hilfsmittel der Kostenstellenrechnung ist der Betriebsabrechnungsbogen (BAB), der in seiner einfachsten Form lediglich **Hauptkostenstellen** enthält.
Diese Kostenstellen sind **unmittelbar** an den Produktions- oder Umsatzprozessen beteiligt, und ihre Kostensummen werden durch Schlüsselung auf die Kostenträger verteilt. Sie sind **Endkostenstellen.**

Beispiel 14 (Industrie/Zahlen aus Beispiel 5 und 7)
Nach der **Abgrenzungsrechnung** wird die im Rahmen der **Kostenartenrechnung** vorgenommene Einteilung der Lohnkosten in Kostenträgereinzelkosten (Fertigungslöhne) von 800 TDM und Kostenträgergemeinkosten (Hilfslöhne) von 200 TDM übernommen. Der Verbrauch von Rohstoffen wird als Fertigungsmaterial, das als Einzelkosten den Kostenträgern ebenfalls direkt zurechenbar ist, verrechnet.
Die übrigen Kosten werden als Kostenträgergemeinkosten auf die Kostenstellen Material, Fertigung, Verwaltung und Vertrieb verteilt.

Diese Verteilung kann **direkt**, etwa durch Belege, erfolgen **(= Kostenstelleneinzelkosten)** oder **indirekt** durch eine entsprechende Schlüsselung **(= Kostenstellengemeinkosten).**
So können z. B. die Aufwendungen für Miete in Höhe von 180 TDM im Verhältnis der beanspruchten m^2-Flächen der Kostenstellen verrechnet werden:

Material 200 m^2	Fertigung 250 m^2	Verwaltung 400 m^2	Vertrieb 50 m^2
40 TDM	50 TDM 900 m^2 = 180 TDM 1 m^2 = 0,2 TDM	80 TDM	10 TDM

Die tabellarische Durchführung der Kostenstellenrechnung erfolgt in den folgenden Schritten:

1. Verteilung der **Kostenträgergemeinkosten** einer Zeitperiode (Monat, Jahr) auf die Kostenstellen direkt oder indirekt. Die Zuordnung sollte dabei dem Kostenverursachungsprinzip entsprechen, d. h., die Stellen sollten nur mit den Kosten belastet werden, die sie auch verursacht haben.
2. Ermittlung der Gemeinkostensummen für die vier Kostenbereiche:
   - Materialgemeinkosten (MGK)
   - Fertigungsgemeinkosten (FGK)
   - Verwaltungsgemeinkosten (VwGK)
   - Vertriebsgemeinkosten (VtGK)
3. Berechnung der Gemeinkostenzuschlagssätze zum Zwecke der Zurechnung auf die Kostenträger auf der Basis wertmäßiger Schlüsselgrößen (= 100 %)

Gemeinkostenart	Schlüsselgröße
Materialgemeinkosten (MGK)	Fertigungsmaterial (FM)
Fertigungsgemeinkosten (FGK)	Fertigungslöhne (FL)
Verwaltungsgemeinkosten (VwGK)	Herstellkosten des Umsatzes (Hstk d.U.)
Vertriebsgemeinkosten (VtGK)	Herstellkosten des Umsatzes (Hstk d.U.)

4. Berechnung der Gemeinkostenunter- bzw. -überdeckungen in den vier Kostenbereichen durch die Gegenüberstellung der in einer Periode verrechneten **Normalgemeinkosten** mit den am Ende der Periode mittels Betriebsabrechnungsbogen ermittelten **Istgemeinkosten.**

Die Verteilung der Gemeinkosten auf der Basis der Beispiele 5 und 7 ergibt die folgenden Gemeinkosten in den vier Kostenbereichen:

Gemeinkosten-arten	Zahlen der KLR	Verteilungs-grundlagen	Kostenstellen			
			Material	Fertigung	Verwaltung	Vertrieb
Aufwendungen für Hilfs- und Betriebsstoffe	800.000,— DM	Entnahmescheine	–	640.000,— DM	–	160.000,— DM
Fremdinstand-haltung	150.000,— DM	Eingangs-rechnungen	20.000,— DM	90.000,— DM	30.000,— DM	10.000,— DM
Löhne	200.000,— DM	Lohnlisten	50.000,— DM	150.000,— DM	–	–
Gehälter	900.000,— DM	Gehaltslisten	137.500,—DM	135.000,— DM	512.500,— DM	115.000,— DM
Unternehmer-lohn	100.000,— DM	Umlage nach In-anspruchnahme	12.500,— DM	25.000,— DM	37.500,— DM	25.000,— DM
Soziale Abgaben	400.000,— DM	Lohn- und Gehaltslisten	50.000,— DM	150.000,— DM	150.000,— DM	50.000,— DM
Abschreibungen auf Sachanlagen	300.000,— DM	Anlagenbuch-haltung	–	200.000,— DM	100.000,— DM	–
kalkulatorische Zinsen	200.000,— DM	Anlagenbuch-haltung	40.000,— DM	80.000,— DM	50.000,— DM	30.000,— DM
Gewerbesteuer	120.000,— DM	steuerliche Bemessungs-grundlage	–	80.000,— DM	40.000,— DM	–
Mieten	180.000,— DM	m^2-Umlage	40.000,— DM	50.000,— DM	80.000,— DM	10.000,— DM
Istgemeinkosten	3.350.000,— DM		350.000,— DM MGK	1.600.000,— DM FGK	1.000.000,— DM VwGK	400.000,— DM VtGK

Ermittlung der Istzuschläge für die Gemeinkosten

Zur Ermittlung der Zuschlagssätze für die Gemeinkosten werden diese in den vier Kostenstellen zu einer jeweiligen Zuschlagsgrundlage ins Verhältnis gesetzt. Sinnvoll ist es, dabei jeweils eine Größe als Zuschlagsgrundlage zu verwenden, zu der in der Weise eine abhängige Beziehung besteht, daß sich die Gemeinkosten in gleicher Weise verändern wie die Zuschlagsgrundlage.
Im **Materialbereich** wird das Fertigungsmaterial als Zuschlagsgrundlage genommen, d. h., es wird angenommen, daß die Materialgemeinkosten einer Abrechnungsperiode in ihrer absoluten Höhe von dem Verbrauch an Rohstoffen abhängig sind.

Der Materialgemeinkostenzuschlag läßt sich wie folgt errechnen:

Fertigungsmaterial	1.750.000,— DM =	100 %
Materialgemeinkosten	350.000,— DM =	x %

$$\text{Materialgemeinkostenzuschlag} = \frac{\text{Materialgemeinkosten x 100 \%}}{\text{Fertigungsmaterial}}$$

$$= \frac{\text{350.000,— DM x 100}}{\text{1.750.000,— DM}} = 20\,\%$$

Einzelkostenmaterial und materialabhängige Gemeinkosten bilden zusammen die **Materialkosten.**

	Fertigungsmaterial	1.750.000,— DM
+	Materialgemeinkosten	350.000,— DM
=	**Materialkosten**	2.100.000,— DM

Im Fertigungsbereich wird eine lineare Abhängigkeit zwischen den Fertigungslöhnen als Kostenträgereinzelkosten sowie den Fertigungsgemeinkosten unterstellt.
Diese werden in Prozent der Fertigungslöhne errechnet:

Fertigungslöhne	800.000,— DM =	100 %
Fertigungsgemeinkosten	1.600.000,— DM =	x %

$$\text{Fertigungsgemeinkostenzuschlag} = \frac{\text{Fertigungsgemeinkosten x 100}}{\text{Fertigungslöhne}}$$

$$= \frac{\text{1.600.000,— DM x 100}}{\text{800.000,— DM}} = 200\,\%$$

Fertigungslöhne und Gemeinkosten im Fertigungsbereich ergeben zusammen die **Fertigungkosten.**

	Fertigungslöhne	800.000,— DM
+	Fertigungsgemeinkosten	1.600.000,— DM
=	**Fertigungskosten**	2.400.000,— DM

Im Verwaltungs- und Vertriebsbereich kann keine Abhängigkeit der Gemeinkosten von dem Fertigungsmaterial oder den Fertigungslöhnen unterstellt werden. Beide Größen sind somit als Zuschlagsgrundlage ungeeignet.
Vielmehr werden **Verwaltungs-** und **Vertriebsgemeinkosten** auf die **Herstellkosten des Umsatzes** bezogen, womit eine Abhängigkeit der Gemeinkosten in beiden Bereichen von der abgesetzten Stückzahl unterstellt wird.
Die Herstellkosten des Umsatzes werden wie folgt berechnet:

	Fertigungsmaterial	1.750.000,— DM	
+	Materialgemeinkosten	350.000,— DM	
①	Materialkosten		2.100.000,— DM
	Fertigungslöhne	800.000,— DM	
+	Fertigungsgemeinkosten	1.600.000,— DM	
②	Fertigungskosten		2.400.000,— DM
① + ②	Herstellkosten der Produktion (der Erzeugung)		4.500.000,— DM

Zur Ermittlung der **Herstellkosten des Umsatzes,** die sich auf die abgesetzte, nicht auf die produzierte Stückzahl beziehen, sind die **Bestandsveränderungen** bei fertigen bzw. unfertigen Erzeugnissen zu berücksichtigen.
Dabei sind drei Fälle denkbar:

Produzierte Stückzahl = abgesetzte Stückzahl	→	Endbestände = Anfangsbestände	→	Herstellkosten der Produktion = Herstellkosten des Umsatzes
Produzierte Stückzahl > abgesetzte Stückzahl = Mehrbestände	→	Endbestände > Anfangsbestände	→	Herstellkosten der Produktion > Herstellkosten des Umsatzes
Produzierte Stückzahl < abgesetzte Stückzahl	→	Endbestände < Anfangsbestände	→	Herstellkosten der Produktion < Herstellkosten des Umsatzes

Daraus folgt für die Berechnung der Herstellkosten des Umsatzes:

	Herstellkosten der Produktion	4.500.000,— DM
+	Minderbestände an Fertigen Erzeugnissen	500.000,— DM
③ =	**Herstellkosten des Umsatzes**	5.000.000,— DM

Auf der Basis dieser Herstellkosten des Umsatzes kann der Verwaltungs- und der Vertriebsgemeinkostenzuschlag berechnet werden:

Herstellkosten des Umsatzes	5.000.000,— DM =	100 %
Verwaltungsgemeinkosten	1.000.000,— DM =	x %

$$\text{Verwaltungsgemeinkostenzuschlag} = \frac{\text{Verwaltungsgemeinkosten x 100}}{\text{Herstellkosten des Umsatzes}}$$

$$= \frac{\text{1.000.000,— DM x 100}}{\text{5.000.000,— DM}} = 20\,\%$$

Herstellkosten des Umsatzes	5.000.000,— DM =	100 %
Vertriebsgemeinkosten	400.000,— DM =	x %

$$\text{Vertriebsgemeinkostenzuschlag} = \frac{\text{Vertriebsgemeinkosten x 100}}{\text{Herstellkosten des Umsatzes}}$$

$$= \frac{\text{400.000,— DM x 100}}{\text{5.000.000,— DM}} = 8\,\%$$

Damit ist auch die Ermittlung der **Selbstkosten des Umsatzes,** bezogen auf die Abrechnungsperiode, möglich:

③	Herstellkosten des Umsatzes	5.000.000,— DM
+	Verwaltungsgemeinkosten	1.000.000,— DM
+	Vertriebsgemeinkosten	400.000,— DM
④	**Selbstkosten des Umsatzes**	6.400.000,— DM

Beispiel 15 (Industrie/Zahlen aus Beispiel 14)

3.350.000,— DM Istgemeinkosten	350.000,— DM MGK	1.600.000,— DM FGK	1.000.000,— DM VwGK	400.000,— DM VtGK
Zuschlagsgrundlagen	FM 1.750.000,— DM	FL 800.000,— DM	Hstk d. U. 5.000.000,— DM	Hstk d. U. 5.000.000,— DM
Zuschlagssatz	20 %	200 %	20 %	8 %

Kostenkontrolle auf der Basis von Normalgemeinkosten – Ermittlung von Unter- und Überdeckungen

Die im Rahmen der Kostenstellenrechnung mittels Betriebsabrechnungsbogen auf die Kostenstellen verteilten Kostenträgergemeinkosten sind auf die jeweilige Abrechnungsperiode bezogen = **Istgemeinkosten.**

In der gleichen Periode wurden im Rahmen der **Vorkalkulation** Gemeinkosten verrechnet, deren prozentuale Zuschlagssätze auf den Ergebnissen des Betriebsabrechnungsbogens der Vorperiode beruhen = **Normalgemeinkosten.**

Die tatsächlichen Kosten sind mit den verrechneten Kosten, auf deren Basis die Angebotspreise kalkuliert wurden, zu vergleichen. Auf diese Weise wird durch eine **Nachkalkulation** ermittelt, ob durch die erzielten Erlöse eine Deckung der Kosten erreicht wurde.

Dabei sind die folgenden Fälle möglich:

1. Normalgemeinkosten < Istgemeinkosten = Kostenunterdeckung
2. Normalgemeinkosten > Istgemeinkosten = Kostenüberdeckung

Im ersten Fall sind im Verhältnis zu den tatsächlich entstandenen Kosten zuwenig Kosten kalkuliert worden. Die Umsatzerlöse decken nicht die angefallenen Kosten, der tatsächliche Gewinn ist kleiner als der vorkalkulierte Gewinn.

Im zweiten Fall sind die vorkalkulatorischen Kostenansätze höher als die tatsächlichen Kostenwerte der Abrechnungsperiode. Entsprechend sind die realisierten Gewinne höher als die erwarteten Gewinne.

Im Rahmen des Betriebsabrechnungsbogens werden die verrechneten Kosten als Normalgemeinkosten den Istgemeinkosten gegenübergestellt.

Die Abweichungen werden als Gemeinkostenunter- oder -überdeckungen erfaßt und ausgewertet.

Beispiel 16 (Industrie/Zahlen aus Beispiel 15)

Der Betrieb verwendete bei der Vorkalkulation seiner Angebotspreise in der laufenden Abrechnungsperiode die folgenden **Normalzuschlagssätze** für die Gemeinkosten:

MGK 24 %, FGK 187,5 %, VwGK 25 %, VtGK 10 %

Die Berechnung der Normalgemeinkosten im Verwaltungs- und Vertriebsbereich erfolgt auf der Basis der Normalherstellkosten des Umsatzes:

	Fertigungsmaterial	1.750.000,— DM	
+	Materialgemeinkosten	420.000,— DM (24 %)	
	Materialkosten		2.170.000,— DM
	Fertigungslöhne	800.000,— DM	
+	Fertigungsgemeinkosten	1.500.000,— DM (187,5 %)	
	Fertigungskosten		2.300.000,— DM
	Herstellkosten der Produktion		4.470.000,— DM
+	Minderbestände an fertigen Erzeugnissen		500.000,— DM
	Herstellkosten des Umsatzes (normal)		4.970.000,— DM

Die Abweichungen zwischen den Istgemeinkosten und den verrechneten Normalgemeinkosten können unter anderem auf verschiedene Ursachen zurückzuführen sein:

- veränderter Beschäftigungsgrad in der laufenden Abrechnungsperiode
- geringerer Verbrauch an Rohstoffen durch verminderte Ausschußquote
- tarifliche Lohn- und Gehaltserhöhungen
- fehlender Bezug zwischen Gemeinkosten und verwendeten wertmäßigen Schlüsselgrößen

3.350 TDM Istgemeinkosten	350 TDM MGK	1.600 TDM FGK	1.000 TDM VwGK	400 TDM VtGK
Zuschlagsgrundlagen	FM	FL	Hstk d. U.	Hstk d. U.
	1.750 TDM	800 TDM	5.000 TDM	5.000 TDM
Istzuschlagssätze	20 %	200 %	20 %	8 %
Normalzuschlagssätze	24 %	187,5 %	25 %	10 %
3.659,5 TDM Normalgemeinkosten	420 TDM	1.500 TDM	1.242,5 TDM	497 TDM
Unterdeckungen		– 100 TDM		
Überdeckungen	+ 70 TDM		+ 242,5 TDM	+ 97 TDM

Einstufiger Betriebsabrechnungsbogen für den Handel

Auch im Handel ist es sinnvoll, bei der Kalkulation der Waren differenzierte Zuschlagssätze für die Gemeinkosten zu verwenden, die auf der Basis von Kostenträgereinzelkosten ermittelt werden. Dazu sind zunächst die Gemeinkosten auf Kostenstellen zu verteilen, wobei die Hauptkostenstellen nach **Warengruppen** gebildet werden können.
Zuschlagsgrundlage für die **Handlungskosten** (= Kostenträgergemeinkosten) sind die **Einstandspreise** der verkauften Waren (= Wareneinsatz) der Warengruppen.

Beispiel 17 (Handel/Zahlen aus Beispiel 6)
Der Betrieb hat zwei verschiedene Warengruppen, wonach zwei Hauptkostenstellen gebildet werden. Auf eine weitere Differenzierung soll hier im Interesse einer einfachen, klaren Darstellung verzichtet werden.
Wenn der Betrieb nur mit einem einheitlichen Zuschlagssatz auf der Basis des Wareneinsatzes kalkuliert, so ergibt sich dieser wie folgt:

$$\text{Handlungskostensatz} = \frac{\text{Handlungskosten x 100}}{\text{Wareneinsatz}}$$

$$= \frac{\text{1.925.000,— DM x 100}}{\text{4.100.000,— DM}} = 46{,}95\,\%$$

Dabei lassen sich die Handlungskosten aus Beispiel 6 wie folgt ermitteln:

	Selbstkosten der Abrechnungsperiode	6.025.000,— DM
–	Wareneinsatz	4.100.000,— DM
	Handlungskosten	1.925.000,— DM

Durch den folgenden Betriebsabrechnungsbogen lassen sich dagegen zwei verschiedene Handlungskostenzuschläge für die beiden Warengruppen errechnen, was der tatsächlichen Kostenverursachung weit eher entspricht:

(Fortsetzung des Beispiels auf der nächsten Seite)

Kostenarten	Zahlen der Abgrenzungstabelle	Verteilungsschlüssel	Hauptkostenstellen (= Kostenträger)	
			Warengruppe I	Warengruppe II
Gehälter	960.000,— DM	Gehaltslisten	600.000,— DM	360.000,— DM
gesetzliche soziale Aufwendungen	300.000,— DM	Gehaltslisten	180.000,— DM	120.000,— DM
Mieten	180.000,— DM	Raumgröße (m²)	90.000,— DM	90.000,— DM
Gewerbesteuer	80.000,— DM	steuerliche Bemessungsgrundlage	60.000,— DM	20.000,— DM
Werbe- und Reisekosten	60.000,— DM	Rechnungen	40.000,— DM	20.000,— DM
Kosten der Warenabgabe	50.000,— DM	Rechnungen	40.000,— DM	10.000,— DM
kalkulatorische Abschreibungen	135.000,— DM	Anlagenbuchhaltung	75.000,— DM	60.000,— DM
kalkulatorische Zinsen	100.000,— DM	betriebsnotwendiges Vermögen	60.000,— DM	40.000,— DM
kalkulatorische Wagnisse	60.000,— DM	Verhältnis eingetretener Verluste	40.000,— DM	20.000,— DM
Summe der Handlungskosten	1.925.000,— DM		1.185.000,— DM	740.000,— DM
Zuschlagsgrundlage		Wareneinsatz	2.500.000,— DM	1.600.000,— DM
Handlungskostenzuschlag			47,4 %	46,25 %

$$\text{Handlungskostenzuschlag Warengruppe I} = \frac{\text{Handlungskosten x 100}}{\text{Wareneinsatz}}$$

$$= \frac{1.185.000,\text{— DM x 100}}{2.500.000,\text{— DM}} = 47,4\,\%$$

$$\text{Handlungskostenzuschlag Warengruppe II} = \frac{\text{Handlungskosten x 100}}{\text{Wareneinsatz}}$$

$$= \frac{740.000,\text{— DM x 100}}{1.600.000,\text{— DM}} = 46,25\,\%$$

Daraus ergeben sich die Selbstkosten der Abrechnungsperiode für die beiden Warengruppen:

	Warengruppe I	Warengruppe II
Wareneinsatz	2.500.000,— DM	1.600.000,— DM
+ Handlungskosten	1.185.000,— DM	740.000,— DM
Selbstkosten	3.685.000,— DM	2.340.000,— DM
Selbstkosten gesamt	6.025.000,— DM	

Mehrstufiger Betriebsabrechnungsbogen für die Industrie

Im Rahmen einer verfeinerten Kostenstellenrechnung wird den unmittelbar an der Leistungserstellung beteiligten Kostenbereichen mit den entsprechenden **Hauptkostenstellen** ein **Allgemeiner Bereich** vorgeschaltet.
Diesem Bereich werden all jene Kosten zugerechnet, die sich nicht direkt den betrieblichen Grundfunktionen Lagerung, Fertigung, Verwaltung und Vertrieb zuordnen lassen: Betriebsarzt, Casino, Werksfeuerwehr, Energieversorgung u. a.m.
Zusätzlich wird der Fertigungsbereich eingeteilt in:

- **Fertigungshilfskostenstellen,** die nicht **direkt** an der betrieblichen Leistungserstellung beteiligt sind: Arbeitsvorbereitung, Reparaturabteilung u. a. m. Ihre Gemeinkostensummen werden nach einem Schlüssel auf die Fertigungshauptkostenstellen verteilt, und
- **Fertigungshauptkostenstellen,** in denen die Leistungserstellung und -verwertung unmittelbar erfolgt und eine Gemeinkostenzurechnung auf die Einzelkosten mittels Zuschlägen durchgeführt wird.

Nach der Verteilung aller **Kostenträgergemeinkosten** direkt oder indirekt durch Schlüsselung auf die Kostenstellen sind in einer **ersten Umlage** zunächst die Kosten des Allgemeinen Bereiches auf alle anderen nachgelagerten Kostenstellen zu verteilen.
In einer **zweiten Umlage** werden dann die Kosten der speziellen Fertigungshilfskostenstelle auf die Fertigungshauptkostenstellen verteilt.
Aus den Gemeinkostensummen der Hauptkostenstellen werden nach dieser zweimaligen Umlage die Zuschlagssätze für die Kalkulation ermittelt.
Infolge der Schlüsselungen ist die mehrstufige Umrechnung mit Fehlern behaftet, die um so größere Auswirkungen haben, je mehr Schlüsselungen erforderlich sind.
Erstellt ein Industriebetrieb neben den für den Absatz bestimmten Leistungen auch noch Leistungen, die im Betriebsprozeß verbraucht werden, gibt die dargestellte Form eines mehrstufigen Betriebsabrechnungsbogens diese innerbetriebliche Leistungsverflechtung nur unvollkommen wieder.
So können Hilfskostenstellen diese **innerbetrieblichen Leistungen** gegenseitig erbringen, was zu einer schwierigen Leistungsverrechnung führt.
In der Praxis wurden hierzu mehrere Verfahren entwickelt, deren Darstellung den Rahmen einer Einführung in die Kosten- und Leistungsrechnung jedoch sprengen würde.

Beispiel 18 (Industrie)
Im vorgestellten Beispiel eines mehrstufigen Betriebsabrechnungsbogens erfolgt die Verteilung der Kosten der Allgemeinen Kostenstelle im Verhältnis 24 : 36 : 24 : 5 : 27 : 21 und die Verteilung der Kosten der Fertigungshilfskostenstelle nach den Fertigungslöhnen 150.000,— DM : 100.000,— DM:

Gemeinkosten-arten	Verteilungs-schlüssel	Zahlen der KLR (TDM)	Allgemeine Kostenstelle (TDM)	Fertigungs-hilfskosten-stelle (TDM)	Fertigungs-hauptkosten-stelle (TDM) I	Fertigungs-hauptkosten-stelle (TDM) II	Material (TDM)	Verwaltung (TDM)	Vertrieb (TDM)
Instandhaltung	Rechnungen	40	20	10	3	2	–	2	3
Hilfslöhne	Lohnlisten	400	40	80	100	100	40	–	40
Gehälter	Gehaltslisten	300	60	–	30	30	–	120	60
Soziale Abgaben	Lohn- und Gehaltslisten	90	6	8	30	24	4	14	4
Abschreibungen	Restwerte	40	5	5	10	6	2	8	4
Mieten	m²	30	2,5	4	8	2	7,5	5	1
Büromaterial	Rechnungen	50	2	6	4	3	10	20	5
Steuern	Bemessungsgl.	74	–	–	20	10	10	20	14
sonst. Kosten	diverse	20	1,5	3	5	3	1,5	4	2
Summe der Gemeinkosten		1.044	137	116	210	180	75	193	133
Umlage der Allg. Kostenstelle			→	24	36	24	5	27	21
Summe der Gemeinkosten nach 1. Umlage				140	246	204	80	220	154
Umlage der Kosten der Fertigungshilfsstelle				→	84	56			
Summe der Gemeinkosten nach 2. Umlage					330	260	80	220	154
(Istgemeinkosten)					FGK I	FGK II	MGK	VwGK	VtGK
Zuschlagsgrundlagen: Fertigungslöhne					150	100			
Fertigungsmaterial							200		
Herstellkosten des Umsatzes								1.100	
Istzuschlagssätze					220 %	260 %	40 %	20 %	14 %
Normalzuschlagssätze					240 %	250 %	50 %	15 %	15 %
Normalgemeinkosten					360	250	100	171	171
Unterdeckungen						– 10		– 49	
Überdeckungen					+ 30		+ 20		+ 17

Herstellkosten des Umsatzes (Angaben in TDM):

		Ist		Normal	
	Fertigungsmaterial	200		200	
+	Materialgemeinkosten	80		100	
	Materialkosten		280		300
	Fertigungslöhne I	150		150	
+	Fertigungsgemeinkosten I	330		360	
+	Fertigungslöhne II	100		100	
+	Fertigungsgemeinkosten II	260		250	
	Fertigungskosten		840		860
	Herstellkosten der Produktion		1.120		1.160
+	Minderbestände		30		30
–	Mehrbestände		50		50
	Herstellkosten des Umsatzes		1.100		1.140

Für die abgelaufene Abrechnungsperiode ergibt sich die folgende **Gesamtkostenrechnung** auf der Basis der Istwerte:

1.		Fertigungsmaterial	200	(100 %)	
2.	+	Materialgemeinkosten	80	(40 %)	
3.		Materialkosten		(140 %)	280
4.		Fertigungslöhne I	150	(100 %)	
5.		Fertigungsgemeinkosten I	330	(220 %)	
6.		Fertigungslöhne II	100		
7.		Fertigungsgemeinkosten II	260		
8.		Fertigungskosten			840
9.		Herstellkosten der Produktion			1.120
10.	+	Minderbestände			30
11.	–	Mehrbestände			50
12.		Herstellkosten des Umsatzes		(100 %)	1.100
13.		Verwaltungsgemeinkosten		(20 %)	220
14.		Vertriebsgemeinkosten		(14 %)	154
15.		**Selbstkosten des Umsatzes**		(134 %)	1.474

Mehrstufiger Betriebsabrechnungsbogen für den Handel

Mehr noch als für Industriebetriebe ist es für Handelsbetriebe erforderlich, nicht nur nach den Kostenträgern eingerichtete Hauptkostenstellen zu bilden, sondern auch **Hilfskostenstellen,** die den betrieblichen Grundfunktionen entsprechen, sowie **allgemeine Kostenstellen,** deren Kosten sich keiner der übrigen Kostenstellen zuordnen lassen.
Wie im Industriebetrieb erfolgt zunächst eine Umlage der Kosten der allgemeinen Kostenstelle auf alle anderen Kostenstellen und danach die Umlage der Kosten der Hilfskostenstellen auf die Hauptkostenstellen.

	Kostenstellen im Großhandel	
Arten	**Beispiele**	**verursachende Bereiche**
Allgemeine Kostenstellen	Rechnungswesen, Geschäftsleitung, Fuhrpark	Allgemeine Bereiche
Hilfskostenstellen	Einkauf, Verkauf, Lager, Verwaltung	Betriebliche Teilbereiche
Hauptkostenstellen	Verkaufsabteilungen nach Warengruppen, Kundengruppen oder Absatzgebieten	Verkaufsbereiche

Die Verteilung der Gemeinkosten auf die Kostenstellen erfolgt entweder direkt oder indirekt durch Schlüsselung. Dies gilt auch für die Umlage der Kosten der Hilfsstellen.
Ergebnis des Betriebsabrechnungsbogens im Handel sind die nach Warengruppen differenzierten Handlungskostenzuschläge, auf deren Basis entsprechende Kalkulationen möglich sind.

Beispiel 19 (Handel/Zahlen aus Beispiel 17)

Kostenarten	Zahlen der Abgrenz.-tabelle (TDM)	Verteilungs-schlüssel	Allgem. Kosten-stelle (TDM)	Hilfskostenstellen Einkauf (TDM)	Verkauf (TDM)	Lager (TDM)	Verwal-tung (TDM)	Hauptkostenstellen Waren-gruppe I (TDM)	Waren-gruppe II (TDM)
Gehälter	960	Gehaltslisten	60	150	80	90	180	260	140
gesetzliche soziale Aufwendungen	300	Gehaltslisten	20	50	25	30	60	80	35
Mieten	180	Raumgröße	10	10	15	40	50	40	15
Gewerbesteuer	80	steuerliche Bemessungsgrundlage	5	–	20	–	25	20	10
Werbe- und Reisekosten	60	Rechnungen	–	–	30	–	–	20	10
Kosten der Warenabgabe	50	Rechnungen	–	–	20	–	–	15	15
kalk. Abschreib.	135	Anlagenbuchhaltung	15	5	30	5	55	15	10
kalk. Zinsen	100	BNV	10	15	20	15	10	20	10
kalk. Wagnisse	60	eingetretene Verluste	–	–	10	–	15	20	15
Summe der Handlungskosten: 1.925			120	230	250	180	395	490	260
Umlage der allgemeinen Kostenstelle			→	10	40	10	40	10	10
				240	290	190	435	500	270
Umlage Einkauf								140	100
Umlage Verkauf								150	140
Umlage Lager								100	90
Umlage Verwaltung								235	200
Summe der Handlungskosten								1.125	800
Zuschlagsgrundlage Wareneinsatz								2.500	1.600
Handlungskostenzuschlag								45 %	50 %

$$\text{Handlungskostenzuschlag Warengruppe I} = \frac{\text{Handlungskosten x 100}}{\text{Wareneinsatz}}$$

$$= \frac{\text{1.125.000,— DM x 100}}{\text{2.500.000,— DM}} = 45\,\%$$

$$\text{Handlungskostenzuschlag Warengruppe II} = \frac{\text{Handlungskosten x 100}}{\text{Wareneinsatz}}$$

$$= \frac{\text{800.000,— DM x 100}}{\text{1.600.000,— DM}} = 50\,\%$$

Durch die Gegenüberstellung von Selbstkosten und Nettoverkaufserlösen der Abrechnungsperiode läßt sich für die beiden Kostenträger der **Betriebsgewinn** und der **Betriebsverlust** ermitteln:

	Gesamt	Warengruppe I	Warengruppe II
Wareneinsatz	4.100.000,— DM	2.500.000,— DM	1.600.000,— DM
+ Handlungskosten	1.925.000,— DM	1.125.000,— DM	800.000,— DM
Selbstkosten	6.025.000,— DM	3.625.000,— DM	2.400.000,— DM
Umsatzerlöse	6.150.000,— DM	3.697.500,— DM	2.452.500,— DM
Betriebsergebnis	+ 125.000,— DM	+ 72.500,— DM	+ 52.500,— DM

Daraus ergeben sich die folgenden Gewinnzuschläge:

$$\text{Warengruppe I} = \frac{\text{Gewinn x 100}}{\text{Selbstkosten}} = \frac{\text{72.500,— DM x 100}}{\text{3.625.000,— DM}} = 2\,\%$$

$$\text{Warengruppe II} = \frac{\text{Gewinn x 100}}{\text{Selbstkosten}} = \frac{\text{52.500,— DM x 100}}{\text{2.400.000,— DM}} = 2{,}1875\,\%$$

Die Problematik der Verrechnung fester Zuschlagssätze für die Gemeinkosten

Wesentliche Aufgabe der **Kostenstellenrechnung** ist die Ermittlung der Zuschlagssätze für die indirekte Verrechnung der Kostenträgergemeinkosten auf die Kostenträger. Diese hat möglichst verursachungsgerecht zu erfolgen.
Voraussetzung dafür ist die Annahme einer **Proportionalität** zwischen den Gemeinkosten und der jeweiligen Zuschlagsgrundlage, d. h., bei einer Änderung des Beschäftigungsgrades verändern sich die Gemeinkosten in einem proportionalen Verhältnis zu Fertigungslöhnen, Fertigungsmaterialkosten oder Einstandspreisen der verkauften Waren.
Nur für diesen Fall entspricht die Verrechnung der Gemeinkosten dem Kostenverursachungsprinzip.

Beispiel 20 (Industrie/Zahlen aus Beispiel 5)
Unter der Annahme einer Beschäftigung von 20.000 Stück haben sich für die Kostenstelle **Fertigung** laut Betriebsabrechnungsbogen die folgenden Kosten ergeben:

Fertigungslöhne	800.000,— DM
+ Fertigungsgemeinkosten	1.600.000,— DM
= **Fertigungskosten**	2.400.000,— DM

Daraus ergab sich ein Istzuschlagssatz für die Fertigungsgemeinkosten von genau 200 %.
Wird dieser Satz in der nächsten Abrechnungsperiode als **Normalgemeinkostenzuschlag** im Rahmen der Vorkalkulation der Produkte verrechnet, so ergeben sich bei einer Steigerung der Beschäftigung um 25 % auf 25.000 Stück folgende Kostenwerte, unter der Annahme, daß sich die Fertigungslöhne linear erhöhen:

Fertigungslöhne	1.000.000,— DM	(+ 200.000,— DM)
+ Fertigungsgemeinkosten	2.000.000,— DM	(200 %)
= **Fertigungskosten**	3.000.000,— DM	

Nach diesem Ergebnis verhalten sich Einzel- und Gemeinkosten **proportional** zur Beschäftigung, d. h., einer Steigerung der Beschäftigung von 25 % entspricht eine Kostensteigerung um 25 %, eine unrealistische Annahme.

Zwar sind die Kostenträgereinzelkosten in der Regel proportionale Kosten, die im Verhältnis zur Änderung des Beschäftigungsgrades zu- oder abnehmen. In den Gemeinkosten sind jedoch fixe Bestandteile enthalten, die von der Beschäftigungsänderung unabhängig sind. Diese werden bei schwankendem Beschäftigungsgrad künstlich **proportionalisiert,** wobei die Abweichung zwischen den verrechneten Normalkosten und den tatsächlichen Istkosten um so größer ist, je größer der Fixkostenanteil in den Gemeinkosten ist.

Beispiel 21 (Industrie/Zahlen aus Beispiel 20)
Es wird angenommen, daß der Fixkostenanteil in den Fertigungsgemeinkosten 80 % beträgt.
Damit verändern sich die Fertigungskosten bei steigendem Beschäftigungsgrad um 25 % wie folgt:

	Beschäftigung 20.000 Stück		Beschäftigung 25.000 Stück
Fertigungslöhne	800.000,— DM	+ 25 %	1.000.000,— DM
Fertigungsgemeinkosten variabel (20 % von 1.600.000,— DM)	320.000,— DM	+ 25 %	400.000,— DM
Fertigungsgemeinkosten fix (80 % von 1.600.000,— DM)	1.280.000,— DM		1.280.000,— DM
Fertigungskosten	2.400.000,— DM		2.680.000,— DM

Der Vergleich mit den bei 25.000 Stück verrechneten Fertigungsgemeinkosten ergibt eine **Überdeckung,** da bei steigender Beschäftigung der Normalzuschlagssatz von 200 % zu hoch ist.
Die Abweichung ist in diesem Fall auf die Proportionalisierung fixer Kosten zurückzuführen.

Verrechnete Normalfertigungsgemeinkosten (= 200 %)	2.000.000,— DM
Tatsächliche Istfertigungsgemeinkosten	1.680.000,— DM
Überdeckung	+ 320.000,— DM

Diese Abweichung kann auch graphisch dargestellt werden:

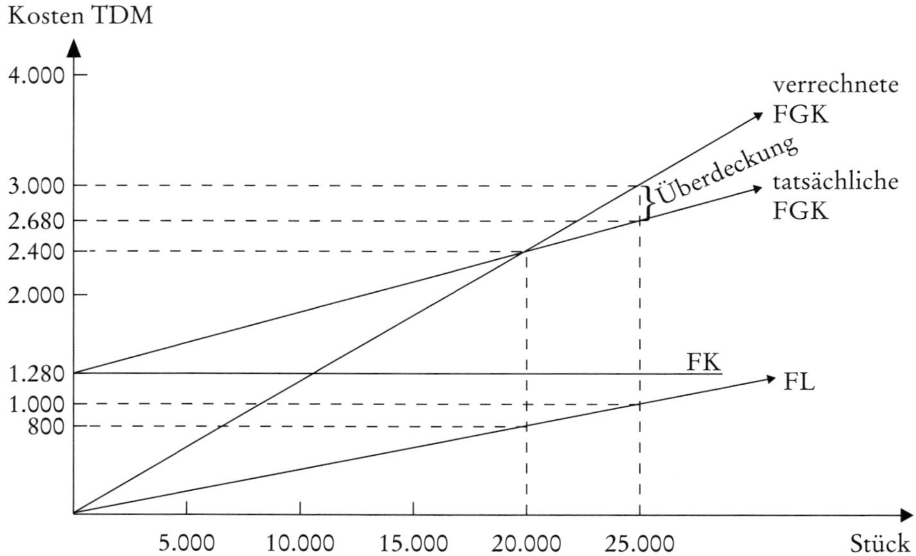

Die aufgezeigten Probleme im Fertigungsbereich verstärken sich noch durch die immer geringer werdende Bedeutung der **Fertigungslöhne** als Zuschlagsgrundlage im Fertigungsbereich, bedingt durch die technische Entwicklung und damit die Substitution des Produktionsfaktors Arbeit durch Kapital, verbunden mit sinkenden Lohnanteilen in den Herstellkosten.
In den anderen Kostenbereichen ist noch weniger als im Fertigungsbereich ein proportionales Verhältnis zwischen Gemeinkosten und Zuschlagsgrundlage gegeben.
Dies gilt insbesondere für die Kostenbereiche Verwaltung und Vertrieb, in denen z. B. unterstellt wird, daß bei einer Produktionssteigerung um 25 % auch die Verwaltungskosten um 25 % steigen.
Auch die Verwendung der Einstandspreise als Zuschlagsgrundlage in Handelsbetrieben unterstellt, daß ein Artikel mit hohem Einstandspreis hohe und ein Artikel mit niedrigem Einstandspreis niedrige Handlungskosten verursacht. Vergleicht man z. B. Schmuck und billige, aber voluminöse Plastikartikel hinsichtlich verursachter Lagerkosten, so wird deutlich, wie problematisch die Verwendung der Einstandspreise als Zuschlagsgrundlage für die Gemeinkosten ist.
Ein möglicher Lösungsansatz für diese Problematik ist die Verwendung mengenmäßiger anstatt wertmäßiger Schlüsselgrößen.
Entsprechend weiterentwickelte Kalkulationsverfahren werden im Kapitel „Kostenträgerstückrechnung“ dargestellt.

Überblick

Verteilung der Kosten auf Kostenstellen und Kostenträger

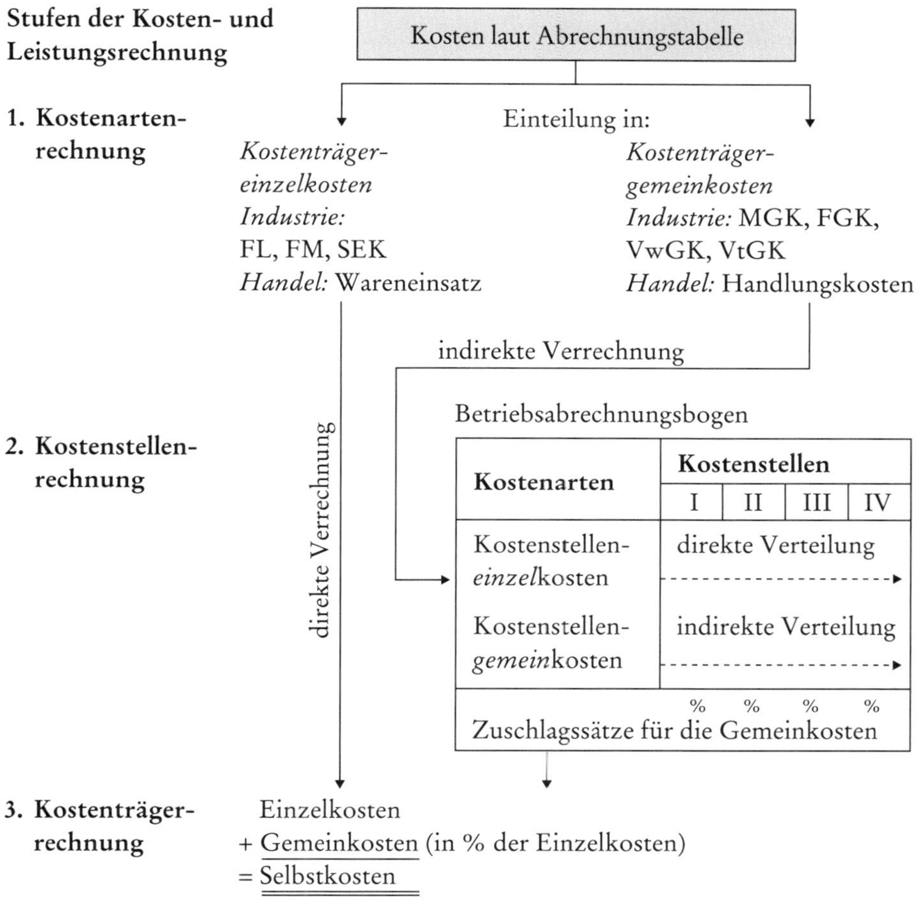

(Fortsetzung des Überblicks auf der nächsten Seite)

Mehrstufiger Betriebsabrechnungsbogen (Industrie)

Kostenarten	Verteilungs-schlüssel	Allgemeine Kostenstelle	Hilfskosten-stelle	Hauptkostenstellen				
				Fertigung I	Fertigung II	Material	Verwaltung	Vertrieb
Kostenträger-gemeinkosten	direkt → indirekt →	Kostenstelleneinzelkosten → Kostenstellengemeinkosten →						
Summen		Σ	Σ	Σ	Σ	Σ	Σ	Σ
1. Umlage: Allgemeine Kostenstelle		→						
Summen			Σ	Σ	Σ	Σ	Σ	Σ
2. Umlage: Hilfsstelle Fertigung			→					
Summe Istgemeinkosten				FGK I	FGK II	MGK	VwGK	VtGK
Zuschlagsgrundlagen				FL I	FL II	FM	Hstk d.U.	Hstk d.U.
Zuschlagssätze				%	%	%	%	%

Fertigungsmaterial
+ Materialgemeinkosten
= **Materialkosten**

Fertigungslöhne
+ Fertigungsgemeinkosten
= + **Fertigungskosten**
= Herstellkosten der Produktion

Herstellkosten der Produktion
+ Minderbestände an fertigen und unfertigen Erzeugnissen
– Mehrbestände
= **Herstellkosten des Umsatzes**
+ Verwaltungsgemeinkosten
+ Vertriebsgemeinkosten
= **Selbstkosten**

Aufgaben

46. Ein Industriebetrieb ermittelt Materialkosten von 54.000,— DM bei einem Zuschlagssatz für die Materialgemeinkosten von 20 %.
Wieviel DM beträgt das Fertigungsmaterial?

47. Ein Unternehmen hat eine monatliche Kapazität von 8.000 Stück eines Produktes. Bei einem Beschäftigungsgrad von 80 % fallen Fertigungskosten von 140.000,— DM an, bei einem Beschäftigungsgrad von 90 % 150.000,— DM.
Wieviel DM betragen die variablen Kosten und die fixen Kosten insgesamt bei 90 % Auslastung?

48. Wodurch erhöhen sich die Herstellkosten eines Erzeugnisses?
a) Erhöhung der Ausgangsfrachten
b) Tarifliche Gehaltserhöhung des Angestellten in der Lohnbuchhaltung
c) Erhöhung der Sollzinsen für einen Kontokorrentkredit
d) Lohnerhöhung für den Meister in der Fertigung
e) Anschaffung einer Maschine für den Fertigungsbereich

49. Welche Folge hat es, wenn bei der Berechnung des Materialgemeinkostenzuschlages das Fertigungsmaterial zu hoch angesetzt wurde?

a) Der Fertigungsgemeinkostenzuschlag wurde zu hoch ausgewiesen.

b) Es tritt eine Überdeckung der Materialgemeinkosten ein.

c) Der Materialgemeinkostenzuschlag wurde zu niedrig ausgewiesen.

d) Dies hat keinerlei Auswirkung auf die Nachkalkulation der Erzeugnisse.

e) Es tritt eine volle Deckung der Materialgemeinkosten durch die Vorkalkulation ein.

50. Die Herstellkosten der Produktion betragen in einer Abrechnungsperiode 178.500,— DM, der Mehrbestand an unfertigen Erzeugnissen 4.500,— DM, die Herstellkosten des Umsatzes 181.300,— DM. Welche Bestandsveränderungen ergaben sich bei den Fertigerzeugnissen?

51. Am Ende einer Abrechnungsperiode ergeben sich laut Betriebsabrechnungsbogen für den Fertigungsbereich die folgenden Kosten:
Fertigungslöhne 50.000,— DM
Fertigungsgemeinkosten 100.000,— DM
In dieser Periode wurde ein Beschäftigungsgrad von 62,5 % bei einer möglichen Kapazität von 80.000 Stück erreicht.
In der folgenden Periode steigt der Beschäftigungsgrad auf 75 %.
Berechnen Sie die Fertigungskosten, wenn der laut BAB ermittelte Istzuschlagssatz als Normalzuschlag verrechnet wird.

52. Die tatsächlichen Fertigungskosten betragen laut BAB der folgenden Periode bei einem Beschäftigungsgrad von 75 % (Aufgabe 51) 165.000,— DM.

a) Berechnen Sie die Unter- bzw. Überdeckung der Fertigungsgemeinkosten.

b) Die Fertigungslöhne sind variabel (proportional). Ermitteln Sie den fixen und variablen Anteil an den Fertigungsgemeinkosten bei dem Beschäftigungsgrad von 75 %.

c) Berechnen Sie bei 75 % den Istzuschlagssatz für die Fertigungsgemeinkosten.

53. Fertigungslöhne 40.000,— DM, Herstellkosten der Produktion 153.000,— DM, Materialgemeinkosten 20 %, Fertigungsgemeinkosten 170 %.
Wieviel DM beträgt der Verbrauch an Rohstoffen (FM)?

54. Fertigungsmaterial 120.000,— DM, Fertigungslöhne 75.000,— DM Mehrbestand an unfertigen Erzeugnissen 4.000,— DM Minderbestand an fertigen Erzeugnissen 6.000,— DM Materialgemeinkosten laut BAB 23.400,— DM Fertigungsgemeinkosten laut BAB 109.750,— DM Normalgemeinkostenzuschläge: MGK 20 %, FGK 150 %.

a) Berechnen Sie die Herstellkosten des Umsatzes (Ist)!
b) Berechnen Sie die Istzuschlagssätze für die Material- und die Fertigungsgemeinkosten!
c) Berechnen Sie die Unter- bzw. Überdeckungen der Material- und Fertigungsgemeinkosten!

55. Berechnen Sie die fehlenden Werte:

	Istkosten		Normalkosten		Unter-/ Überdeckung
	DM	%	DM	%	
FL	?	–	?	–	–
FGK	?	180	97.200,—	?	?
FK	181.440,—	–	?	–	–

56. Bringen Sie die Arbeitsschritte bei der Erstellung eines mehrstufigen Betriebsabrechnungsbogens in die richtige Reihenfolge, indem Sie die Buchstaben a–e in die Kästchen eintragen.

a) Ermittlung der Gemeinkostensummen der Hauptkostenstellen ☐
b) Verteilung der Kosten der speziellen Fertigungshilfsstellen auf die Hauptstellen im Fertigungsbereich ☐
c) Ermittlung der Gemeinkostenunter- bzw. -überdeckung ☐
d) Verteilung der Kosten der allgemeinen Kostenstelle auf alle anderen Kostenstellen ☐
e) Verteilung der Kostenträgergemeinkosten auf die Kostenstellen ☐

57. Welche Kosten werden im Betriebsabrechnungsbogen durch Schlüsselung auf die Kostenstellen verteilt?

a) Fertigungsmaterial
b) Mieten
c) Abschreibungen für einen LKW, der zur Auslieferung verwendet wird
d) Gehalt eines Meisters im Fertigungsbereich
e) Fertigungslöhne

58. Ordnen Sie zu, indem Sie die Buchstaben von drei der Kostenarten in die Kästchen bei dem entsprechenden Kostenbereich einsetzen:

a) Eingangsfrachten für Hilfsstoffe
b) Miete für das Verwaltungsgebäude
c) Abschreibung eines PKWs des Handlungsreisenden
d) Vorstandsgehälter
e) Kosten der Kraftzentrale
f) Instandhaltung der Produktionsanlagen

Materialbereich ☐
Vertriebsbereich ☐
Fertigungsbereich ☐

59. Die Kosten der Allgemeinen Kostenstelle sind auf die Kostenstellen Material, Fertigung, Verwaltung und Vertrieb wie folgt zu verteilen: 20 %, 45 %, 30 %, 82.500,— DM.

Wieviel DM entfallen auf die Fertigungskostenstelle?

60. Welche Kosten gehen in die Verwaltungsgemeinkosten ein?

a) Verbrauch von Hilfsstoffen
b) Ausgangsfrachten
c) Abschreibungen für eine Fertigungsmaschine
d) Abschreibung für eine Schreibmaschine in der Lohnbuchhaltung
e) Einfuhrzölle für Handelswaren

61. Welche Aufgabe hat u.a. der Betriebsabrechnungsbogen in der Kosten- und Leistungsrechnung?

a) Wirtschaftlichkeitskontrolle im technisch-organisatorischen Betriebsbereich
b) Ermittlung der Anteile der einzelnen Produkte am Betriebsergebnis
c) Berechnung des steuerpflichtigen Gesamtgewinnes
d) Berechnung der Stückkosten der einzelnen Kostenträger
e) Ermittlung objektiver Entscheidungsgrundlagen für die Preispolitik des Unternehmens

62. Herstellkosten der Produktion 345.000,— DM
Fertigungsmaterial 40.000,— DM
Fertigungslöhne 115.000,— DM

Berechnen Sie die Zuschlagssätze für die Material- und die Fertigungsgemeinkosten, wenn sich Materialkosten und Fertigungskosten wie 1:5 zueinander verhalten.

6. Kapitel

Kostenträgerzeitrechnung

Aufgaben der Kostenträgerzeitrechnung

Im Rahmen der **Kostenträgerzeitrechnung** als der **dritten** Stufe der Kosten- und Leistungsrechnung werden die Kostenträgereinzel- und -gemeinkosten sowohl insgesamt als auch nach Kostenträgern getrennt, bezogen auf eine Abrechnungsperiode erfaßt und verrechnet.

Kostenträger sind die Leistungen eines Betriebes, und zwar in der Industrie sowohl **Absatzleistungen** wie Erzeugnisse, Erzeugnisgruppen, Serien oder einzelne Aufträge wie auch **innerbetriebliche** Eigenleistungen sowie die Leistungen der allgemeinen und besonderen Hilfskostenstellen, etwa selbsterstellte Werkzeuge und Anlagen.

Die Kosten- und Leistungsrechnung als Dispositionsinstrument der Geschäftsleitung verfolgt im Rahmen der Kostenträgerrechnung die folgenden Ziele:

- Ermittlung der **Herstellkosten** für jeden einzelnen Kostenträger zwecks Bewertung der Bestände an fertigen und unfertigen Erzeugnissen im Rahmen des Jahresabschlusses
- Ermittlung der **Selbstkosten** jedes einzelnen Kostenträgers zur Kontrolle der Wirtschaftlichkeit der Leistungserstellung
- Ermittlung des **Betriebsergebnisses** einer Abrechnungsperiode als Grundlage für die Ermittlung kurzfristiger Erfolgsrechnungen zur Feststellung des Anteils der einzelnen Kostenträger am Erfolg des Unternehmens

Kostenträgerzeitrechnung (BAB II) mit Betriebsabrechnung in der Industrie

Die Kostenträgerzeitrechnung wird ebenso wie die Kostenstellenrechnung mit Hilfe eines Betriebsabrechnungsbogens (BAB II) oder **Kostenträgerblattes** durchgeführt.

Die vorzunehmenden Abrechnungsarbeiten werden dabei im allgemeinen in der folgenden Reihenfolge abgewickelt:

1. Übernahme der Kostenträgereinzelkosten in die Kontrollspalte „Gesamte Istkosten“
2. Ergänzen der Kontrollspalte durch Einsetzen der im BAB I gewonnenen Istgemeinkosten, der Bestandsveränderungen an fertigen und unfertigen Erzeugnissen und Ermittlung der gesamten Selbstkosten des Umsatzes

3. Verteilung der Einzelkosten auf die Kostenträger **direkt** anhand von Belegen (Lohnlisten, Arbeitskarten, Materialentnahmescheine u. a. m.)
4. Ergänzen der Einzelkosten der Kostenträger durch die prozentuale Schlüsselung der Gemeinkosten mittels der im BAB I gewonnenen Zuschlagssätze der Kostenbereiche.
   Ermittlung der Selbstkosten der einzelnen Kostenträger
5. Erweiterung des Kostenträgerblattes zu einer Ergebnisrechnung durch die Aufnahme der Nettoumsatzerlöse insgesamt und bezogen auf die einzelnen Kostenträger
6. Ermittlung des **Betriebsergebnisses** insgesamt sowie der durch die einzelnen Kostenträger erwirtschafteten Anteile
7. Auswertung der Ergebnisse

Beispiel 22 (Industrie/Zahlen aus Beispiel 16)

Kostenarten	Gesamte Istkosten (TDM)	%	Kostenträger (TDM)	
			Produkt A	Produkt B
1. FM	1.750		1.000	750
2. + MGK	350	20	200	150
3. MK	2.100		1.200	900
4. FL	800		500	300
5. + FGK	1.600	200	1.000	600
6. FK	2.400		1.500	900
7. Hstk d.P.	4.500		2.700	1.800
8. + Minderbestände FE	500		322,5	177,5
9. Hstk d.U.	5.000		3.022,5	1.977,5
10. + Vwgk	1.000	20	604,5	395,5
11. + Vtgk	400	8	241,8	158,2
12. Selbstkosten d.U.	6.400		3.868,8	2.531,2
13. Umsatzerlöse	5.600		3.700	1.900
14. Betriebsergebnis	– 800		– 168,8	– 631,2

Durch das Kostenträgerblatt läßt sich der Anteil der einzelnen Kostenträger am **Betriebsergebnis** ermitteln, woraus die Wirtschaftlichkeit als betriebliche Kennziffer errechnet werden kann:

$$\text{Wirtschaftlichkeit} = \frac{\text{Leistungen}}{\text{Kosten}}$$

$$\text{Gesamtbetrieb} = \frac{5.600.000,\text{— DM}}{6.400.000,\text{— DM}} = 0{,}875$$

$$\text{Produkt A} = \frac{3.700.000,\text{— DM}}{3.868.800,\text{— DM}} = 0{,}956$$ → **über** Durchschnitt

$$\text{Produkt B} = \frac{1.900.000,\text{— DM}}{2.531.200,\text{— DM}} = 0{,}751$$ → **unter** Durchschnitt

Die Ursachen für die unterschiedlichen Beiträge einzelner Kostenträger zum Betriebsergebnis müssen analysiert werden. Danach sind bei entsprechenden Verantwortlichkeiten kosten- und absatzpolitische Maßnahmen zu ergreifen, um die Wirtschaftlichkeit der Leistungserstellung und Leistungsverwertung zu steigern.
Somit wird auch die **Kostenträgerrechnung** zum innerbetrieblichen Controlling-Instrument zur Bewertung der Wirtschaftlichkeit, differenziert nach Kostenträgern.
Für die betriebliche Kontrolle und Disposition sind kurze Abrechnungsperioden erforderlich. So ist für derart kurzfristige Entscheidungen der im Rahmen des Jahresabschlusses ermittelte Gesamterfolg ungeeignet, zumal er erst zum Ende des Geschäftsjahres bestimmt werden kann.
Die im Beispiel 22 verwendeten Zuschlagssätze sind **Istzuschläge,** die auf der Basis eines Betriebsabrechnungsbogens am Ende der laufenden Periode ermittelt wurden. Dabei wurde aus Gründen einer einfachen, durchgängigen Darstellung das ganze Geschäftsjahr als Abrechnungsperiode zugrunde gelegt.
Tatsächlich aber werden die Betriebsabrechnungsbögen monatlich auf der Basis der Zahlen des Vormonats erstellt, was zu ständig sich verändernden Zuschlagssätzen führt.
Als Abweichungen zwischen den verrechneten Kosten der Vergangenheit und den tatsächlich in der Periode entstehenden Istkosten können im wesentlichen festgestellt werden:

- **Preisabweichungen** bei sich verändernden Preisen in den Beschaffungsmärkten für Stoffe und Arbeitskräfte,
- **Verbrauchsabweichungen** bei Nichteinhalten der Vorgaben für Materialeinsatz und Arbeitszeiten sowie
- **Beschäftigungsabweichungen** bei steigender bzw. sinkender Auslastung des Betriebes, bedingt durch die zeitabhängigen fixen Kosten, die sich nicht proportional zur Ausbringung verändern. So bewirken z. B. Kündigungsvorschriften, daß die Fixkosten auch bei rückläufiger Beschäftigung nicht abgebaut werden können.

Diese in der Höhe schwankenden **Istgemeinkosten** sind zwar die Grundlage der Kostenkontrolle durch die **Nachkalkulation.** Sie eignen sich aber nicht zur

Kalkulation von Angebotspreisen, bei denen z. B. die Zufälligkeiten der Beschaffungsmärkte für einen längeren Zeitraum ausgeschaltet werden sollten. Nur so können ständige Schwankungen der Verkaufspreise, bedingt durch die Kosten, vermieden werden.
Zu diesem Zweck werden im Rahmen der **Vorkalkulation** der Produkte **Normalgemeinkosten** auf der Basis von Normalzuschlagssätzen verrechnet, die für jeden Kostenbereich als Mittelwerte früherer Istzuschlagssätze ermittelt werden können.
So ergibt sich z. B. für den Materialbereich ein Normalgemeinkostenzuschlag von 20 % als Durchschnitt aus fünf Abrechnungsperioden der Vergangenheit wie folgt:

Istzuschläge: I. Abrechnungsperiode 18 %
II. Abrechnungsperiode 23 %
III. Abrechnungsperiode 25 %
IV. Abrechnungsperiode 19 %
V. Abrechnungsperiode 15 %
100 % : 5 = 20 % Materialgemeinkostenzuschlag

Dieser wird in der Vorkalkulation angesetzt.
Diese Form der **Normalkostenrechnung** wird bei der Vorkalkulation in allen Kostenbereichen angewendet: Material, Fertigung, Verwaltung und Vertrieb. Sie eliminiert die Störungen durch die Beschaffungsmärkte zudem dadurch, daß auch für die Kostenträgereinzelkosten Fertigungsmaterial und Fertigungslöhne feste Verrechnungspreise kalkuliert werden.
Die verrechneten Normalkosten werden dem Unternehmen über die Umsatzerlöse erstattet, und durch ihren Ansatz in der Kostenträgerzeitrechnung kann der Periodenerfolg bereits **vor** der Erstellung eines Betriebsabrechnungsbogens auf Istkostenbasis für alle Produkte ermittelt werden.
Nach Ablauf der Abrechnungsperiode und nach der Erstellung eines Betriebsabrechnungsbogens können durch die Gegenüberstellung der ermittelten **Istgemeinkosten** und der verrechneten **Normalgemeinkosten** Über- bzw. Unterdeckungen der Gemeinkosten berechnet werden. Durch deren Analyse ist eine Kostenkontrolle möglich.
Da im Rahmen der Vorkalkulation die Normalkosten kalkuliert werden und somit Bestandteil der Umsatzerlöse sind, ergibt sich als Differenz zwischen den Umsatzerlösen und den Selbstkosten auf Normalkostenbasis das **Umsatzergebnis.**
Über die Unter- und Überdeckungen im Gemeinkostenbereich kann vom Umsatzergebnis auf das **Betriebsergebnis** geschlossen werden.
Es ergibt sich als Differenz zwischen den Umsatzerlösen und den Selbstkosten auf Istkostenbasis.

Somit bestehen die folgenden Beziehungen zwischen den einzelnen Größen der Kostenträgerzeitrechnung:

1. Umsatzerlöse – Selbstkosten (Ist) = **Betriebsergebnis**
2. Umsatzerlöse – Selbstkosten (Normal) = **Umsatzergebnis**
3. Selbstkosten (Ist) > Selbstkosten (Normal) = **Unterdeckung**
4. Selbstkosten (Ist) < Selbstkosten (Normal) = **Überdeckung**
5. Umsatzergebnis + Überdeckung = **Betriebsergebnis**
6. Umsatzergebnis – Unterdeckung = **Betriebsergebnis**

Beispiel 23 (Industrie/Zahlen aus Beispiel 22)

Auf der Basis der Normalzuschlagssätze für die Gemeinkosten, der angefallenen Einzelkosten der Abrechnungsperiode und der anteiligen Umsatzerlöse kann ein **Kostenträgerblatt** auf Normalkostenbasis erstellt werden.

Dabei werden die laut Betriebsabrechnungsbogen I ermittelten Über- bzw. Unterdeckungen der Gemeinkosten bereits berücksichtigt, um vom Umsatzergebnis auf das Betriebsergebnis zu schließen und somit die Kostenträgerzeitrechnung zur **kurzfristigen Erfolgsrechnung** zu erweitern.

In dem Beispiel werden die laut BAB I festgestellten Istgemeinkosten von 3.350.000,— DM durch den Ansatz der verrechneten Normalgemeinkosten von 3.659.000,— DM mit 309.500,— DM überdeckt.

Da aber auch diese niedrigeren Istkosten nicht über die Umsatzerlöse „erstattet“ werden, ist das Betriebsergebnis zwar um die Kostenüberdeckung höher als das Umsatzergebnis, aber insgesamt doch noch negativ.

Umsatzergebnis	+	Überdeckung	=	Betriebsergebnis
–1.109.500,— DM	+	309.500,— DM	=	– 800.000,— DM
Selbstkosten (N)	–	Selbstkosten (I)	=	Überdeckung
3.659.500,— DM	–	3.350.000,— DM	=	309.500,— DM

Eine Überdeckung der Gemeinkosten durch die Kalkulation von Normalgemeinkosten in den Kostenbereichen führt immer zu **Gewinnerhöhungen** oder **Verlustminderungen,** eine Unterdeckung dagegen zu **Gewinnminderungen** oder **Verlusterhöhungen.**

Kostenträgerblatt mit Normalkosten (in TDM):					
Kostenarten	Gesamte Normalkosten	%	Kostenträger Produkt A	Produkt B	Überdeckung/ Unterdeckung
1. FM	1.750		1.000	750	
2. + MGK	420	24	240	180	+ 70
3. MK	2.170		1.240	930	
4. FL	800		500	300	
5. +FGK	1.500	187,5	937,5	562,5	−100
6. FK	2.300		1.437,5	862,5	
7. Hstk d.P.	4.470		2.677,5	1.792,5	
8. + Minderbest. FE	500		322,5	177,5	
9. Hstk d.U.	4.970		3.000	1.970	
10. + Vwgk	1.242,5	25	750	492,5	+242,5
11. + Vtgk	497	10	300	197	+97
12. Selbstkosten d.U.	6.709,5		4.050	2.659,5	
13. Umsatzerlöse	5.600		3.700	1.900	
14. Umsatzergebnis	−1.109,5		−350	−759,5	+309,5
15. + Überdeckung	309,5				
16. **Betriebsergebnis**	−800				

Die verrechneten Normalzuschlagssätze werden in der laufenden Abrechnungsperiode bei der stückbezogenen Vorkalkulation angewendet.
Sie werden im Rahmen einer Nachkalkulation den laut Betriebsabrechnungsbogen ermittelten Istzuschlägen (Beispiel 16) gegenübergestellt. Dadurch kann festgestellt werden, inwieweit sich der tatsächliche Gewinn gegenüber dem kalkulierten Gewinn verändert hat.
Das Kalkulationsverfahren wird im Kapitel „Kostenträgerstückrechnung" als differenzierte Zuschlagskalkulation ausführlich beschrieben.
Vorkalkulation pro Stück bei einer Jahresproduktion von 20.000 Stück:

	Fertigungsmaterial	87,50 DM	
+	24 % Materialgemeinkosten	21,— DM	
	Materialkosten		108,50 DM
+	Fertigungslöhne	40,— DM	
+	187,5 % Fertigungsgemeinkosten	75,— DM	
	Fertigungskosten		115,— DM
	Herstellkosten		223,50 DM
+	25 % Verwaltungsgemeinkosten		55,88 DM
+	10 % Vertriebsgemeinkosten		22,35 DM
	Selbstkosten		301,73 DM

Nachkalkulation pro Stück mit Istzuschlägen:

	Fertigungsmaterial	87,50 DM	
+	20 % Materialgemeinkosten	17,50 DM	
	Materialkosten		105,— DM
+	Fertigungslöhne	40,— DM	
+	150 % Fertigungsgemeinkosten	60,— DM	
	Fertigungskosten		100,— DM
	Herstellkosten		205,— DM
+	20 % Verwaltungsgemeinkosten		41,— DM
+	8 % Vertriebsgemeinkosten		16,40 DM
	Selbstkosten		262,40 DM

	Selbstkosten (Normal)	301,73 DM
–	Selbstkosten (Ist)	262,40 DM
	Gewinnerhöhung	39,33 DM

Analyse der Abweichungen:
Bei der Bestimmung der **Normalgemeinkosten** auf der Basis von Durchschnittswerten aus der Vergangenheit wird eine bestimmte Auslastung des Betriebes (Normalbeschäftigung) angenommen und der Berechnung zugrunde gelegt.
Eine Übernahme dieser Werte in der folgenden Abrechnungsperiode führt regelmäßig zu Abweichungen im Verhältnis zu den Istgemeinkosten, die nur dann ausschließlich als **Preis-** und **Verbrauchsabweichungen** analysiert werden können, wenn keine Änderungen der Beschäftigung vorliegen.
Sind Kostenabweichungen **(Unter-, Überdeckungen)** jedoch auch auf einen veränderten Beschäftigungsgrad zurückzuführen, so ist deren Analyse problematischer.

Beispiel 24 (Industrie/Zahlen aus Beispiel 16)
Angenommen, **Kostenträgereinzelkosten** und **Kostenträgergemeinkosten** verhalten sich proportional zueinander, dann führt jede Veränderung bei den Einzelkosten auch zu einer gleichen prozentualen Veränderung bei den Gemeinkosten.
In dem Betriebsabrechnungsbogen (siehe Beispiel 16) werden bei einem Fertigungsmaterial von 1.750.000,— DM Normal-Materialgemeinkosten von 420.000,— DM (= 24 %) bei einer angenommenen **Normalbeschäftigung** von 20.000 Stück verrechnet.
In der laufenden Periode ergeben sich Ist-Materialgemeinkosten von 426.650,— DM.

Beim Fertigungsmaterial ist eine Preissteigerung im Beschaffungsmarkt durch höhere Rohstoffpreise von 10 % zu berücksichtigen sowie eine Mengenabweichung von – 4 %, etwa durch einen geringeren Ausschuß in der Produktion.
Unter diesen Voraussetzungen beträgt der **tatsächliche** Materialverbrauch an Rohstoffen laut Materialentnahmescheinen:

→ Preisabweichung	+ 10 % von 1.750.000,— DM =	175.000,— DM
→ Mengenabweichung	– 4 % von 1.750.000,— DM =	–70.000,— DM
Unterdeckung		105.000,— DM

Diese Abweichungen beim Fertigungsmaterial wirken durch die unterstellte proportionale Beziehung auf die Materialgemeinkosten ein.

Istkosten			Normalkosten		Unterdeckung
	DM	%	DM	%	
FM	1.855.000,— DM	–	1.750.000,— DM	–	105.000,— DM
MGK	426.650,— DM	23	420.000,— DM	24	6.650,— DM
MK	2.281.650,— DM		2.170.000,— DM		111.650,— DM

Für die Materialgemeinkosten ergibt sich aufgrund der Gesamtabweichung beim Fertigungsmaterial (= Unterdeckung):

→ Preisabweichung	24 % von 175.000,— DM =	42.000,— DM
→ Mengenabweichung	24 % von 70.000,— DM =	– 16.800,— DM
Unterdeckung		25.200,— DM

Daraus folgt eine notwendige Anpassung der Normal-Materialgemeinkosten um 25.200,— DM.
Der Vergleich zwischen der erwarteten Unterdeckung der Materialgemeinkosten, bedingt durch die Abweichungen bei der Zuschlagsbasis Fertigungsmaterial, im Verhältnis zu der tatsächlichen Abweichung laut Betriebsabrechnungsbogen ergibt eine **nicht eingetretene** Unterdeckung von 18.550,— DM bei den Materialgemeinkosten.

	erwartete Unterdeckung der Materialgemeinkosten	25.200,— DM
–	tatsächliche Unterdeckung laut BAB	6.650,— DM
=	nicht realisierte Unterdeckung	18.550,— DM

Diese nicht realisierte Unterdeckung der Gemeinkosten entspricht der Differenz zwischen den unter Berücksichtigung der Abweichungen angepaßten Normal-Materialgemeinkosten und den Ist-Gemeinkosten laut Betriebsabrechnungsbogen:

	angepaßte Normal-Materialgemeinkosten (420.000,— DM + 25.200,— DM)	445.200,— DM
–	Ist-Materialgemeinkosten	426.650,— DM
		18.550,— DM

Daraus wird ersichtlich, daß die Unterstellung einer proportionalen Beziehung zwischen den Einzelkostenmaterialien (FM) und den materialabhängigen Gemeinkosten (MGK) nicht den durch Mengen- und Preisabweichungen bedingten tatsächlichen Änderungen der Materialgemeinkosten entspricht.
So sind in dem vorliegenden Fall die Abweichungen **geringer** als erwartet.
Dasselbe gilt auch für das Verhältnis von Fertigungslöhnen und Fertigungsgemeinkosten. Auch hier können über- oder unterproportionale Abweichungen bei den Gemeinkosten entstehen, die näher analysiert werden müssen. Dabei können sich aufgrund der relativ hohen Zuschlagssätze im Fertigungsbereich Veränderungen bei den Einzelkosten in weitaus größerem Umfang auf die Gemeinkosten auswirken als im Materialbereich.

Kostenträgerzeitrechnung im Handel

Ergebnis der Kostenstellenrechnung im Handel waren nach Warengruppen differenzierte **Zuschläge** für die Handlungskosten, die auf der Basis der im Betriebsabrechnungsbogen verzeichneten **Wareneinsätze** (= verkaufte Waren zu Einstandspreisen) ermittelt wurden. Dabei wird für jeden Kostenträger ein gesonderter Handlungskostensatz errechnet. Im Rahmen der **Kostenträgerzeitrechnung** für den Abrechnungszeitraum werden nun den Selbstkosten jedes Kostenträgers die Nettoumsatzerlöse gegenübergestellt, um den Anteil jedes Kostenträgers am Gesamterfolg zu ermitteln.
Danach lassen sich für die einzelnen Kostenträger Zuschlagssätze für den Gewinn errechnen, die man bei der stückbezogenen Kalkulation anwendet.
Sie können mit den durch die Nachkalkulation festgestellten tatsächlichen Zuschlägen verglichen werden. Als Differenz läßt sich der tatsächliche Gewinn der einzelnen Kostenträger feststellen.

Beispiel 25 (Handel/Zahlen aus Beispiel 6 und 19)

	Gesamt	Warengruppe I	Warengruppe II
Summe Einzelkosten (Wareneinsatz)	4.100.000,— DM	2.500.000,— DM	1.600.000,—DM
+ Handlungskosten	1.925.000,— DM	1.125.000,— DM (45 %)	800.000,— DM (50 %)
= Selbstkosten	6.025.000,— DM	3.625.000,— DM	2.400.000,— DM
Umsatzerlöse	6.150.000,— DM	3.915.000,— DM	2.235.000,— DM
= Betriebsgewinn/-verlust	+125.000,— DM	+290.000,— DM	−165.000,— DM

$$\text{Gewinnzuschlag Warengruppe I} = \frac{\text{Gewinn x 100}}{\text{Selbstkosten}} = \frac{\text{290.000,— DM x 100}}{\text{3.625.000,—}} = 8\,\%$$

$$\text{Verlust Warengruppe II} = \frac{\text{Verlust x 100}}{\text{Selbstkosten}} = \frac{\text{165.000,— x 100}}{\text{2.400.000,—}} = 6{,}875\,\%$$

Kurzfristige Erfolgsrechnung auf der Basis der Gesamtkosten

Mit Hilfe des **Gesamtkostenverfahrens** läßt sich der Betriebserfolg bei kurzfristigen Abrechnungsperioden, etwa monatlich, ermitteln, der betrieblichen Dispositionen zugrunde gelegt werden kann.
Die dazu notwendigen Zahlenwerte werden der Kosten- und Leistungsrechnung entnommen:

	Umsatzerlöse der Abrechnungsperiode
–	Gesamtkosten der Abrechnungsperiode
+	Mehrbestände an Fertigerzeugnissen und unfertigen Erzeugnissen, bewertet zu Herstellkosten
–	Minderbestände an Fertigerzeugnissen und unfertigen Erzeugnissen, bewertet zu Herstellkosten
=	**Betriebsergebnis der Abrechnungsperiode**

Diese Berechnung läßt sich ohne Schwierigkeiten in das System der doppelten Buchführung integrieren.
Der Aussagewert ist jedoch begrenzt, da keine Zuordnung zu **einzelnen** Kostenträgern erfolgt.

Überblick

Kostenträgerzeitrechnung Industrie

Kostenarten (Normal)	Gesamt	Kostenträger I	II	III	IV	Über-, Unterdeckungen aus BAB I
Fertigungsmaterial		Verteilung direkt →				
+ Materialgemeinkosten		Verteilung indirekt durch Zuschlagssätze →				+ (–)
= ① Materialkosten						
Fertigungslöhne		Verteilung direkt →				
+ Fertigungsgemeinkosten		Verteilung indirekt durch Zuschlagssätze →				+ (–)
= ② Fertigungskosten						
① + ② Herstellkosten der Produktion						
+ Minderbestände an unfertigen und fertigen Erzeugnissen		Ermittlung direkt aus der Lagerbuchhaltung →				
– Mehrbestände an unfertigen und fertigen Erzeugnissen		Ermittlung direkt aus der Lagerbuchhaltung →				
= ③ Herstellkosten des Umsatzes						
+ Verwaltungsgemeinkosten		Verteilung indirekt durch Zuschlagssätze →				+ (–)
+ Vertriebsgemeinkosten		Verteilung indirekt durch Zuschlagssätze →				+ (–)
= ④ Selbstkosten des Umsatzes						Σ
⑤ Umsatzerlöse						
⑥ Umsatzergebnis	Σ	Σ	Σ	Σ	Σ	
+ Überdeckung (gesamt) / – Unterdeckung (gesamt)	Σ	← (aus Über-, Unterdeckungen)				
⑦ Betriebsergebnis	Σ					

Kostenträgerzeitrechnung Handel				
Kostenarten	Gesamt	Kostenträger		
		I	II	III
Einzelkosten	direkte Verteilung ----→			
+ Handlungskosten	indirekte Verteilung durch Handlungskostenzuschläge ----→			
= Selbstkosten	Σ	Σ	Σ	Σ
Umsatzerlöse	Σ	Σ	Σ	Σ
= **Betriebsergebnis**	Σ	Σ	Σ	Σ

Aufgaben (Industrie)

63. Ein Betrieb hat in einer Abrechnungsperiode ein Umsatzergebnis von – 142.500,— DM und eine Gesamtüberdeckung der Gemeinkosten von 6.850,— DM.
Wie groß ist das Betriebsergebnis dieser Abrechnungsperiode?

64. Berechnen Sie den Gesamtumsatz eines Industriebetriebes, wenn bei einem Umsatzergebnis von 14.900,— DM, tatsächlichen Selbstkosten laut BAB von 145.700,— DM, eine Gesamtunterdeckung der Gemeinkosten von 6.400,— DM anfällt.

65. Wie wird in der Kostenträgerzeitrechnung das Betriebsergebnis berechnet?
a) Umsatzerlöse minus Selbstkosten (Normal)
b) Umsatzergebnis minus Überdeckung
c) Umsatzergebnis minus Selbstkosten (Ist)
d) Umsatzerlöse minus Selbstkosten (Ist)
e) Unterdeckung minus Umsatzergebnis

66. Berechnen Sie den Zuschlagssatz für die Verwaltungsgemeinkosten nach den folgenden Angaben:
Fertigungsmaterial 1,5 Mio. DM, Materialgemeinkosten 0,6 Mio. DM Fertigungslöhne 2,7 Mio. DM, Fertigungsgemeinkosten 3,5 Mio. DM Verwaltungsgemeinkosten 1,245 Mio. DM, keine Bestandsveränderungen an fertigen und unfertigen Erzeugnissen

67. Auf welche Weise wird in der Kostenträgerzeitrechnung das Umsatzergebnis errechnet?
a) Erlöse minus Selbstkosten (Normal)
b) Betriebsergebnis zuzüglich Überdeckung der Gemeinkosten
c) Erlöse minus Selbstkosten (Ist)

d) Erlöse minus Aufwendungen laut GuV
e) Selbstkosten (Normal) minus Überdeckung der Gemeinkosten

68. Welche Aussage zur Kostenträgerzeitrechnung auf der Basis von Normalkosten ist richtig?

a) Sie ermittelt das Betriebsergebnis für jeden Kostenträger.
b) Sie ermittelt die anteiligen Gemeinkosten der Kostenstellen.
c) Sie ermöglicht die Berechnung des steuerpflichtigen Gewinnes.
d) Sie ermittelt das Umsatzergebnis.
e) Sie ermittelt die kurzfristigen Preisuntergrenzen für jeden Kostenträger.

69. Berechnen Sie die Über- bzw. Unterdeckung der Gemeinkosten, wenn aus einem Kostenträgerblatt die folgenden Werte vorliegen:

Betriebsergebnis 185.000,— DM (Verlust)
Umsatzergebnis 35.000,— DM (Gewinn)

70. Wie groß sind die Bestandsveränderungen bei Fertigerzeugnissen? Handelt es sich um einen Mehr- oder um einen Minderbestand?

Herstellkosten der Produktion 203.000,— DM (Ist)
Mehrbestand an unfertigen Erzeugnissen 8.000,— DM
Verwaltungsgemeinkosten 15 % (Istzuschlag)
Vertriebsgemeinkosten 6 % (Istzuschlag)
Selbstkosten (Normal) 265.750,— DM
Umsatzerlöse 280.000,— DM
Überdeckung der Gemeinkosten 5.600,— DM

71. Berechnen Sie die Selbstkosten (Ist) nach den folgenden Angaben:

Umsatzerlöse 354.000,— DM, Umsatzergebnis + 26.000,— DM
Überdeckung der Gemeinkosten 15.000,— DM

72. Welcher der folgenden Fälle führt zu einer Überdeckung der Gemeinkosten?

a) Bei der Berechnung des Gemeinkostenzuschlages werden die Einzelkosten zu niedrig angesetzt.
b) Bei sinkender Beschäftigung werden die Fixkosten nicht abgebaut.
c) Bei Fertigungslöhnen von 180.000,— DM fallen tatsächliche Fertigungsgemeinkosten von 270.000,— DM an, es wurde ein Zuschlag von 145 % verrechnet.
d) Der Normalzuschlag für die Verwaltungsgemeinkosten wurde versehentlich von den Herstellkosten der Produktion berechnet. Bei Fertigerzeugnissen und unfertigen Erzeugnissen gab es Mehrbestände.

e) Steigende Rohstoffpreise wurden bei der Berechnung des Materialgemeinkostenzuschlages mit berücksichtigt.

73. Ermitteln Sie die fehlenden Werte:

	Gesamt	Produkt A	Produkt B	Unter-/Überdeckung
Selbstkosten (Normal)	?	265 TDM	106 TDM	+ 12,6 TDM
Umsatzerlöse	410 TDM	?	130 TDM	
Umsatzergebnis	?	?	?	
Unter-/Überdeckung	?			
Betriebsergebnis	?			

74. Die Fertigungsgemeinkosten werden mit 180 % auf der Basis der Fertigungslöhne von 160.000,— DM verrechnet. Diese steigen um 8 % an.

Um wieviel DM müssen die Normalfertigungsgemeinkosten angepaßt werden?

75. Berechnen Sie die fehlenden Größen:

Kostenarten	Normalkosten	%	Produkt A	Produkt B
FM	?		?	85 TDM
MGK	?	25	?	?
MK	220 TDM		?	?

76. Ordnen Sie zu, indem Sie 3 der 6 Buchstaben in die Kästchen bei den entsprechenden Begriffen eintragen.

a) Selbstkosten (Normal) < Selbstkosten (Ist)
b) Erlöse – Selbstkosten (Normal)
c) Erlöse – Umsatzergebnis
d) Selbstkosten (Normal) > Selbstkosten (Ist)
e) Umsatzergebnis – Überdeckung
f) Betriebsergebnis < Umsatzergebnis

Umsatzergebnis ☐
Überdeckung ☐
Selbstkosten (Normal) ☐

Aufgaben (Handel)

77. Für eine Produktgruppe entstanden Selbstkosten von 1.062.500,— DM bei Handlungskosten von 25 %.
Wie hoch war der Wareneinsatz?

78. Welche Aussage zur Kostenträgerrechnung ist richtig?
a) Sie ermittelt den Anteil der einzelnen Warengruppen am steuerpflichtigen Gewinn.
b) Sie ermittelt das Betriebsergebnis als Differenz zwischen Warenumsatz und Wareneinsatz.
c) Sie ermittelt Handlungskostensätze in Prozent des Warenumsatzes.
d) Sie stellt den Umsatzerlösen die Selbstkosten der einzelnen Warengruppen gegenüber.
e) Sie ermittelt die Gewinne/Verluste pro Stück.

79. Wie hoch war der Wareneinsatz der Warengruppe, wenn die Kostenträgerzeitrechnung die folgenden Werte ergab?
Betriebsgewinn 25.000,— DM, Warenumsatz 610.000,— DM
Handlungskostenzuschlag 30 %

80. Der laut Kostenträgerzeitrechnung ermittelte Gewinnzuschlag wird bei der Vorkalkulation einer Warengruppe verwendet. Die Kostenträgerzeitrechnung ergab die folgenden Werte:
Selbstkosten 245.000,— DM, Warenumsatz 264.000,— DM
Die Nachkalkulation ergab einen Wareneinsatz von 168.000,— DM.
Es entstanden Handlungskosten von 50 %.
Wie groß ist der tatsächliche Gewinnzuschlag?

81. Berechnen Sie die fehlenden Werte:

Wareneinsatz	?	
Handlungskosten	?	(25 %)
Selbstkosten	?	
Umsatzerlöse	866.250,— DM	
Betriebsgewinn	?	(10 %)

82. Welche Aussage zur Kostenträgerrechnung ist richtig?
a) Durch die Vorkalkulation kann festgestellt werden, ob eine volle Kostendeckung erreicht wurde.
b) Die Vorkalkulation basiert auf Istzuschlägen, die am Ende der jeweiligen Abrechnungsperiode ermittelt werden.
c) Durch die Nachkalkulation kann der tatsächliche Gewinn ermittelt werden.

d) Zwischen Vor- und Nachkalkulation gibt es keinen Unterschied.
e) Die Angebotspreise werden grundsätzlich auf der Basis einer Nachkalkulation ermittelt.

83. Durch eine Kostenträgerzeitrechnung werden die folgenden Werte ermittelt:

	Warengruppe I	**II**	**III**
Wareneinsatz	425.000,— DM	680.000,— DM	115.000,— DM
Selbstkosten	488.750,— DM	761.600,— DM	131.100,— DM

Welche Warengruppe hat den relativ niedrigsten Kostenanteil bei den Handlungskosten?

7. Kapitel

Kostenträgerstückrechnung (Kalkulation)

Aufgaben der Kostenträgerstückrechnung

Im Rahmen der Kostenträgerstückrechnung werden die durch die Erstellung der betrieblichen Leistungen entstandenen Kosten auf die einzelnen Leistungseinheiten verteilt. Diese Form der Kostenträgerrechnung ist **stückbezogen** und dient im wesentlichen als Grundlage für die Kalkulation von Angebotspreisen durch die Vorkalkulation sowie deren Kontrolle durch die Nachkalkulation.
Für Betriebe, deren Verkaufspreise durch die Marktverhältnisse als Datum bestimmt sind und die daher etwa aus Konkurrenzgründen auf eine eigene Preisstrategie im Markt verzichten, können die Selbstkosten für jeden Kostenträger als **langfristige Preisuntergrenze** bestimmt werden.
Sie garantiert eine volle Deckung der Kosten und sichert auf diese Weise die Überlebensfähigkeit des Unternehmens durch die Erhaltung seiner Substanz.
Abweichend davon kann es grundsätzlich für alle Betriebe Situationen geben, in denen eine ausschließlich an den Kosten orientierte Preisstellung im Markt nicht durchsetzbar ist, so z. B. bei einem starken Nachfragerückgang und damit verbundener Unterbeschäftigung.
In diesen Fällen erscheint eine Abkehr vom **Kostenverursachungsprinzip** und eine Bestimmung von Angebotspreisen nach dem **Tragfähigkeitsprinzip** erforderlich.
Durch die Kostenträgerstückrechnung können die variablen Kosten als **kurzfristige Preisuntergrenze** ermittelt werden.
Grundsätzlich wird die Form der Kostenträgerstückrechnung bestimmt durch:

1. Art und Umfang der zuzurechnenden Kosten,
2. Eigenart der Branche des betreffenden Betriebes,
3. Eigenart der produzierten bzw. umgesetzten Produkte,
4. Zeitpunkt der Kalkulation,
5. Gewünschtes kalkulatorisches Ergebnis sowie
6. Auswirkung auf die Liquidität.

■ Unterscheidung nach Art und Umfang der kalkulierten Kosten

Im Rahmen der **Vollkostenrechnung** werden den einzelnen Kostenträgern **alle** anfallenden Kosten zugerechnet, die Kostenträgereinzelkosten direkt und die Kostenträgergemeinkosten mit Hilfe prozentualer Schlüsselgrößen, die durch einen Betriebsabrechnungsbogen (BAB) ermittelt werden.
Ziel ist in der Regel die Ermittlung der **Selbstkosten** zur Kalkulation von Angebotspreisen.

Ist bei niedrigeren Marktpreisen dagegen eine volle Kostenerstattung über den Markt nicht möglich, so wird im Rahmen einer **Teilkostenrechnung** den Kostenträgern nur ein Teil der Kosten zugerechnet. Orientierungsgröße für betriebliche Dispositionen ist bei diesen Formen der Kostenrechnung nicht der Gewinn als Differenz zwischen Umsatzerlösen und Selbstkosten, sondern der **Deckungsbeitrag** als Differenz zwischen Umsatzerlösen und variablen Kosten, bezogen auf die einzelnen Kostenträger.
Nach der **Art** der zuzurechnenden Kosten werden Verfahren der **Istkostenrechnung,** der **Normalkostenrechnung** sowie der **Plankostenrechnung** unterschieden, je nachdem, ob tatsächlich angefallene, als Durchschnitt vergangener Perioden ermittelte oder geplante, zukunftsbezogene Kosten den Kostenträgern zugerechnet werden.

■ Unterscheidung der Verfahren nach der Branche

Ausgangsgröße für die Kalkulationsformen in **Handelsbetrieben** ist der **Einkaufspreis,** Zielgröße der **Verkaufspreis,** es sei denn, für den Betrieb ist der Verkaufspreis gegeben und er ergibt durch Rückwärtskalkulation den gerade noch tragbaren Einkaufspreis.
Handelsbetriebe berechnen somit:

- **Bezugspreise** (Einstandspreise) durch Bezugskalkulation
- **Selbstkostenpreise** durch Selbstkostenkalkulation
- **Verkaufspreise** als Angebotspreise durch Verkaufskalkulation

Im **Industriebetrieb** werden kalkuliert:

- **Bezugspreise** der Stoffe, bezogenen Fertigteile und Handelswaren
- **Herstellkosten** der fertigen und unfertigen Erzeugnisse zur Erstellung des Inventars und für die Bewertung der Bestände in der Bilanz
- **Selbstkosten** der Erzeugnisse
- **Verkaufspreise** für die erstellten Produkte

■ Unterscheidung der Verfahren nach der Eigenart der Produkte

Eine **direkte** Zuordnung der anfallenden Kosten auf die Kostenträger im Sinne des **Kostenverursachungsprinzips** ist nur dann möglich, wenn es sich bei diesen um einheitliche Produkte handelt, die alle Produktionsstufen gleichmäßig durchlaufen, d. h. in Industriebetrieben mit **einheitlicher Massenfertigung** ohne Zwischenläger.
In diesem Fall werden die Selbstkosten durch die einfachen Verfahren der **Divisionskalkulation** ermittelt.
Bei unterschiedlicher Auslastung verschiedener Produktionsstufen wird die **Stufendivisionskalkulation** und bei **Sorten-** und **Serienfertigung** die **Äquivalenzziffernkalkulation** angewendet.

Bei **Einzelfertigung** (z. B. Auftragsfertigung) sind die Kosten den einzelnen Kostenträgern nicht mehr direkt zuzuordnen. Sie müssen in Kostenträgereinzel- und Kostenträgergemeinkosten differenziert werden.
Die Berechnung der Selbstkosten erfolgt durch die Verfahren der **Zuschlagskalkulation** unter Verwendung wertmäßiger Schlüsselgrößen für die indirekte Zurechnung der Gemeinkosten, entweder pauschal durch einen einheitlichen Zuschlag oder differenziert nach Kostenstellen mit verschiedenen Zuschlägen.

■ Unterscheidung der Verfahren nach dem Zeitpunkt der Kalkulation

Im Rahmen der **Vorkalkulation** werden die Angebotspreise auf der Grundlage der Selbstkosten ermittelt. Sie basiert in der Regel auf den Normalkosten und bedarf der Überprüfung der Wirtschaftlichkeit durch den Vergleich mit den am Ende einer Abrechnungsperiode festgestellten tatsächlich angefallenen Kosten im Rahmen einer **Nachkalkulation.**
Zwischenkalkulationen sind in der Industrie erforderlich zur Ermittlung der Herstellkosten für jene Erzeugnisse, die sich noch in einer Produktionsphase befinden (unfertige Erzeugnisse), sowie für Produkte, die fertiggestellt, aber noch nicht abgesetzt wurden (Fertigerzeugnisse). Auch können durch die Kontrolle der anfallenden Kosten mittels Zwischenkalkulationen die Produktionsprozesse im Zeitablauf besser überwacht und notwendige Eingriffe durch entsprechendes Datenmaterial begründet werden.

■ Unterscheidung der Verfahren nach dem gewünschten kalkulatorischen Ergebnis

Alle erwähnten Kalkulationsverfahren sind in drei Formen denkbar, je nachdem welches Ergebnis erzielt werden soll:

1. *Progressive Kalkulationen*
   Diese Formen der **Vorwärtskalkulation** gehen aus von den Kosten und ermitteln als Ergebnis die Selbstkosten und Angebotspreise der Produkte.
2. *Retrograde Kalkulationen*
   Sind die Verkaufspreise durch die Bedingungen des Marktes bestimmt und die Anbieter verzichten auf eine eigene Preispolitik auf der Basis der Selbstkosten, so wird die **Rückwärtskalkulation** angewendet.
   Sie liefert Informationen darüber, welche Deckungsbeiträge der einzelnen Kostenträger verbleiben, wenn von den Verkaufserlösen der variable Teil der Kosten abgezogen wird, bzw. welche Verluste sich ergeben, wenn die gesamten Selbstkosten abgezogen werden.
3. *Differenzkalkulationen*
   Sind sowohl die Kosten als auch die Verkaufspreise für einen Anbieter feste Größen, so kann durch die Differenzkalkulation der erzielte Gewinn als Unterschied zwischen Selbstkosten und Verkaufspreis ermittelt werden.

■ **Unterscheidung der Verfahren nach der Auswirkung auf die Liquidität**

Nicht alle anfallenden Kosten sind unmittelbar auch mit **Ausgaben** verbunden, welche die Zahlungsfähigkeit des Unternehmens beeinflussen.

Abgesehen von den kalkulatorischen Kostenarten sind in den Fixkosten jedoch zum größten Teil ausgabenwirksame Anteile enthalten, die früher oder später auch zu Liquiditätsabflüssen führen (z. B. Gehälter, Mieten).

Da aber bei der Ermittlung **kurzfristiger Preisuntergrenzen** im Rahmen der Teilkostenrechnung lediglich die variablen Kosten berücksichtigt werden, können Liquiditätsengpässe entstehen, wenn durch die erzielten Preise ausgabenwirksame fixe Kosten nicht gedeckt werden.

Daher sind diese bei der Bestimmung der Preisuntergrenzen zu beachten:

$$\text{kurzfristige Preisuntergrenze} = \frac{\text{Variable Kosten} + \text{ausgabenwirksame Fixkosten}}{\text{Absatzmenge}}$$

Ein zu ermittelnder Deckungsbeitrag sollte demnach unter Liquiditätsgesichtspunkten den ausgabenwirksamen Fixkostenanteil abdecken.

Kalkulationsformen der Industrie auf der Basis von Vollkosten

1. Divisionskalkulation

■ **Einfache, einstufige Divisionskalkulation**

In Industrieunternehmen, die ein **einheitliches Produkt** in Massen herstellen (= homogene Massenproduktion) werden die Kostenstellen durch die Kostenträger nicht unterschiedlich belastet. Die gesamten Kosten können einem Kostenträger zugerechnet werden, z. B. in der Grundstoffindustrie. Damit entfällt die Aufteilung der Kosten in Kostenträgereinzelkosten und Kostenträgergemeinkosten.

Die **Selbstkosten** der einzelnen Kostenträger ergeben sich mittels Division der Gesamtkosten einer Abrechnungsperiode durch die Produktionsmenge unter der zusätzlichen Voraussetzung, daß sich die Lagerbestände an unfertigen und fertigen Erzeugnissen nicht verändern (Produktionsmenge = Absatzmenge).

Beispiel 26 (Industrie)

Ein Betrieb stellt nur ein Erzeugnis in einer jährlichen Stückzahl von 20.000 her. Selbstkosten der Abrechnungsperiode: 6.400.000,— DM.

$$\text{Selbstkosten je Kostenträger} = \frac{\text{Selbstkosten der Abrechnungsperiode}}{\text{Produktionsmenge (= Absatzmenge)}}$$

$$= \frac{6.400.000,\text{— DM}}{20.000} = 320,\text{— DM}$$

■ Mehrfache, einstufige Divisionskalkulation

Auch bei einer einheitlichen Massenfertigung kann nicht davon ausgegangen werden, daß die produzierte Stückzahl der Fertigerzeugnisse mit der abgesetzten Stückzahl übereinstimmt. Vielmehr ist es wahrscheinlich, daß regelmäßig Veränderungen des Lagerbestandes, d. h. Zugänge und Abgänge vorkommen, da auch im Absatzbereich Entscheidungen unter dem Aspekt einer unvollkommenen Information getroffen werden müssen.
Produktionsplan und Absatzplan sind aufeinander abzustimmen, basieren aber auf Zukunftserwartungen und damit auf ungewissen Größen, insbesondere dann, wenn keine Auftragsfertigung vorliegt, sondern für den anonymen Markt produziert wird und das Lager die Schwankungen, die vom Absatzmarkt ausgehen, auffangen muß.
Die Kalkulation der Selbstkosten auf der Grundlage der produzierten Menge kann in diesen Fällen jedoch nicht dem Kostenverursachungsprinzip entsprechen, da z. B. die Lagerbestandszugänge mit Vertriebskosten und anteiligen Verwaltungskosten belastet werden, die sie nicht verursacht haben können.
Es ist daher sinnvoller, die Herstellkosten auf die erzeugte Menge der Abrechnungsperiode zu verteilen: die Vertriebskosten auf die abgesetzte Menge und die Verwaltungskosten auf die produzierte oder abgesetzte Stückzahl.

Beispiel 27 (Industrie/Zahlen aus Beispiel 26)

Von der produzierten Menge von 20.000 Einheiten können 2.000 Stück in der laufenden Periode nicht abgesetzt werden. Entsprechend erhöht sich der Bestand an Fertigerzeugnissen.
Die Verwaltungsgemeinkosten sind auf die abgesetzte Stückzahl zu beziehen.

$$\text{Selbstkosten je Kostenträger} = \frac{\text{Herstellkosten}}{\text{Produktionsmenge}} + \frac{\text{Verwaltungs- und Vertriebskosten}}{\text{Absatzmenge}}$$

$$= \frac{4.420.000,\text{— DM}}{20.000} + \frac{1.980.000,\text{— DM}}{18.000}$$

$$= 221,\text{— DM} + 110,\text{— DM}$$

$$= 331,\text{— DM}$$

Die um 11,— DM höheren Selbstkosten je Stück sind darauf zurückzuführen, daß sich die Fixkosten im Verwaltungs- und Vertriebsbereich auf eine geringere Stückzahl verteilen und somit progressiv ansteigen.
Wird ein Teil der Verwaltungsgemeinkosten in Höhe von 180.000,— DM auf die produzierte Stückzahl bezogen, ergeben sich die folgenden Werte:

$$\textbf{Selbstkosten je Kostenträger} = \frac{\text{Herstellkosten + anteilige Verwaltungskosten}}{\text{Produktionsmenge}} + \frac{\text{anteilige Verwaltungs- und Vertriebskosten}}{\text{Absatzmenge}}$$

$$= \frac{4.420.000,\text{— DM} + 180.000,\text{— DM}}{20.000} + \frac{1.800.000,\text{— DM}}{18.000}$$

$$= 230,\text{— DM} + 100,\text{— DM}$$
$$= 330,\text{— DM}$$

Die Selbstkosten pro Stück sind um 1,— DM geringer, da sich die fixen Verwaltungsgemeinkosten auf eine größere produzierte Stückzahl verteilen.

■ Mehrstufige Divisionskalkulation (Stufendivisionskalkulation)

In den vorhergehenden beiden Fällen wurde die Divisionskalkulation auf den gesamten Fertigungs- und Absatzprozeß bezogen, sie war **einstufig.**
Vollzieht sich dagegen der Produktionsprozeß in **mehreren** Stufen bei einer ungleichmäßigen Auslastung der einzelnen Stufen, so stimmt die Anzahl der in eine Stufe eingehenden Zwischenprodukte (Input) nicht mit den an die nächste Stufe abgegebenen Zwischenprodukten (Output) überein.
Es werden **Zwischenläger** für unfertige Erzeugnisse eingerichtet.
Die Gesamtkosten jeder Produktionsstufe werden mit Hilfe einer Kostenstellenrechnung ermittelt. Sie dienen als Grundlage für die Bewertung der unfertigen Erzeugnisse in der Jahresbilanz.

$$\text{Kosten je Leistungseinheit, bezogen auf eine Produktionsstufe} = \frac{\text{Kosten der Stufe} + \text{Kosten, der von der Vorstufe übernommenen Menge}}{\text{Produktionsmenge der Stufe}}$$

Beispiel 28 (Industrie/Zahlen aus Beispiel 27)

Das Erzeugnis durchläuft einen **dreistufigen** Produktionsprozeß mit folgenden Kosten der einzelnen Stufen:

Stufe 1:	Gesamtkosten	2.100.000,— DM
Stufe 2:	Gesamtkosten	2.190.000,— DM
Stufe 3:	Gesamtkosten	2.110.000,— DM
	Selbstkosten	6.400.000,— DM

Stufe	Kosten der Stufe	Input	Output
1. 2. 3.	2.100.000,— DM 2.190.000,— DM 2.110.000,— DM	23.000 Stück 22.000 Stück 20.000 Stück	20.000 Stück 18.000 Stück 20.000 Stück Endprodukt

Die Selbstkosten pro Stück werden wie folgt kalkuliert:

$$1.\ \text{Stufe} = \frac{2.100.000,\text{— DM}}{20.000} = 105,\text{— DM}$$

$$2.\ \text{Stufe} = \frac{2.190.000,\text{— DM} + 22.000 \times 105,\text{— DM}}{18.000} = 250,\text{— DM}$$

$$3.\ \text{Stufe} = \frac{2.110.000,\text{— DM} + 20.000 \times 250,\text{— DM}}{20.000} = 355,50\ \text{DM}$$

Die Herstellkosten für die unfertigen Erzeugnisse, entsprechend der jeweiligen Produktionsreife, betragen 105,— bzw. 250,— DM/Stück. Die Selbstkosten für die Fertigerzeugnisse betragen 355,50 DM/Stück.

2. Äquivalenzziffernkalkulation

Werden in einem Betrieb mehrere **Sorten** eines Grundproduktes gleichzeitig in einem einheitlichen Produktionsprozeß aus weitgehend gleichen Rohstoffen hergestellt, so wird zur Ermittlung der Selbstkosten der Sorten die Divisionskalkulation mit Äquivalenzziffern angewendet.
Die Leistungen der Betriebe mit Sortenfertigung sind zwar nicht völlig einheitlich, sie verursachen aber eine weitgehend ähnliche Kostenstruktur, die sich durch eine feste **Kostenrelation** ausdrücken läßt.
Dazu werden die kostenmäßigen Unterschiede, etwa durch leicht unterschiedliche Produktionsverfahren bei gleicher Grundsubstanz, nach Erfahrungswerten oder durch Messung und Beobachtung in Verhältniszahlen (= Äquivalenzziffern) ausgedrückt.

Beispiel 29 (Industrie)
Durch eine Kostenanalyse stellt ein Betrieb, der drei Sorten eines Grundproduktes erzeugt, in einer Abrechnungsperiode die folgenden Kostenwerte für die Sorten fest:

Sorte A	Selbstkosten	2.820.000,— DM
Sorte B	Selbstkosten	2.350.000,— DM
Sorte C	Selbstkosten	2.937.500,— DM
Gesamt	Selbstkosten	8.107.500,— DM

Die Sorte B mit den geringsten verursachten Kosten erhält die Äquivalenzziffer 1 (= 100 %), die Äquivalenzziffern der Sorten A und C werden entsprechend umgerechnet.

Sorte B = 2.350.000,— DM = 100 % = Äquivalenzziffer 1
Sorte A = 2.820.000,— DM = 120 % = Äquivalenzziffer 1,2
Sorte C = 2.937.500,— DM = 125 % = Äquivalenzziffer 1,25

Die auf diese Weise ermittelten Äquivalenzziffern können so lange verwendet werden, wie sich das ermittelte Verhältnis der Kosten der einzelnen Sorten nicht oder nur geringfügig ändert.
Durch Multiplikation der produzierten Mengen mit den oben angegebenen Äquivalenzziffern werden **Rechnungseinheiten** ermittelt, welche die einzelnen Leistungen des Betriebes kostenmäßig gleichstellen und damit verrechenbar machen.
Die Gesamtkosten des Betriebes, dividiert durch die Summe aller Rechnungseinheiten, ergeben die Gesamtkosten je Rechnungseinheit, welche, multipliziert mit der jeweiligen Äquivalenzziffer, die Stückkosten der entsprechenden Sorte ergeben.
Zur Ermittlung der Gesamtkosten je Sorte sind diese mit der jeweiligen Stückzahl zu multiplizieren.
Ein Betrieb produziert die Sorten A, B und C eines Grundproduktes in folgenden Mengen:

Sorte A 18.000 Stück
Sorte B 20.000 Stück
Sorte C 15.000 Stück

Insgesamt fallen Selbstkosten von 15.087.500,— DM an, die im Verhältnis der Äquivalenzziffern des Beispiels auf die drei Sorten pro Stück und insgesamt zu verteilen sind.

Für die Zahlen aus dem Beispiel ergibt sich folgende Berechnung:

Sorten	Mengen	ÄZ	Rechnungs-einheiten	Selbstkosten je Stück	Selbstkosten je Sorte
A	18.000	1,2	21.600	300,— DM	5.400 TDM
B	20.000	1	20.000	250,— DM	5.000 TDM
C	15.000	1,25	18.750	312,50 DM	4.687,5 TDM
	53.000		60.350		15.087,5 TDM

$$\textbf{Selbstkosten je Rechnungseinheit} = \frac{\text{Gesamtkosten}}{\text{Rechnungseinheiten}}$$

$$= \frac{15.087.500,\text{— DM}}{60.350}$$

= 250,— DM **Kosten** je Rechnungseinheit

3. Zuschlagskalkulation

In allen Industriebetrieben, in denen die Erzeugnisse nach Art und Verlauf des Fertigungsverfahrens voneinander abweichen und somit eine unterschiedliche Belastung mit Kosten verursachen, können die Selbstkosten der verschiedenen Kostenträger nicht mehr durch die Verfahren der Divisionskalkulation ermittelt werden. Dies gilt insbesondere für die Betriebe mit **Serienfertigung** und **Einzelfertigung.**

Voraussetzung für die in diesen Betrieben anzuwendenden Formen der **Zuschlagskalkulation** ist die Differenzierung der Selbstkosten in **Kostenträgereinzelkosten** und **Kostenträgergemeinkosten,** die den Kostenträgern direkt bzw. indirekt durch entsprechende Schlüsselung zugerechnet werden. Entsprechend den Erfordernissen des Kostenverursachungsprinzips sollten dabei möglichst viele der Kosten als Einzelkosten erfaßt und direkt verrechnet werden, da mit der Kostenschlüsselung Ungenauigkeiten verbunden sind, die zu falschen Selbstkosten und somit zu unrealistischen Angebotspreisen führen können.

In diesen Fällen wird der tatsächliche Werteverzehr nicht mehr über die kalkulierten Preise vom Markt erstattet, und der Gewinn wird entsprechend verringert.

■ Summarische Zuschlagskalkulation

In Abhängigkeit von der Art und Größe des Betriebes kann die Zuschlagskalkulation ohne oder mit einer Kostenstellenrechnung durchgeführt werden.
So können Handwerksbetriebe und kleinere Industriebetriebe mit einer Form der Zuschlagskalkulation auskommen, bei der die gesamten Gemeinkosten durch **einen** Zuschlag auf der Basis von Einzelkosten kalkuliert werden.
Voraussetzung ist, daß sich die Gemeinkosten im wesentlichen proportional zu dieser Zuschlagsgrundlage verhalten und keinen allzu großen Anteil an den Gesamtkosten haben.
Eine Kostenstellenrechnung ist dann nicht erforderlich. Zuschlagsgrundlage können bestimmte Einzelkosten oder alle Einzelkosten sein.
So wird man bei materialintensiven Betrieben mit einem **Materialzuschlag,** bei lohnintensiven Betrieben mit einem **Lohnzuschlag** kalkulieren.
Auch in kleineren Betrieben des Einzelhandels erscheint es möglich, alle anfallenden Gemeinkosten (= Handlungskosten) auf der Basis des Wareneinsatzes (= verkaufte Ware zu Einstandspreisen) durch einen summarischen prozentualen Zuschlag zu kalkulieren.
Auch hier ist die Annahme einer proportionalen Beziehung zwischen den Handlungskosten und dem Wareneinsatz jedoch umstritten.

Beispiel 30 (Industrie)

Ein Handwerksbetrieb benötigt für einen Reparaturauftrag 45 Arbeitsstunden und 560,— DM für Material.
Die im Vorjahr gezahlten Löhne betrugen insgesamt 160.000,— DM, die gesamten Gemeinkosten dieser vergangenen Abrechnungsperiode 56.000,— DM.
Die Selbstkosten des Auftrages sollen durch einen Lohnzuschlag ermittelt werden. Eine Arbeitsstunde wird mit 22,— DM kalkuliert.
Auf der Basis der Zahlen aus der Vorperiode wird zunächst ein summarischer Lohnzuschlag für alle Gemeinkosten ermittelt:

$$\text{Lohnzuschlag} = \frac{\text{Gemeinkosten x 100}}{\text{Löhne}} = \frac{\text{56.000,— DM x 100}}{\text{160.000,— DM}} = 35\,\%$$

Dieser Zuschlagssatz für die Gemeinkosten wird in der laufenden Periode für die Vorkalkulation der Aufträge verwendet.
Danach können die Selbstkosten des Auftrages kalkuliert werden:

	Materialkosten	560,— DM	
+	Lohnkosten	990,— DM	(45 x 22,— DM)
+	Gemeinkosten	346,50 DM	(35 % von 990,— DM)
=	Selbstkosten	1.896,50 DM	

Beispiel 31 (Industrie)
Ein industrieller Kleinbetrieb der Holzverarbeitung weist in einer Abrechnungsperiode die folgenden Kosten aus:

Fertigungsmaterial (FM)	250.000,— DM
materialabhängige Gemeinkosten	75.000,— DM
Fertigungslöhne (FL)	180.000,— DM
lohnabhängige Gemeinkosten	261.000,— DM

Die Gemeinkosten schließen die Gemeinkosten im Verwaltungs- und Vertriebsbereich mit ein.
Der Betrieb ermittelt zwei verschiedene Zuschlagssätze für die Gemeinkosten:

$$\text{Materialzuschlag} = \frac{\text{materialabhängige Gemeinkosten x 100}}{\text{Fertigungsmaterial}}$$

$$= \frac{\text{75.000,— DM x 100}}{\text{250.000,— DM}} = 30\,\%$$

$$\text{Lohnzuschlag} = \frac{\text{lohnabhängige Gemeinkosten x 100}}{\text{Fertigungslöhne}}$$

$$= \frac{\text{261.000,— DM x 100}}{\text{180.000,— DM}} = 145\,\%$$

Bei einem Auftrag über 150 Büroschränke ergeben sich bei einem Materialverbrauch von 18.500,— DM und 230 Arbeitsstunden je 18,50 DM die folgenden Selbstkosten:

Fertigungsmaterial	18.500,— DM	
+ materialabhängige Gemeinkosten 30 %	5.550,— DM	
+ Fertigungslöhne	4.255,— DM	(230 x 18,50 DM)
+ lohnabhängige Gemeinkosten 145 %	6.169,75 DM	
= Selbstkosten	34.474,75 DM : 150 Stück = 229,83 DM Selbstkosten je Büroschrank	

Bei Verwendung eines einheitlichen Zuschlages auf der Basis der Einzelkostenmaterialien ergeben sich die folgenden Selbstkosten:

$$\text{Gemeinkosten-zuschlag} = \frac{\text{Gemeinkosten x 100}}{\text{Fertigungsmaterial}} = \frac{\text{336.000,— DM x 100}}{\text{250.000,— DM}} = 134{,}4\,\%$$

	Fertigungsmaterial	18.500,— DM
+	Fertigungslöhne	4.255,— DM
+	Gemeinkosten 134,4 %	24.864,— DM
=	Selbstkosten	47.619,— DM

Entsprechend ergeben sich bei einem einheitlichen Lohnzuschlag die folgenden Werte:

$$\text{Gemeinkosten-zuschlag} = \frac{\text{Gemeinkosten x 100}}{\text{Fertigungslöhne}} = \frac{\text{336.000,— DM x 100}}{\text{180.000,— DM}} = 186,\bar{6}\ \%$$

	Fertigungsmaterial	18.500,— DM
+	Fertigungslöhne	4.255,— DM
+	Gemeinkosten 186,$\bar{6}$ %	7.942,67 DM
=	Selbstkosten	30.697,67 DM

Dieses Beispiel belegt, daß in Betrieben, in denen die einzelnen Produkte den Betrieb unterschiedlich durchlaufen und dabei die betrieblichen Teilbereiche verschieden stark beanspruchen, eine summarische Zuschlagskalkulation zu Selbstkostenwerten führt, die der betrieblichen Realität nicht mehr entsprechen können, dies um so mehr, je höher die Gemeinkosten im Verhältnis zu den Einzelkosten sind.
In diesen Fällen sind nach Kostenstellen differenzierte Gemeinkostenzuschläge zu berechnen, die durch einen Betriebsabrechnungsbogen ermittelt werden können.

■ Differenzierte Zuschlagskalkulation

Bei der differenzierten Zuschlagskalkulation wird für jede **Hauptkostenstelle** ein Zuschlagssatz für die indirekte Verrechnung der Gemeinkosten auf die Kostenträger ermittelt. So ergeben sich bei einem Betriebsabrechnungsbogen in der einfachsten Form mindestens vier Zuschlagssätze in den Kostenbereichen Material, Fertigung, Verwaltung und Vertrieb.
Grundschema für die Kalkulation der Selbstkosten:

	Fertigungsmaterial (FM)	
+	Materialgemeinkosten (MGK)	
=		Materialkosten (MK)

(Fortsetzung des Schemas auf der nächsten Seite)

	Fertigungslöhne (FL)		
+	Fertigungsgemeinkosten (FGK)		
=		+	Fertigungskosten (FK)
		+	Sondereinzelkosten der Fertigung (SEK d.F.)
		=	Herstellkosten (Hstk)
		+	Verwaltungsgemeinkosten (VwGk)
		+	Vertriebsgemeinkosten (VtGk)
		+	Sondereinzelkosten des Vertriebs (SEK d.V.)
		=	Selbstkosten (SK)

Notwendige Voraussetzung ist die Aufteilung der gesamten Kosten des Betriebes in direkt zurechenbare Kostenträgereinzelkosten und indirekt zurechenbare Kostenträgergemeinkosten, die, nach Kostenstellen differenziert, wertmäßigen Schlüsselgrößen zugeordnet und auf deren Grundlage verrechnet werden.

Beispiel 32 (Industrie/Zahlen aus Beispiel 16)
Unter Verwendung der Zuschlagssätze für die Normalgemeinkosten können im Rahmen einer **Vorkalkulation** die Selbstkosten pro Stück berechnet werden. An Einzelkosten fallen an:

Fertigungsmaterial 150,— DM und Fertigungslöhne 60,— DM

	Fertigungsmaterial	150,— DM	(100 %)	
+	Materialgemeinkosten	36,— DM	(24 %)	
=	Materialkosten		(124 %)	186,— DM
	Fertigungslöhne	60,— DM	(100 %)	
+	Fertigungsgemeinkosten	112,50 DM	(187,5 %)	
=	Fertigungskosten		(287,5 %)	172,50 DM
	Herstellkosten		(100 %)	358,50 DM
+	Verwaltungsgemeinkosten		(25 %)	89,63 DM
+	Vertriebsgemeinkosten		(10 %)	35,85 DM
=	Selbstkosten		(135 %)	483,98 DM

Durch die Kalkulation des Gewinnes, Kundenskonto, Vertreterprovision und Kundenrabatt wird die Selbstkostenkalkulation zur **Angebotskalkulation** erweitert.

4. Maschinenstundensatzkalkulation

Bei den differenzierten Verfahren der Zuschlagskalkulation wird eine proportionale Beziehung zwischen den Gemeinkosten der vier Kostenbereiche Material, Fertigung, Verwaltung und Vertrieb und der jeweiligen Zuschlagsgrundlage Fertigungsmaterial, Fertigungslöhne und Herstellkosten des Umsatzes angenommen, die in der betrieblichen Realität kaum gegeben ist.
So wird z. B. nur ein Teil der **Fertigungsgemeinkosten** eine direkte Abhängigkeit von den Fertigungslöhnen aufweisen. Da andererseits die Gemeinkosten im Fertigungsbereich, bedingt durch die technische Entwicklung und die zunehmende Substitution des Produktionsfaktors Arbeit durch Kapital, immer größer werden, kann dem Kostenverursachungsprinzip durch die relativ hohen Zuschlagssätze in diesem Bereich nicht mehr entsprochen werden. Bei hohen Zuschlagssätzen sind die Verzerrungen der Gemeinkosten im Fertigungsbereich, die durch wertmäßige Veränderungen der Fertigungslöhne (z. B. tarifliche Lohnerhöhungen) bedingt sind, so stark, daß sich unrealistische Selbstkosten ergeben.
Im Gegensatz zu dem lohnabhängigen Teil der Fertigungsgemeinkosten ist deren größerer Anteil abhängig vom Einsatz der Maschinen.
Die Fertigungsgemeinkosten können daher in **maschinenabhängige Gemeinkosten** und **Restgemeinkosten** eingeteilt werden. Ihre Zurechnung auf die Kostenträger kann auf unterschiedliche Art und Weise erfolgen.
Zurechnungsort für die maschinenabhängigen Fertigungsgemeinkosten ist der **Maschinenplatz,** der als Fertigungshauptkostenstelle anzusehen ist. Dieser Kostenstelle können die in einer Abrechnungsperiode anfallenden, von der Maschinenlaufzeit abhängigen Fertigungsgemeinkosten direkt zugerechnet werden.
Damit werden Maschinenlaufstunden als **Mengenschlüssel** für die Gemeinkostenverteilung verwendet. Der Rest der Gemeinkosten im Fertigungsbereich wird nach wie vor auf der Basis der Fertigungslöhne als **Wertschlüssel** verrechnet. Dies aber mit dem entscheidenden Unterschied, daß der Zuschlagssatz für die Restgemeinkosten wesentlich kleiner ist und damit weniger Verzerrungen der Kosten verursacht als der herkömmliche Schlüssel für die gesamten Fertigungsgemeinkosten.

Fertigungsgemeinkosten des Maschinenplatzes

maschinenabhängige Fertigungsgemeinkosten	Restgemeinkosten
Zuschlagsbasis: Maschinenlaufzeit	**Zuschlagsbasis:** Fertigungslöhne

Beispiel 33 (Industrie)

In einem Industriebetrieb wurden im Monat Dezember 1.500 Stück eines Erzeugnisses produziert. Dabei ergaben sich für eine bestimmte Hauptkostenstelle im Fertigungsbereich laut Betriebsabrechnungsbogen die folgenden Kosten:

Fertigungslöhne:	4.500,— DM
Fertigungsgemeinkosten:	6.885,— DM

Daraus ergibt sich ein Zuschlagssatz von 153 % für die Fertigungsgemeinkosten.

$$\text{Fertigungsgemeinkostenzuschlag} = \frac{\text{Fertigungsgemeinkosten x 100}}{\text{Fertigungslöhne}}$$

$$= \frac{\text{6.885,— DM x 100}}{\text{4.500,— DM}} = 153\,\%$$

Durch eine Umstellung des Verfahrens können die folgenden **maschinenabhängigen Gemeinkosten** pro Monat bei 160 Maschinenlaufstunden ermittelt werden:

1. *Kalkulatorische Abschreibungen:*

Sie werden von einem angenommenen **Wiederbeschaffungswert** der Maschine von 150.000,— DM bei einer Nutzungsdauer von 10 Jahren berechnet. Die Abschreibung wird linear vorgenommen.

$$\text{kalkulatorische Abschreibung} = \frac{\text{Wiederbeschaffungswert}}{10 \text{ x } 12} = \frac{\text{150.000,— DM}}{10 \text{ x } 12} = \text{1.250,— DM}$$

2. *Kalkulatorische Zinsen:*

Sie werden berechnet vom in der Maschine investierten **betriebsnotwendigen Kapital,** das sich mit einem Zinssatz von 9 % verzinsen soll.
Zum Zwecke einer einfachen Berechnung wird dabei von den halben Anschaffungskosten von 140.000,— DM ausgegangen.

$$\text{kalkulatorische Zinsen} = \frac{\text{Anschaffungskosten x Zinssatz}}{2 \text{ x } 100 \text{ x } 12}$$

$$= \frac{\text{140.000,— DM x 9}}{2 \text{ x } 100 \text{ x } 12} = \text{525,— DM}$$

3. *Energiekosten:*
Sie hängen ab von der Energieaufnahme der Maschine, die mit 45 kWh angenommen wird, bei einem Preis von 0,25 DM je kWh.
Die monatliche Grundgebühr beträgt 85,— DM.

Energiekosten = 45 kWh x 0,25 DM x 160 Stunden = 1.800,— DM
+ Grundgebühr 85,— DM

4. *Platzkosten:*
Sie werden bezogen auf die notwendige Standfläche der Maschine von 15 m^2, berechnet bei einer angenommenen kalkulatorischen Miete von 90,— DM monatlich je m^2

Platzkosten = 15 m^2 x 90,— DM = 1.350,— DM

5. *Reparaturen:*
Sie werden mit einem durchschnittlichen Erfahrungswert von 600,— DM angesetzt.

6. *Werkzeuge:*
Entsprechend den Eingangsrechnungen werden 150,— DM angesetzt.

Danach können die gesamten maschinenabhängigen Gemeinkosten für den Monat berechnet werden:

Abschreibungen	1.250,— DM
Zinsen	525,— DM
Energie	1.885,— DM
Platzkosten	1.350,— DM
Reparaturen	600,— DM
Werkzeuge	150,— DM
Gesamt	5.760,— DM

Sie werden auf die Maschinenlaufstunden bezogen:

$$\text{Maschinenstundensatz} = \frac{\text{maschinenabhängige Gemeinkosten}}{\text{Laufstunden pro Monat}}$$

$$= \frac{5.760,\text{— DM}}{160 \text{ Stunden}} = 36,\text{— DM}$$

Die gesamten Fertigungsgemeinkosten können eingeteilt werden in maschinenabhängige Gemeinkosten von 5.760,— DM und Restgemeinkosten von 1.125,— DM (6.885,— DM – 5.760,— DM).
Die verbleibenden Restgemeinkosten werden nach wie vor auf der Basis der Fertigungslöhne geschlüsselt.

$$\text{Zuschlagssatz der Restgemeinkosten} = \frac{\text{Restgemeinkosten x 100}}{\text{Fertigungslöhne}}$$

$$= \frac{\text{1.125,— DM x 100}}{\text{4.500,— DM}} = 25\,\%$$

Auf dieser Grundlage können die Fertigungskosten für einen einzelnen Auftrag von 375 Stück, der 40 Maschinenlaufstunden erfordert, wie folgt kalkuliert werden:

Beispiel 34 (Industrie/Zahlen aus Beispiel 33)

	Fertigungslöhne	1.125,— DM	$(\frac{\text{4.500,— DM x 375}}{\text{1.500}})$
+	maschinenabhängige Fertigungsgemeinkosten	1.440,— DM	(40 Stunden x 36,— DM)
+	25 % Restgemeinkosten	281,25 DM	
=	**Fertigungskosten**	2.846,25 DM	

Unter ausschließlicher Verwendung des wertmäßigen Schlüssels Fertigungslöhne hätten sich die folgenden Fertigungskosten ergeben:

	Fertigungslöhne	1.125,— DM
+	153 % Fertigungsgemeinkosten	1.721,25 DM
=	**Fertigungskosten**	2.846,25 DM

Nur weil die Ausgangsdaten gleich waren, kommt man zum selben Ergebnis. Jede Veränderung der Zuschlagsgrundlage Fertigungslöhne schlägt jedoch bei einem wertmäßigen Schlüssel auf die Fertigungsgemeinkosten überproportional durch, während sie keinerlei Auswirkungen auf die Maschinenlaufzeit hat. So hat z. B. eine Erhöhung der Fertigungslöhne um 10 % die folgenden Auswirkungen:

	Fertigungslöhne	1.237,50 DM
+	maschinenabhängige Fertigungsgemeinkosten	1.440,— DM
+	25 % Restgemeinkosten	309,38 DM
=	**Fertigungskosten**	2.986,88 DM

	Fertigungslöhne	1.237,50 DM
+	153 % Fertigungsgemeinkosten	1.893,38 DM
=	**Fertigungskosten**	3.130,88 DM

Der Maschinenstundensatz wird auf der Grundlage einer angenommenen **Normalbeschäftigung** ermittelt, wobei von den maximal zur Verfügung stehenden Arbeitsstunden betriebsbedingte Ausfallzeiten, z. B. Umrüstzeiten, Krankheitszeiten, abzuziehen sind.
Die tatsächliche Laufzeit kann in einem Monat von dieser geplanten Laufzeit der Maschine abweichen. Sie kann überschritten werden, wenn z. B. der Beschäftigungsgrad des Betriebes steigt, oder unterschritten werden, wenn die Beschäftigung, etwa infolge einer konjunkturellen Krise, rückläufig ist.
Diese Abweichungen von der Normalbeschäftigung haben Auswirkungen auf den Verrechnungssatz für die Maschinenstunde.

Beispiel 35 (Industrie/Zahlen aus Beispiel 33)
Die Beschäftigung des Betriebes steigt um 25 %, d. h. von 1.500 Stück im Vormonat auf 1.875 Stück im laufenden Monat. Die Maschinenlaufzeit erhöht sich durch Überstunden linear von 160 Stunden pro Monat auf 200 Stunden.
Von den maschinenabhängigen Fertigungsgemeinkosten sind, abgesehen von der Grundgebühr, lediglich die Energiekosten variabel. Somit beträgt der variable Anteil 31,25 % von 5.760,— DM = 1.800,— DM.
Danach verändert sich der Verrechnungssatz von 36,— DM für die Maschinenlaufstunde wie folgt:

			Beschäftigung I		Beschäftigung II
Beschäftigung I					**Beschäftigung II**
1.500 Stück bei 160 Laufstunden				+ 25 % →	1.875 Stück bei 200 Laufstunden
maschinenabhängige Fertigungsgemeinkosten	5.760,— DM	■ fixe Anteile	3.960,— DM		3.960,— DM
		■ variable Anteile	1.800,— DM	+ 25 % →	2.250,— DM
		Gesamt	5.760,— DM		6.210,— DM

$$\text{Maschinenstundensatz bei 200 Stunden} = \frac{\text{maschinenabhängige Gemeinkosten}}{\text{Laufstunden}}$$

$$= \frac{6.210,\text{— DM}}{200 \text{ Stunden}} = 31,05 \text{ DM}$$

Da sich der fixe Gemeinkostenanteil auf mehr Laufstunden verteilt, führt eine Erhöhung der Maschinenlaufzeit im Verhältnis zur Normalbeschäftigung bei **vollem** Ersatz der Kosten zu einer Verringerung des Maschinenstundensatzes. Wird bei der gestiegenen Auslastung des Betriebes dagegen der alte Verrechnungssatz angewendet, so führt dies zu einer **Überdeckung** der Fertigungsgemeinkosten:

	verrechnete maschinenabhängige Gemeinkosten bei 1.875 Stück	: 200 Stunden x 36,— DM	= 7.200,— DM
–	tatsächliche maschinenabhängige Gemeinkosten bei 1.875 Stück	: 200 Stunden x 31,05 DM	= 6.210,— DM
=	**Überdeckung der Gemeinkosten**		990,— DM

Diese Überdeckung der Gemeinkosten erhöht den durch die Nachkalkulation festzustellenden tatsächlichen Gewinn.
Bei rückläufiger Beschäftigung verteilt sich der fixe Anteil der maschinenabhängigen Fertigungsgemeinkosten auf weniger Laufstunden und steigt daher. Der Maschinenstundensatz ist entsprechend höher. Die Verrechnung des niedrigeren Satzes führt zu einer Unterdeckung der Gemeinkosten.

Beispiel 36 (Industrie/Zahlen aus Beispiel 35)
Die Beschäftigung im Folgemonat geht um 20 % zurück.

Beschäftigung I					**Beschäftigung II**
1.500 Stück bei 160 Laufstunden				– 20 % →	1.200 Stück bei 128 Laufstunden
maschinenabhängige Fertigungsgemeinkosten	5.760,— DM	■ fixe Anteile	3.960,— DM		3.960,— DM
		■ variable Anteile	1.800,— DM	– 20 % →	1.440,— DM
		Gesamt	5.760,— DM		5.400,— DM

$$\text{Maschinenstundensatz bei 128 Stunden} = \frac{\text{maschinenabhängige Gemeinkosten}}{\text{Laufstunden}}$$

$$= \frac{5.400,\text{— DM}}{128 \text{ Stunden}} = 42{,}19 \text{ DM}$$

Bei verrechneten Gemeinkosten von 4.608,— DM (128 Stunden x 36,— DM) und tatsächlichen Gemeinkosten von 5.400,— DM beträgt die **Unterdeckung** 792,— DM.
Auf der Basis von Maschinenlaufstunden können die Selbstkosten einer Abrechnungsperiode sowie die Selbstkosten für einen Auftrag ermittelt werden.

Beispiel 37 (Industrie)
Laut Betriebsabrechnungsbogen ergeben sich für einen Betrieb folgende Kostenstellengemeinkosten:

Material-bereich	Fertigungsbereich Maschine I	Maschine II	Rest	Verwaltungs-bereich	Vertriebs-bereich
80 TDM	150 TDM	120 TDM	60 TDM	165 TDM	88 TDM

Es fallen in der Abrechnungsperiode die folgenden Einzelkosten an:

Fertigungsmaterial		400.000,— DM
Fertigungslöhne		240.000,— DM
Mehrbestand an unfertigen Erzeugnissen		10.000,— DM
Minderbestand an Fertigerzeugnissen		60.000,— DM
Normalbeschäftigung Maschine I	1.200 Stunden	
Maschine II	1.250 Stunden	

(Fortsetzung des Beispiels auf der nächsten Seite)

Ermittlung der **Selbstkosten** der Abrechnungsperiode:

	Fertigungsmaterial	400.000,— DM		
+	Materialgemeinkosten	80.000,— DM	(20 %)	
=	**Materialkosten**			480.000,— DM
	Fertigungslöhne	240.000,— DM		
+	maschinenabhängige Gemeinkosten I	150.000,— DM		
+	maschinenabhängige Gemeinkosten II	120.000,— DM		
+	Restgemeinkosten	60.000,— DM	(25 %)	
=	**Fertigungskosten**			570.000,— DM
	Herstellkosten der Produktion			1.050.000,— DM
–	Mehrbestände an unfertigen Erzeugnissen			– 10.000,— DM
+	Minderbestände an Fertigerzeugnissen			+ 60.000,— DM
=	**Herstellkosten des Umsatzes**			1.100.000,— DM
+	Verwaltungsgemeinkosten (15 %)			165.000,— DM
+	Vertriebsgemeinkosten (8 %)			88.000,— DM
=	**Selbstkosten des Umsatzes**			1.353.000,— DM

Für einen **einzelnen** Auftrag werden benötigt:

Fertigungsmaterial		4.000,— DM
Fertigungslöhne		7.500,— DM
Maschinenlaufstunden Maschine I	60 Stunden	
Maschine II	62,5 Stunden	

$$\text{Maschinenstundensatz Maschine I} = \frac{\text{maschinenabhängige Gemeinkosten}}{\text{Laufzeit}}$$

$$= \frac{150.000,\text{— DM}}{1.200 \text{ Stunden}} = 125 \text{ DM}$$

$$\text{Maschinenstundensatz Maschine II} = \frac{\text{maschinenabhängige Gemeinkosten}}{\text{Laufzeit}}$$

$$= \frac{120.000,\text{— DM}}{1.250 \text{ Stunden}} = 96,\text{— DM}$$

Kalkulation des Auftrages:

	Fertigungsmaterial	4.000,— DM	
+	Materialgemeinkosten	800,— DM	(20 %)
+	Fertigungslöhne	7.500,— DM	
+	Maschinenkosten I	7.500,— DM	(125,— DM x 60 Stunden)
+	Maschinenkosten II	6.000,— DM	(96,— DM x 62,5 Stunden)
+	Restgemeinkosten	1.875,— DM	(25 %)
=	**Herstellkosten**	27.675,— DM	
+	Verwaltungsgemeinkosten	4.151,25 DM	(15 %)
+	Vertriebsgemeinkosten	2.214,— DM	(8 %)
=	**Selbstkosten**	34.040,25 DM	

Werden die Gemeinkosten im Fertigungsbereich dagegen auf der Grundlage der Fertigungslöhne kalkuliert, so ergeben sich bei der Kalkulation des Auftrages die folgenden Selbstkosten:

$$\text{Fertigungsgemeinkostenzuschlag} = \frac{\text{Fertigungsgemeinkosten x 100}}{\text{Fertigungslöhne}}$$

$$= \frac{\text{330.000,— DM x 100}}{\text{240.000,— DM}} = 137{,}5\,\%$$

	Fertigungsmaterial	4.000,— DM	
+	Materialgemeinkosten	800,— DM	(20 %)
+	Fertigungslöhne	7.500,— DM	
+	Fertigungsgemeinkosten	10.312,50 DM	(137,5 %)
=	**Herstellkosten**	22.612,50 DM	
+	Verwaltungsgemeinkosten	3.391,88 DM	(15 %)
+	Vertriebsgemeinkosten	1.809,— DM	(8 %)
=	**Selbstkosten**	27.813,38 DM	

Die große Differenz bei der Ermittlung der Selbstkosten zeigt die Problematik der Verwendung wertmäßiger Schlüsselgrößen erneut auf.

Kalkulationsformen des Handels

In Handelsbetrieben ist die Kalkulation der **Selbstkosten** auf der Basis eines **einheitlichen** Zuschlagssatzes für die Handlungskosten dann möglich, wenn nur wenige Warengruppen geführt werden, z. B. im Großhandel, welche die Kostenstellen gleichmäßig in Anspruch nehmen.
Ziel ist auch hier die Ermittlung des Angebotspreises auf der Grundlage einer Zuschlagskalkulation, wobei das folgende Kalkulationsschema zugrunde gelegt wird:

	Listeneinkaufspreis	
–	Liefererrabatt in% des Listeneinkaufspreises	(von Hundert)
=	Zieleinkaufspreis	
–	Liefererskonto in% des Zieleinkaufspreises	(von Hundert)
=	Bareinkaufspreis	
+	Bezugskosten	
=	Einstandspreis (Bezugspreis)	
+	Handlungskosten in% des Einstandspreises	(von Hundert)
=	Selbstkostenpreis	
+	Gewinn in% des Selbstkostenpreises	(von Hundert)
=	Barverkaufspreis	
+	Kundenskonto in% des Zielverkaufspreises	(im Hundert)
+	Vertreterprovision in% des Zielverkaufspreises	(im Hundert)
=	Zielverkaufspreis	
+	Kundenrabatt in% des Nettoverkaufspreises	(im Hundert)
=	Nettoverkaufspreis (Listenverkaufspreis)	

Die **Umsatzsteuer** ist **kein** Kostenfaktor. Sie ist ein **durchlaufender** Posten und wird in der Rechnung gesondert ausgewiesen, ausgenommen Kleinbetragsrechnungen bis 200,— DM. Hierbei genügt die Angabe des Steuersatzes.

1. Vorwärtskalkulation

■ Bezugspreiskalkulation

Zum Vergleich von Angeboten verschiedener Lieferer hinsichtlich preisbezogener Aspekte ist es notwendig, den Preis zu ermitteln, der anfällt, bis die Ware im Lager des Kunden eingetroffen ist.
Dabei sind zu berücksichtigen:

- ***Zuschläge:*** z. B. Einkaufsprovisionen in Prozent des Zieleinkaufspreises, Kleinmengenzuschläge

- *wertmäßige Abzüge:* z. B. **Liefererrabatt** in Prozent vom Listeneinkaufspreis als Mengen-, Treue-, Wiederverkäufer-, Sonder- oder Naturalrabatt, **Liefererskonto** in Prozent des Zieleinkaufspreises für die Zahlung innerhalb einer bestimmten Frist
- *mengenmäßige Abzüge:* z. B. **Tara** (Verpackungsgewicht) als Prozenttara in Prozent vom Bruttogewicht, als Effektivtara (tatsächliches Verpackungsgewicht) oder Zolltara (nach Zollvorschriften festgelegtes Verpackungsgewicht),
  Leckage für Flüssigkeitsverluste,
  Verschnitt für Stoffverschnitt bei Textilien,
  Refaktie für unbrauchbare und schadhafte Teile
- *Gewichtsspesen* als Bezugskosten, die in Abhängigkeit vom Warengewicht berechnet werden, z. B. Frachten, Rollgeld (= Hausfracht für Anfuhr zur Versandstation und Abfuhr von der Empfangsstation), Verladekosten, Lagerkosten usw.
- *Wertspesen* als Bezugskosten, die nach dem Warenwert berechnet werden, z. B. Versicherungsprämien, Verpackungskosten, Zölle usw.

Beispiel 38 (Handel)

Ein Großhändler für Wein erhält aus Frankreich das folgende Angebot:
20.000 l Landwein zu 1.050,— FF je hl (Kurs 30,9524) frei Grenze, Leckage 2 %, Rabatt 8 %, Skonto 3 % innerhalb von 10 Tagen oder 60 Tage netto Kasse

Frachtkosten in der Bundesrepublik	1.620,— DM
Zoll und Versicherung	1.850,— DM

Danach kann der Bezugspreis pro Liter kalkuliert werden:

	Bruttogewicht	20.000 l	(100 %)	
–	Leckage	400 l	(2 %)	
=	Nettogewicht	19.600 l	(98 %)	: 100 x 1.050 = 205.800,— FF

100 FF = 30,9524 DM
205.800 FF = x DM

$$x = \frac{205.800 \times 30{,}9524}{100} = 63.700{,}\text{— DM (ohne Pfennige!)}$$

(Fortsetzung des Beispiels auf der nächsten Seite)

	Listeneinkaufspreis	63.700,— DM	(100 %)	
–	Liefererrabatt	5.096,— DM	(8 %)	
=	Zieleinkaufspreis	58.604,— DM	(92 %)	(100 %)
–	Liefererskonto	1.758,12 DM		(3 %)
=	Bareinkaufspreis	56.845,88 DM		(97 %)
+	Gewichtsspesen	1.620,— DM		
+	Wertspesen	1.850,— DM		
=	**Bezugspreis**	60.315,88 DM	: 19.600 l = 3,08 DM Bezugspreis pro Liter Wein	

Bei einem banküblichen Zins von 16,5 % p. a. hätte der Großhändler bei der Skontoausnutzung durch Kontoüberziehung einen Finanzierungsvorteil von 455,40 DM.
Dieser ergibt sich wie folgt:

3 % Skonto = 1.758,12 DM $\left(\frac{58.604,\text{— DM} \times 3}{100}\right)$

– 16,5 % Zinsen für 50 Tage bei einer Überziehung von 56.845,88 DM (Barpreis) = 1.302,72 DM $\left(\frac{56.845,88 \text{ DM} \times 16,5 \times 50}{100 \times 360}\right)$

= 455,40 DM

Der angebotene Skontosatz von 3 % läßt sich auch als Zinssatz ausdrücken, was einen direkten Vergleich mit den banküblichen Zinsen ermöglicht:

50 Tage = 3 %
360 Tage = x %

$$x = \frac{3 \times 360}{50} = 21,6\,\%$$

Gewichts- und Wertspesen sind entsprechend zu verteilen, wenn mehrere Waren gleichzeitig eingekauft werden.

Beispiel 39 (Handel)
Ein Großhändler kauft:
Sorte A: 20.000 l Wein zu 3,50 DM/l
Sorte B: 25.000 l Wein zu 4,20 DM/l
Frachtkosten 1.872,— DM, Versicherungsprämie 325,— DM

(Fortsetzung des Beispiels auf der nächsten Seite)

Die Bezugskosten je Liter von jeder Sorte lassen sich wie folgt berechnen:

Gewichtsspesen:

45.000 l	=	9 Teile	=	1.872,— DM
		1 Teil	=	208,— DM
20.000 l	=	4 Teile	=	832,— DM
25.000 l	=	5 Teile	=	1.040,— DM

Wertspesen:

20.000 l x 3,50 DM	=	70.000,— DM				
25.000 l x 4,20 DM	=	105.000,— DM				
		175.000,— DM	=	5 Teile	=	325,— DM
				1 Teil	=	65,— DM
		70.000,— DM	=	2 Teile	=	130,— DM
		105.000,— DM	=	3 Teile	=	195,— DM

Danach können die Bezugspreise je Liter berechnet werden:

Sorte A:	20.000 l x 3,50 DM	=	70.000,— DM	
	+ Gewichtsspesen		832,— DM	
	+ Wertspesen		130,— DM	
			70.962,— DM	: 20.000 l = 3,55 DM/l

Sorte B:	25.000 l x 4,20 DM	=	105.000,— DM	
	+ Gewichtsspesen		1.040,— DM	
	+ Wertspesen		195,— DM	
			106.235,— DM	: 25.000 l = 4,25 DM/l

■ Selbstkostenkalkulation

Kostenträger in Handelsbetrieben sind die Waren bzw. die Warengruppen. Ihnen können die Einstandspreise als **Kostenträgereinzelkosten** direkt zugerechnet werden. Die Summe der Einstandspreise **aller** verkauften Waren ist der **Wareneinsatz,** der aus der Geschäftsbuchführung (Gewinn- und Verlustrechnung) entnommen werden kann (Kontenklasse 3).
Er ist die jeweilige Zuschlagsgrundlage für die Ermittlung der nach Warengruppen differenzierten Zuschlagssätze für die **Handlungskosten,** die damit **indirekt** durch prozentuale Schlüsselung auf die Kostenträger verteilt werden können.

Beispiel 40 (Handel/Zahlen aus Beispiel 19)

Handlungskosten der Warengruppe I bezogen auf die Abrechnungsperiode 1.125.000,— DM

Wareneinsatz der Warengruppe I bezogen auf die Abrechnungsperiode 2.500.000,— DM

$$\text{Handlungskostensatz} = \frac{\text{Handlungskosten x 100}}{\text{Wareneinsatz}} = \frac{\text{1.125.000,— DM x 100}}{\text{2.500.000,— DM}} = 45\,\%$$

Dieser Handlungskostensatz wurde mittels des Betriebsabrechnungsbogens I errechnet, da eine nach Warengruppen differenzierte Kalkulationsform angestrebt wurde.
Wie in der Industrie muß hier eine proportionale Beziehung zwischen den Handlungskosten und dem Wareneinsatz angenommen werden.
Wurden in der Abrechnungsperiode 5.000 Einheiten der Ware aus Warengruppe I verkauft, so lassen sich bei einem Bezugspreis von 500,— DM pro Stück (2.500.000,— DM : 5.000 Stück) die Selbstkosten pro Stück wie folgt kalkulieren:

Bezugspreis	500,— DM	(100 %)
+ Handlungskosten	225,— DM	(45 %)
= Selbstkostenpreis	725,— DM	(145 %)

Bei der Anwendung des Handlungskostenzuschlages im Rahmen der stückbezogenen Kalkulation muß jedoch berücksichtigt werden, daß bei einer Veränderung der abgesetzten Warenmenge ein neuer Zuschlag zu ermitteln ist. Eine Verwendung des alten Zuschlagssatzes würde zu einer **Unter-** bzw. **Überdeckung** der Handlungskosten führen.

Beispiel 41 (Handel/Zahlen aus Beispiel 40)
Der Absatz des Handelsbetriebes geht in der Folgeperiode von 5.000 Stück auf 4.000 Stück zurück. Eine Analyse der Kosten ergab, daß 60 % der Handlungskosten fixe Kosten sind, die sich mengenunabhängig verhalten. Daraus leitet sich die folgende Veränderung des Handlungskostenzuschlages ab:

5.000 Stück			**4.000 Stück**		
Wareneinsatz 2.500 TDM – 20 % →			2.000 TDM		
Handlungskosten	1.125 TDM	■ fixer Anteil	675 TDM		675 TDM
		■ variabler Anteil	450 TDM	– 20 % →	360 TDM
		Gesamt	1.125 TDM		1.035 TDM

Bei 4.000 Stück ergeben sich damit tatsächliche Handlungskosten, aus denen ein neuer Zuschlag errechnet werden kann:

$$\text{Handlungskostenzuschlag} = \frac{\text{Handlungskosten x 100}}{\text{Wareneinsatz}} = \frac{\text{1.035.000,— DM x 100}}{\text{2.000.000,— DM}} = 51{,}75\%$$

Im Vergleich zur Anwendung eines Handlungskostenzuschlages von 45 % ergibt sich eine **Unterdeckung** von 135.000,— DM.

verrech. Handlungskosten	45 % von 2.000.000,— DM =	900.000,— DM
tatsächl. Handlungskosten	51,75 % von 2.000.000,— DM =	1.035.000,— DM
Unterdeckung		– 135.000,— DM

Die Verrechnung der Handlungskostenzuschläge bei einer Absatzsteigerung z. B. um 20 % führt zu einer **Überdeckung** der Handlungskosten.

5.000 Stück			**6.000 Stück**		
Wareneinsatz 2.500 TDM + 20 % →			3.000 TDM		
Handlungskosten	1.125 TDM	■ fixer Anteil	675 TDM		675 TDM
		■ variabler Anteil	450 TDM	+ 20 % →	540 TDM
		Gesamt	1.125 TDM		1.215 TDM

$$\text{Handlungskostenzuschlag} = \frac{\text{Handlungskosten x 100}}{\text{Wareneinsatz}} = \frac{\text{1.215.000,— DM x 100}}{\text{3.000.000,— DM}} = 40{,}5\,\%$$

Die **Überdeckung** der Handlungskosten beträgt 135.000,— DM.

verrech. Handlungskosten	45 % von 3.000.000,— DM =	1.350.000,— DM
tatsächl. Handlungskosten	40,5 % von 3.000.000,— DM =	1.215.000,— DM
Überdeckung		+ 135.000,— DM

■ Verkaufskalkulation

Jede Warengruppe sollte über die Umsatzerlöse einen angemessenen Beitrag zum Gesamtgewinn des Unternehmens leisten. Dieser Gewinn wird im Rahmen der **Vorkalkulation** als prozentualer Zuschlag auf der Basis der Selbstkosten kalkuliert.

Er kann auf der Grundlage der Zahlen aus der Finanzbuchhaltung und der Kosten- und Leistungsrechnung ermittelt werden.

Beispiel 42 (Handel/Zahlen aus Beispiel 41 und 19)
Die Kostenträgerrechnung der Abrechnungsperiode ergab einen Gewinnzuschlag auf der Basis der Selbstkosten von 2 % für die Warengruppe I:

	Umsatzerlöse	3.697.500,— DM
–	Selbstkosten	3.625.000,— DM
=	**Gewinn**	72.500,— DM

$$\text{Gewinnzuschlag} = \frac{\text{Gewinn x 100}}{\text{Selbstkosten}} = \frac{\text{72.500,— DM x 100}}{\text{3.625.000,— DM}} = 2\,\%$$

Danach läßt sich der **Barverkaufspreis** pro Stück für die Warengruppe I berechnen:

	Selbstkostenpreis	725,— DM	(100 %)
+	Gewinn	14,50 DM	(2 %)
=	**Barverkaufspreis**	739,50 DM	(102 %)

Der Gewinnzuschlag wurde durch eine Kostenträgerrechnung auf der Grundlage der **tatsächlich** angefallenen Kosten der vorherigen Abrechnungsperiode ermittelt.
Da dabei durch die erfolgte Abgrenzungsrechnung (Beispiel 6) bereits **kalkulatorische Kosten** wie Wagnisse und Zinsen verrechnet wurden, wird durch den Gewinnzuschlag von 2 % lediglich das **allgemeine Unternehmerwagnis** abgedeckt. Dies ist die marktwirtschaftlich adäquate Begründung für die Erzielung von Gewinnen im Markt.
Wird dagegen der **tatsächlich** erzielte Gewinn auf der Basis der Gewinn- und Verlustrechnung errechnet, so ist dieser mit dem **kalkulatorischen** Gewinn der Vorkalkulation zu vergleichen, welcher Eigenkapitalverzinsung, Unternehmerlohn und kalkulatorische Einzelwagnisse abdeckt.

Beispiel 43 (Handel)
Ein Großhandelsbetrieb hat ein durchschnittliches Eigenkapital von 750.000,— DM.
Der Unternehmer möchte jährlich eine Eigenkapitalverzinsung von 8 %, einen Risikozuschlag von 5 % (letzter Jahresumsatz 3.600.000,— DM) sowie einen Unternehmerlohn von 24.000,— DM erzielen.

Bei einem monatlichen Wareneinsatz von 220.000,— DM und einem Handlungskostenzuschlag von 25 % kann der folgende Zuschlag für den Gewinn errechnet werden:

	Eigenkapitalverzinsung 8 % von 750.000,— DM =	60.000,— DM
+	Risikoprämie 5 % von 3.600.000,— DM =	180.000,— DM
+	Unternehmerlohn =	24.000,— DM
=	kalkulierter Jahresgewinn	264.000,— DM
	monatlicher Gewinn	22.000,— DM

	monatlicher Wareneinsatz	220.000,— DM
+	25 % Handlungskosten	55.000,— DM
=	**Selbstkosten**	275.000,— DM

$$\text{Gewinnzuschlag} = \frac{\text{Gewinn x 100}}{\text{Selbstkosten}} = \frac{\text{22.000,— DM x 100}}{\text{275.000,— DM}} = 8\,\%$$

Unter weiterer Berücksichtigung von Kundenskonto, Kundenrabatt und evtl. Vertreterprovision kann auf der Basis des Barverkaufspreises der **Nettoverkaufspreis** als Angebotspreis ermittelt werden:

Beispiel 44 (Handel/Zahlen aus Beispiel 42)
Der Großhändler gewährt seinen Kunden 3 % Skonto und 10 % Rabatt.

	Barverkaufspreis	739,50 DM	(97 %)	
+	Kundenskonto	22,87 DM	(3 %)	
=	Zielverkaufspreis	762,37 DM	(100 %)	(90 %)
+	Kundenrabatt	84,71 DM		(10 %)
=	Nettoverkaufspreis	847,08 DM		
=	**Listenverkaufspreis** (Angebotspreis)			

■ Vereinfachte Kalkulationsformen

Die im Rahmen der Zuschlagskalkulation verwendeten **Einzelzuschläge** lassen sich bei vereinfachten Kalkulationsverfahren zu einem einzigen Zuschlagssatz zusammenfassen.

Beispiel 45 (Handel/Zahlen aus Beispiel 42 und 44)
Zunächst sind alle Zuschläge sowie Skonto und Rabatt in Prozent des Bezugspreises umzurechnen:

(Fortsetzung des Beispiels auf der nächsten Seite)

	Bezugspreis	100 %	
+	Handlungskosten	45 %	
=	Selbstkosten	145 %	
+	Gewinn	2,9 %	(2 % von 145 %)
=	Barverkaufspreis	147,9 %	
+	Kundenskonto	4,57 %	(3 % von 152,47 %)
=	Zielverkaufspreis	152,47 %	
+	Kundenrabatt	16,94 %	(10 % von 169,41 %)
=	**Listenverkaufspreis**	169,41 %	

Der Gesamtaufschlag auf den Bezugspreis zur Ermittlung des Angebotspreises (Nettoverkaufspreis) beträgt demnach 69,41 %.
Man bezeichnet ihn als **Kalkulationszuschlag,** mit dem der Angebotspreis vereinfacht ermittelt werden kann. Gewährt der Lieferer weder Skonto noch Rabatt, so schließt der Kalkulationszuschlag nur die Handlungskosten und den Gewinn ein.

	Bezugspreis	500,— DM	(100 %)
+	Kalkulationszuschlag	347,05 DM	(69,41 %)
=	**Angebotspreis**	847,05 DM	(169,41 %)

(Die Differenz von 3 Pfennigen ist bedingt durch die Rundung!)
Der Kalkulationszuschlag kann auch wie folgt ermittelt werden:

$$\text{Kalkulationszuschlag} = \frac{(\text{Angebotspreis} - \text{Bezugspreis}) \times 100}{\text{Bezugspreis}}$$

$$= \frac{(847{,}08\ \text{DM} - 500{,}—\ \text{DM}) \times 100}{500{,}—\ \text{DM}}$$

$$= \frac{347{,}08\ \text{DM} \times 100}{500{,}—\ \text{DM}}$$

$$= 69{,}42\,\%$$

Bezogen auf Beispiel 19 wurden weder Skonto noch Rabatt verrechnet, der Kalkulationszuschlag schließt nur Handlungskosten und Gewinn ein:

$$\text{Kalkulationszuschlag} = \frac{(739{,}50\ \text{DM} - 500{,}—\ \text{DM}) \times 100}{500{,}—\ \text{DM}}$$

$$= \frac{239{,}50\ \text{DM} \times 100}{500{,}—\ \text{DM}}$$

$$= 47{,}9\,\%$$

Aus den Zahlen der Kostenträgerrechnung (Beispiel 19) kann für die Warengruppe I der Kalkulationszuschlag wie folgt ermittelt werden:

$$\text{Kalkulationszuschlag} = \frac{(\text{Warenumsatz} - \text{Wareneinsatz}) \times 100}{\text{Wareneinsatz}}$$

$$= \frac{(3.697.500,\text{— DM} - 2.500.000,\text{— DM}) \times 100}{2.500.000,\text{— DM}}$$

$$= 47{,}9\,\%$$

oder, da Warenumsatz – Wareneinsatz = **Rohgewinn:**

$$\text{Kalkulationszuschlag} = \frac{\text{Rohgewinn} \times 100}{\text{Wareneinsatz}} = \frac{1.197.500,\text{— DM} \times 100}{2.500.000,\text{— DM}} = 47{,}9\,\%$$

Durch die Verwendung eines **Kalkulationsfaktors** läßt sich die Verkaufskalkulation noch weiter vereinfachen. Dabei wird der Verkaufspreis ermittelt, indem der Bezugspreis mit dem Kalkulationsfaktor multipliziert wird.
Der Kalkulationsfaktor schließt alle Zuschläge ein, je nachdem ob Kundenskonto, Kundenrabatt oder Vertreterprovision berechnet werden.

Beispiel 46 (Handel/Zahlen aus Beispiel 45, ohne Skonto und ohne Rabatt)
Nettoverkaufspreis = Bezugspreis x Kalkulationsfaktor
Zunächst ist der Kalkulationsfaktor zu ermitteln:

$$\text{Kalkulationsfaktor} = \frac{\text{Nettoverkaufspreis}}{\text{Bezugspreis}} = \frac{739{,}50\text{ DM}}{500,\text{— DM}} = 1{,}479$$

oder, bezogen auf die Gesamtgrößen laut Kostenträgerrechnung:

$$\text{Kalkulationsfaktor} = \frac{\text{Warenumsatz}}{\text{Wareneinsatz}} = \frac{3.697.500,\text{— DM}}{2.500.000,\text{— DM}} = 1{,}479$$

oder, für den Fall, daß der Kalkulationszuschlag bekannt ist:

$$\text{Kalkulationsfaktor} = \frac{\text{Kalkulationszuschlag}}{100} + 1 = \frac{47{,}9}{100} + 1 = 1{,}479$$

2. Rückwärtskalkulation

In Marktsituationen, in denen ein Anbieter keine eigenständige Preispolitik betreiben kann, etwa wenn er den Preis eines **Preisführers** im Markt übernimmt, ist nicht der kostendeckende Angebotspreis das kalkulatorische Problem, sondern der unter Berücksichtigung der gewünschten Zuschläge **aufwendbare** Einkaufspreis.

Beispiel 47 (Handel)

Ein Großhändler muß aus Konkurrenzgründen seinen Kunden eine Ware unter Berücksichtigung von 15 % Kundenrabatt und 2 % Kundenskonto bei 3 % Vertreterprovision zum Preis von 7.500,— DM anbieten.
Er kalkuliert selbst mit 12 % Gewinn, 30 % Handlungskosten, und er bekommt von seinem Lieferer 250,— DM Bezugskosten berechnet sowie 3 % Liefererskonto und 5 % Liefererrabatt gewährt.
Durch eine **Rückwärtskalkulation** kann er den aufwendbaren Einkaufspreis (Listeneinkaufspreis) ermitteln:

	Nettoverkaufspreis (Listenverk.-preis)	7.500,— DM	(100 %)	
–	Kundenrabatt	1.125,— DM	(15 %)	
=	Zielverkaufspreis	6.375,— DM	(85 %)	(100 %)
–	Vertreterprovision	191,25 DM		(3 %)
–	Kundenskonto	127,50 DM		(2 %)
=	Barverkaufspreis	6.056,25 DM	(112 %)	(95 %)
–	Gewinn	648,88 DM	(12 %)	
=	Selbstkostenpreis	5.407,37 DM	(100 %)	(130 %)
–	Handlungskosten	1.247,85 DM		(30 %)
=	Bezugspreis	4.159,52 DM		(100 %)
–	Bezugskosten	250,— DM		
=	Bareinkaufspreis	3.909,52 DM	(97 %)	
+	Liefererskonto	120,91 DM	(3 %)	
=	Zieleinkaufspreis	4.030,43 DM	(100 %)	(95 %)
+	Liefererrabatt	212,13 DM		(5 %)
=	Listeneinkaufspreis	4.242,56 DM		(100 %)

Bei unveränderten Einkaufs- und Verkaufskonditionen sowie feststehenden Handlungskosten geht jeder Listeneinkaufspreis **über** 4.242,56 DM zu Lasten des Gewinnes, der Gewinnzuschlag sinkt unter 12 %.
Entsprechend steigert jeder erzielbare niedrigere Listeneinkaufspreis den tatsächlichen Gewinn über 12 %.
Auch bei der **Rückwärtskalkulation** kann ein vereinfachtes Verfahren angewendet werden, indem die Rechnung nicht stufenweise durchgeführt wird, sondern der **Rohgewinn** in Prozent des Warenumsatzes berechnet wird.
Dies ergibt die **Handelsspanne,** die ebenso wie der Kalkulationszuschlag die jeweiligen Konditionen sowie Handlungskosten und Gewinn einschließt.

Beispiel 48 (Handel/Zahlen aus Beispiel 45)

$$\text{Handelsspanne} = \frac{(\text{Angebotspreis} - \text{Bezugspreis}) \times 100}{\text{Angebotspreis}}$$

$$= \frac{(739{,}50 \text{ DM} - 500{,}\text{— DM}) \times 100}{739{,}50 \text{ DM}}$$

$$= \frac{239{,}50 \text{ DM} \times 100}{739{,}50 \text{ DM}}$$

$$= 32{,}39\,\%$$

oder unter Verwendung der Gesamtgrößen:

$$\text{Handelsspanne} = \frac{(\text{Warenumsatz} - \text{Wareneinsatz}) \times 100}{\text{Warenumsatz}}$$

$$= \frac{(3.697.500{,}\text{— DM} - 2.500.000{,}\text{— DM}) \times 100}{3.697.500{,}\text{— DM}}$$

$$= \frac{1.197.500{,}\text{— DM} \times 100}{3.697.500{,}\text{— DM}}$$

$$= 32{,}39\,\%$$

oder:

$$\text{Handelsspanne} = \frac{\text{Rohgewinn} \times 100}{\text{Warenumsatz}} = \frac{1.197.500{,}\text{— DM} \times 100}{3.697.500{,}\text{— DM}} = 32{,}39\,\%$$

Ist der Kalkulationszuschlag gegeben, so kann die Handelsspanne aus diesem ermittelt werden:

$$\text{Handelsspanne} = \frac{100 \times \text{Kalkulationszuschlag}}{100 + \text{Kalkulationszuschlag}} = \frac{100 \times 47{,}9}{100 + 47{,}9} = \frac{4.790}{147{,}9} = 32{,}39\,\%$$

oder umgekehrt:

$$\text{Kalkulationszuschlag} = \frac{100 \times \text{Handelsspanne}}{100 - \text{Handelsspanne}} = \frac{100 \times 32{,}39}{100 - 32{,}39} = \frac{3.239}{67{,}61} = 47{,}9\,\%$$

3. Differenzkalkulation (Gewinnkalkulation)

Sind die **Einkaufspreise** und **Verkaufspreise** durch die eigenen Strategien im Beschaffungsmarkt und Absatzmarkt nicht beeinflußbar, so wird der **tatsächlich** erzielbare Gewinn zum kalkulatorischen Problem.

Er ergibt sich als Differenz zwischen dem Barverkaufspreis und dem Selbstkostenpreis.
Im Rahmen einer kurz- und langfristigen Sortimentspolitik kann mittels der **Differenzkalkulation** darüber befunden werden, ob bei entsprechendem Gewinnrückgang oder sogar Verlust die betroffene Ware im Sortiment verbleibt oder nicht.

Beispiel 49 (Handel/Zahlen aus Beispiel 47)
Bei dem bestehenden Nettoverkaufspreis von 7.500,— DM beträgt der niedrigste erzielbare Listeneinkaufspreis 4.450,— DM.
Die vom Lieferer angebotenen und den Kunden gewährten Konditionen bleiben gleich, der tatsächliche Zuschlag für den Gewinn kann durch die folgende Kalkulation ermittelt werden:

	Listeneinkaufspreis	4.450,— DM	(100 %)	
–	Liefererrabatt	222,50 DM	(5 %)	
=	Zieleinkaufspreis	4.227,50 DM	(95 %)	(100 %)
–	Liefererskonto	126,83 DM		(3 %)
=	Bareinkaufspreis	4.100,67 DM		(97 %)
+	Bezugskosten	250,— DM		
=	Bezugspreis	4.350,67 DM	(100 %)	
+	Handlungskosten	1.305,20 DM	(30 %)	
=	Selbstkostenpreis	5.655,87 DM	(130 %)	
+	**Gewinn**	**400,38 DM**		
=	Barverkaufspreis	6.056,25 DM	(95 %)	
–	Kundenskonto	127,50 DM	(2 %)	
–	Vertreterprovision	191,25 DM	(3 %)	
=	Zielverkaufspreis	6.375,— DM	(100 %)	(85 %)
–	Kundenrabatt	1.125,— DM		(15 %)
=	Listenverkaufspreis	7.500,— DM		(100 %)

Der tatsächliche Gewinn beträgt 400,38 DM gegenüber einem vorkalkulierten Gewinn (Beispiel 47) von 648,88 DM (= 12 %).
Entsprechend kann ein tatsächlich erzielter Gewinnzuschlag ermittelt werden:

$$\text{Gewinnzuschlag} = \frac{\text{Gewinn x 100}}{\text{Selbstkostenpreis}} = \frac{\text{400,38 DM x 100}}{\text{5.655,87 DM}} = 7{,}08\,\%$$

Überblick

Kalkulationsverfahren (allgemein)
Einteilung nach

- Umfang der zuzurechnenden Kosten
  - ▶ Vollkostenkalkulation
  - ▶ Teilkostenkalkulation
- Art der zuzurechnenden Kosten
  - ▶ Istkostenkalkulation
  - ▶ Normalkostenkalkulation
  - ▶ Plankostenkalkulation
- Ergebnis der Kalkulation
  - ▶ Bezugskalkulation
  - ▶ Herstellkostenkalkulation
  - ▶ Selbstkostenkalkulation
  - ▶ Verkaufskalkulation
- Eigenart der Produktion
  - ▶ Divisionskalkulation
  - ▶ Zuschlagskalkulation
- Zeitpunkt der Kalkulation
  - ▶ Vorkalkulation
  - ▶ Nachkalkulation
  - ▶ Zwischenkalkulation
- Problemstellung beim Einkauf oder Verkauf
  - ▶ Vorwärtskalkulation
  - ▶ Rückwärtskalkulation
  - ▶ Differenzkalkulation

Kalkulationsverfahren (Industrie)
zur Ermittlung der Selbstkosten

- einstufige Divisionskalkulation
  - einfache DK
  - mehrfache DK
- mehrstufige Divisionskalkulation
- Äquivalenzziffernkalkulation
- Zuschlagskalkulation
  - summarische ZK
  - differenzierte ZK
- Maschinenstundensatzkalkulation

(Fortsetzung des Überblicks auf der nächsten Seite)

Kalkulationsverfahren (Handel)

- Bezugskalkulation
- Selbstkostenkalkulation
- Verkaufskalkulation
- vereinfachte Kalkulationsformen
  - Kalkulationszuschlag
  - Kalkulationsfaktor
  - Handelsspanne

Zielsetzungen:

- Ermittlung der **Selbstkosten** je Leistungseinheit als Grundlage der Preispolitik
- Ermittlung **kurz- und langfristiger Preisuntergrenzen** für die Angebotspreise der Fertigerzeugnisse und Waren
- Ermittlung von **Preisobergrenzen** für die Einstandspreise der zu beschaffenden Stoffe und Waren
- Ermittlung der **Herstellungskosten** zur Bewertung der Vorräte an unfertigen und fertigen Erzeugnissen sowie Waren zum Zwecke der Bilanzierung
- Ermittlung von **Verrechnungspreisen** für innerbetriebliche Leistungen
- Ermittlung von **Entscheidungsunterlagen** bei innerbetrieblichen Dispositionen in Form von Deckungsbeiträgen

Aufgaben (Industrie)

84. Der Listenverkaufspreis eines Produktes beträgt 1.650,— DM. Wieviel Prozent Gewinn, bezogen auf die Selbstkosten, verbleiben einem Hersteller, der 1.067,— DM Selbstkosten hat und seinen Kunden 20 % Rabatt und 3 % Skonto einräumt?

85. In einer Abrechnungsperiode können der Kosten- und Leistungsrechnung die folgenden Werte entnommen werden:
maschinenabhängige Fertigungsgemeinkosten 3.500,— DM
Fixkostenanteil 60 %, Normallaufstunden 140

a) Berechnen Sie den Maschinenstundensatz

b) Mit welchem Verrechnungssatz ist in der nächsten Periode zu kalkulieren, wenn bei gleicher Kapazität die Beschäftigung um 25 % sinkt? Die variablen Kosten verhalten sich proportional.

86. In einem Industriebetrieb wird die Äquivalenzziffernkalkulation angewendet.
Wieviel Stück werden von Sorte C produziert?

Sorten	Menge	ÄZ	Rechnungseinheiten
A	400	?	400
B	750	?	900
C	?	1,5	?
	?		2.740

87. Berechnen Sie auf der Grundlage der Werte aus Aufgabe 86 für die Sorte C die Selbstkosten insgesamt und pro Stück, wenn die Gesamtkosten der Abrechnungsperiode 95.900,— DM betragen!

88. Wieviel DM betragen die Fertigungslöhne, wenn bei einem Zuschlagssatz für die Fertigungsgemeinkosten von 180 % die Fertigungskosten 126.000,— DM betragen?

89. Welches Kalkulationsverfahren wird bei auftragsweiser Einzelfertigung angewendet?
a) einfache Divisionskalkulation
b) mehrstufige Divisionskalkulation
c) differenzierte Zuschlagskalkulation
d) Äquivalenzziffernkalkulation
e) mehrfache Divisionskalkulation

90. Sie sollen ein Angebot für die Erstellung einer Maschine abgeben.
Aus der Kosten- und Leistungsrechnung werden die folgenden Werte ermittelt:
Materialverbrauch 2.500,— DM, Fertigungslöhne 4.800,— DM,
Materialgemeinkosten 15 %, Fertigungsgemeinkosten 200 %,
Verwaltungsgemeinkosten 10 % und Vertriebsgemeinkosten 5 %
a) Wie hoch ist der Angebotspreis bei 15 % Gewinn?
b) Die Anlage kann nur zu einem Nettoverkaufspreis von 22.000,— DM abgesetzt werden. Wie groß ist der tatsächliche Gewinn in DM und in Prozent?

91. Welche Kostenart wird bei der Ermittlung des Maschinenstundensatzes nicht berücksichtigt?
a) kalkulatorische Zinsen
b) Gehälter
c) Reparaturen
d) kalkulatorische Abschreibungen
e) Miete

92. Welche Aufgabe hat die Kostenträgerstückrechnung?

a) Sie ermittelt das Umsatzergebnis der Abrechnungsperiode.

b) Sie ist die Grundlage der Verteilung der Gemeinkosten auf die Kostenstellen.

c) Sie teilt die Kosten in fixe und variable Kosten ein.

d) Sie bildet eine Grundlage für die Preispolitik des Unternehmens.

e) Sie ermittelt die Selbstkosten der Abrechnungsperiode.

93. In der Kostenstelle „Fertigung" sind drei Maschinen eingesetzt. In einer Abrechnungsperiode fallen 10.000,— DM Fertigungslöhne an, der Zuschlagssatz für die Fertigungsgemeinkosten betrug bisher 150 %.

Wieviel Prozent betragen die Restgemeinkosten, wenn folgende Maschinenkosten ermittelt werden:

	Verrechnungssatz	Laufzeit
Maschine A	25,— DM	120 Stunden
Maschine B	40,— DM	85 Stunden
Maschine C	57,50 DM	80 Stunden

94. Für ein Produkt fallen die folgenden Kosten an:

Fertigungsmaterial 800,— DM, Fertigungslöhne 2.400,— DM

Das Unternehmen kalkuliert mit folgenden Zuschlägen:

Materialgemeinkosten 15 %, Fertigungsgemeinkosten 120 %,

Verwaltungsgemeinkosten 8 % und Vertriebsgemeinkosten 5 %.

Es soll ein Gewinn von 15 % erzielt werden.

Am Markt ist ein Preis von 8.000,— DM (netto) durchsetzbar.

Wieviel DM beträgt die Differenz zwischen dem kalkulatorischen und dem tatsächlichen Gewinn?

Schreiben Sie vor das Ergebnis eine 1, wenn der tatsächliche Gewinn höher ist, und eine 2, wenn der kalkulierte Gewinn höher ist.

95. Ein Unternehmen hat bei einer Produktion von 2.700 Stück eines Erzeugnisses 45,— DM proportionale Kosten pro Stück und Fixkosten von insgesamt 81.000,— DM.

Um wieviel Prozent sinken die Selbstkosten pro Stück bei einer Steigerung der Auslastung auf 3.000 Stück?

96. Die Kalkulation eines Produktes ergibt einen Barverkaufspreis von 6.430,25 DM.

Wie hoch ist der Listenverkaufspreis, wenn 15 % Kundenrabatt, 3 % Kundenskonto und 8 % Verkaufsprovision zu berücksichtigen sind?

97. In welchem Fall ist eine Bestimmung des Angebotspreises nach dem Tragfähigkeitsprinzip hinsichtlich der Kostenzurechnung erforderlich?
a) Der Betrieb hat für das Produkt eine Monopolstellung.
b) Die Nachfrage nach dem Produkt übersteigt das Angebot.
c) Durch ein Patent hat der Betrieb für das Produkt eine starke Marktposition.
d) Die Nachfrage nach dem Produkt ist erheblich zurückgegangen.
e) Der tatsächliche Gewinn des Produktes liegt über dem kalkulierten Gewinn.

98. Ein Einproduktbetrieb hat bei einer Absatzmenge von 25.000 Stück, die der Produktionsmenge entspricht, Selbstkosten von 3.150.000,— DM.
a) Berechnen Sie die Selbstkosten pro Stück!
b) Berechnen Sie die Selbstkosten pro Stück, wenn die Herstellkosten gesondert kalkuliert werden und 30.000 Stück produziert, aber nur 25.000 Stück abgesetzt werden, Herstellkosten 2.250.000,— DM.

Aufgaben (Handel)

99. Der Gewinn- und Verlustrechnung eines Handelsbetriebes können die folgenden Werte entnommen werden:
Warenumsatz 317.520,— DM, Wareneinsatz 210.000,— DM
Handlungskosten 84.000,— DM
Mit welchem Handlungskostenzuschlag und mit welchem Gewinnzuschlag kann der Betrieb kalkulieren?

100. Bei einem Verkaufspreis von 1.200,— DM kalkuliert ein Betrieb mit einem Kalkulationsfaktor von 1,5 und 25 % Handlungskosten.
Wieviel Prozent Gewinn erzielt er?

101. Ermitteln Sie den Kalkulationszuschlag, wenn 40 % Handlungskosten und 25 % Gewinn verrechnet werden sollen!

102. Welche Handelsspanne und welcher Kalkulationsfaktor entspricht dem in Aufgabe 101 ermittelten Kalkulationszuschlag?

103. Welche Aussage zur Handelsspanne ist richtig?
a) Sie ist der Warenrohgewinn, bezogen auf den Wareneinsatz.
b) Sie drückt die Handlungskosten in Prozent des Warenumsatzes aus.

c) Sie ist die Differenz zwischen Warenumsatz und Wareneinsatz, bezogen auf den Warenumsatz.
d) Sie ist der Unterschied zwischen den Selbstkosten und dem Wareneinsatz.
e) Sie schließt lediglich Handlungskosten und Gewinn ein.

104. Ein Handelsbetrieb kalkuliert eine Ware mit einem Nettoverkaufspreis von 745,— DM bei einem Einstandspreis von 447,— DM.
Wieviel Prozent beträgt die Handelsspanne?

105. Es liegen zwei Angebote vor:
A: 1.000 Stück zu 25,— DM/Stück, Rabatt ab 500 Stück 8 %, Skonto 3 %, Bezugskosten je 100 Stück 6,— DM
B: 1.000 Stück zu 23,— DM/Stück, Skonto 2 %, Lieferung frei Haus
Wieviel DM beträgt der Bezugspreis pro Stück des günstigeren Angebots?

106. Konkurrenzbedingt kann eine Ware nur mit einem Nettoverkaufspreis von 1.031,25 DM verkauft werden.
Welcher maximale Einstandspreis ergibt sich, wenn 25 % Handlungskosten und 10 % Gewinn erzielt werden sollen?

107. Bringen Sie die folgenden Positionen der Handelskalkulation als Vorwärtskalkulation in die richtige Reihenfolge, indem Sie die Ziffern 1–7 in die Kästchen eintragen!

Kundenrabatt ☐
Handlungskosten ☐
Liefererrabatt ☐
Bezugskosten ☐
Gewinn ☐
Liefererskonto ☐
Kundenskonto ☐

108. Welche Kosten werden nicht im Handlungskostenzuschlag abgedeckt?
a) Gewerbesteuer
b) Abschreibungen auf Sachanlagen
c) Gehälter
d) Bezugskosten
e) Ausgangsfrachten

109. Wie wird der Warenrohgewinn ermittelt?
a) Warenumsatz minus Wareneinsatz
b) Selbstkosten minus Handlungskosten
c) Warenumsatz minus Handlungskosten

d) Erträge minus Aufwendungen
e) Wareneinsatz zuzüglich Gewinn

110. Mit welcher Formel wird der Kalkulationszuschlag ermittelt?

a) $\frac{\text{Verkaufspreis}}{\text{Einstandspreis}}$

b) $\frac{(\text{Verkaufspreis} - \text{Einstandspreis}) \times 100}{\text{Verkaufspreis}}$

c) $\frac{\text{Gewinn} \times 100}{\text{Selbstkosten}}$

d) $\frac{\text{Handlungskosten} \times 100}{\text{Einstandspreis}}$

c) $\frac{(\text{Verkaufspreis} - \text{Einstandspreis}) \times 100}{\text{Einstandspreis}}$

111. Auf welcher Grundlage wird der Gewinn kalkuliert?

a) Listenverkaufspreis
b) Bezugspreis
c) Nettoverkaufspreis
d) Selbstkostenpreis
e) Bareinkaufspreis

112. Berechnen Sie den Kalkulationsfaktor, wenn die Handlungskosten mit 20 % und der Gewinn mit 10 % kalkuliert werden.

113. Eine Ware, die bisher mit einem Nettoverkaufspreis von 1.897,50 DM verkauft wurde, wurde mit einem Gewinnzuschlag von 15 % kalkuliert.
Wieviel Prozent Gewinn bringt sie noch, wenn sie nur noch zu einem Preis von 1.782,— DM verkauft werden kann?

114. Ein Handelsbetrieb kalkuliert bei einem Absatz von 2.800 Stück einer Ware die Handlungskosten mit 25 % auf den Wareneinsatz von 700.000,— DM.
Der Absatz geht in der folgenden Abrechnungsperiode um 2.500 Stück zurück.

a) Berechnen Sie die Handlungskosten insgesamt und pro Stück für 2.500 Stück, wenn der alte Zuschlagssatz verwendet wird.
b) Berechnen Sie die tatsächlichen Handlungskosten in DM pro Stück und insgesamt sowie in Prozent, wenn 80 % davon fixe Kosten sind.
c) Liegt bei Verrechnung des alten Zuschlagssatzes eine Unter- oder Überdeckung der Handlungskosten vor?
Wieviel DM beträgt sie insgesamt?

8. Kapitel

Kalkulationsformen auf der Basis von Teilkosten

Probleme der Vollkostenrechnung

Die bisher dargestellten Kalkulationsverfahren basieren alle auf der Zurechnung **aller** durch die Leistungserstellung und Leistungsverwertung verursachten Kosten auf die Kostenträger.
Es sind Verfahren der **Vollkostenrechnung**, durch welche die Stückgewinne oder -verluste je Kostenträger ermittelt werden können.
Diese Verfahren, insbesondere die Zuschlagskalkulation, sind jedoch teilweise mit Mängeln behaftet, die im wesentlichen auf die folgenden Punkte zurückzuführen sind:

1. *Systembezogene Probleme:*

- **Proportionalisierung** fixer Kosten bei der Zurechnung auf die Leistungseinheiten durch die Verwendung proportionaler Bezugsgrößen. Fixe Kosten sind zeit-, aber nicht mengenabhängig. Eine proportionale Beziehung zur Zuschlagsgrundlage unterstellt dies aber.
- **Schlüsselung** der Gemeinkosten in der Kostenstellen- und Kostenträgerrechnung und Fehlen geeigneter Schlüsselgrößen. Sie führen zu Kostenverzerrungen, da Veränderungen der Zuschlagsgrundlagen bei Beibehaltung der Zuschlagssätze zu unrealistischen Selbstkosten führen.

2. *Anwendungsbezogene Probleme:*

- Geringer Informationsgehalt in kurzfristigen betrieblichen Entscheidungssituationen, in denen der Gewinn oder Verlust als Orientierungsgröße ungeeignet ist.

Bei enger Auslegung des **Kostenverursachungsprinzips** ist es nicht möglich, alle anfallenden Kosten verursachungsgerecht auf die Kostenträger zu verteilen, insbesondere dann nicht, wenn eine Differenzierung in Einzelkosten und Gemeinkosten vorgenommen werden muß.
Durch die indirekte Verrechnung der Gemeinkosten auf der Grundlage proportionaler Bezugsgrößen (Fertigungsmaterial, Fertigungslöhne und Wareneinsatz) werden auch fixe Gemeinkostenanteile anteilig zugerechnet.
Bei schwankendem Beschäftigungsgrad führt dies zu einer Proportionalisierung der Fixkosten und zu einer Unter- bzw. Überdeckung der Istgemeinkosten durch die verrechneten Normalgemeinkosten.
Auch die verwendeten wertmäßigen Schlüsselgrößen entsprechen nur sehr bedingt dem Prinzip der tatsächlichen Kostenverursachung. Die auf diese Weise ermittelten Gesamtkosten der Kostenstellen und Kostenträger sind daher nicht in jedem Fall für eine gezielte Kostenkontrolle geeignet.
Die **Vollkostenrechnung** dient stückbezogen der Selbstkosten- und Angebotspreiskalkulation. Dies ist notwendig, da ein Betrieb **langfristig** alle entstandenen Kosten über die Umsatzerlöse, d. h. über den Markt „verdienen“ muß, da

sonst die Substanzerhaltung und damit die Existenz des Betriebes gefährdet ist. Dazu muß aber die Höhe der verursachten Kosten ermittelt werden, auch wenn deren Berechnung mit systemimmanenten Fehlern verbunden ist.
Auch für die Bewertung der Bestände in der Bilanz ist die Anwendung der Vollkostenrechnung unentbehrlich.
Allerdings erscheint es wirtschaftlich unrealistisch, in **jeder** betrieblichen Situation im Markt eine volle Kostenerstattung zu erwarten. Preisbildung unter Wettbewerbsvoraussetzungen bedeutet vielmehr, daß Angebotspreise auch unter Marketinggesichtspunkten ermittelt werden müssen und die Kosten nur ein Aspekt sind.
So kann etwa ein starker Konkurrenzdruck dazu führen, daß ein Betrieb auf eine volle Kostenerstattung verzichten muß, besonders wenn die Beschäftigung stagniert oder sogar sinkt. In diesen Situationen wäre zum Ausgleich progressiver, stückbezogener Fixkosten eine Erhöhung der Angebotspreise erforderlich. Der Betrieb würde sich bei einer derartigen Preisstellung selbst aus dem Markt drücken.
Aufgabe der Kalkulation ist es in diesen und ähnlichen Fällen vielmehr, **Preisuntergrenzen** für richtige preispolitische Entscheide zu ermitteln.
Dazu aber sind **entscheidungsorientierte** Kalkulationsformen erforderlich, die auf der Zurechnung nur eines Teils der Kosten auf die Kostenträger basieren.
Dies gilt insbesondere bei Entscheiden über

- Eigenfertigung oder Fremdbezug
- Produktionsverfahren
- Zusammensetzung des Sortimentes
- Annahme von Zusatzaufträgen u. a. m.

Während die traditionelle Vollkostenkalkulation auf der Unterscheidung von Einzelkosten und Gemeinkosten aufbaut, geht die Teilkostenkalkulation in der Form der **Deckungsbeitragsrechnung** von der Unterscheidung von **fixen** und **variablen** Kosten aus und verrechnet lediglich die durch die Kostenträger unmittelbar verursachten variablen Kosten.
Die fixen Kosten sind dagegen als Kosten der Betriebsbereitschaft **unvermeidbar,** auch wenn der Beschäftigungsgrad schwankt.
Voraussetzung für die Anwendung der Deckungsbeitragsrechnung ist die Aufspaltung jener Kosten, die sich bei schwankendem Beschäftigungsgrad teils fix und teils variabel verhalten **(Mischkosten),** wobei eine eindeutige Kostenaufspaltung insbesondere in Mehrproduktunternehmen nicht möglich ist.
Mögliche **Auflösungsverfahren** für die Kosten sind:

1. *Buchtechnisches Verfahren:*

Die sich aus der Buchführung ergebenden Kosten vergangener Abrechnungsperioden werden auf ihre Reaktion bei Beschäftigungsschwankungen hin untersucht und den Kategorien fix und variabel zugeordnet.

Verbleibende Mischkosten werden durch weitergehende Zerlegung in fixe und variable Bestandteile getrennt.

2. *Rechnerisches Verfahren:*

Die Veränderung der Mischkosten zwischen zwei Beschäftigungsgraden (Differenzkosten) kann nur auf deren variablen Anteil zurückgeführt werden. Dieser entspricht bei einem linearen Kostenverlauf den proportionalen Kosten.

Deckungsbeitragsrechnung in der Industrie

Deckungsbeitragsrechnung als Periodenrechnung

Die Teilkostenrechnung in Form der **Deckungsbeitragsrechnung** wird in der Regel als **retrograde** Rechnung (= Rückwärtskalkulation) durchgeführt. Dabei werden von den Umsatzerlösen einer Rechnungsperiode zunächst die variablen Kosten abgesetzt und **Deckungsbeiträge** ermittelt. Es sind jene Beiträge, welche die einzelnen Kostenträger zur Abdeckung fixer Kosten und des Gewinnes leisten.

Vom Gesamtdeckungsbeitrag aller Kostenträger werden die Fixkosten abgezogen, wodurch diejenigen Fehler vermieden werden, welche mit einer Aufteilung der Fixkosten auf die einzelnen Kostenträger verbunden sind.

Die Deckungsbeitragsrechnung ermöglicht als **entscheidungsorientierte** Form der Kostenrechnung:

- die Durchführung kurzfristiger Erfolgsanalysen,
- die Ermittlung kurzfristiger Preisuntergrenzen in Höhe der variablen Kosten,
- eine optimale Sortimentspolitik durch die Orientierung der Entscheidungen an Deckungsbeiträgen und nicht an Gewinnen oder Verlusten sowie
- einen kalkulatorischen Ausgleich durch eine Differenzierung der Verkaufspreise.

Beispiel 50 (Industrie)
Ein Betrieb ermittelt für eine Abrechnungsperiode die folgenden Werte:

	Menge	Verkaufspreis	variable Kosten/Stück
Produkt A	25.000	43,50 DM	35,— DM
Produkt B	18.000	35,— DM	38,50 DM
Produkt C	28.000	27,80 DM	25,— DM
Produkt D	31.000	52,— DM	33,— DM

Fixkosten insgesamt 420.000,— DM
Daraus kann die folgende Deckungsbeitragsrechnung erstellt werden:

	Produkt A (TDM)	Produkt B (TDM)	Produkt C (TDM)	Produkt D (TDM)	Gesamt (TDM)
Umsatzerlöse	1.087,5	630	778,4	1.612	4.107,9
– variable Kosten	– 875	– 693	– 700	– 1.023	– 3.291
= Deckungsbeiträge (absolut)	+ 212,5	– 63	+ 78,4	+ 589	+ 816,9
– Fixkosten					– 420
= Betriebsergebnis					+396,9

oder stückbezogen:

	Produkt A	Produkt B	Produkt C	Produkt D
Verkaufspreis	43,50 DM	35,— DM	27,80 DM	52,— DM
– var. Kosten	35,— DM	38,50 DM	25,— DM	33,— DM
= Deckungsbeitrag	+ 8,50 DM	– 3,50 DM	+ 2,80 DM	+ 19,— DM

Produkt B leistet einen **negativen** Deckungsbeitrag, d. h., es deckt nicht einmal die durch seine Produktion entstehenden variablen Kosten ab. Seine Herausnahme aus dem Sortiment wäre aus Kostengesichtspunkten angebracht, da dadurch der Gesamtgewinn um 63.000,— DM nicht abgedeckte variable Kosten steigen würde. Mit dem Wegfall von Umsatzerlösen in Höhe von 630.000,— DM entfallen variable Kosten in Höhe von 693.000,— DM.

Produkt C leistet einen **positiven** Deckungsbeitrag, der jedoch absolut, insgesamt und pro Stück am geringsten ist. Unter der Annahme, daß dieses Produkt anteilige Fixkosten von 84.000,— DM verursacht, bringt es einen Verlust von 5.600,— DM insgesamt und von 0,20 DM pro Stück.

	Gesamt	pro Stück
Erlöse	778.400,— DM	27,80 DM
– variable Kosten	700.000,— DM	25,— DM
= Deckungsbeitrag	+ 78.400,— DM	+ 2,80 DM
– Fixkosten	84.000,— DM	3,— DM
= **Verlust**	– 5.600,— DM	– 0,20 DM

Auf der Basis dieser Gesamtkostenbetrachtung könnte man zu der Entscheidung gelangen, auch das Produkt C aus dem Sortiment zu nehmen, da es mit Verlust abgesetzt werden muß.
Zu einer anderen Interpretation führt dagegen die Teilkostenrechnung.
So bedeutet ein Deckungsbeitrag von + 78.400,— DM, der bei Produkt C erzielt werden kann, daß dieses einen Fixkostenanteil in dieser Höhe abdeckt. Dieser wäre bei seiner Herausnahme aus dem Sortiment von den anderen Produkten zusätzlich zu tragen; der Gesamtgewinn würde sich um 78.400,— DM verringern:

	Produkt A	Produkt D	Gesamt
Umsatzerlöse	1.087.500,— DM	1.612.000,— DM	2.699.500,— DM
– variable Kosten	– 875.000,— DM	– 1.023.000,— DM	– 1.898.000,— DM
= Deckungsbeitrag	+ 212.500,— DM	+ 589.000,— DM	+ 801.500,— DM
– Fixkosten			420.000,— DM
= **Betriebsergebnis**			+ 381.500,— DM

	Gesamtgewinn (A, B, C, D)	+ 396.900,— DM
+	Herausnahme B	+ 63.000,— DM
+	Herausnahme C	– 78.400,— DM
	Gesamtgewinn (A, D)	381.500,— DM

Wird lediglich das Produkt B herausgenommen, so ergibt sich die folgende Situation:

	Produkt A (TDM)	Produkt C (TDM)	Produkt D (TDM)	Gesamt (TDM)
Umsatzerlöse	1.087,5	778,4	1.612	3.477,9
– variable Kosten	– 875	– 700	– 1.023	– 2.598
= Deckungsbeitrag	+ 212,5	+ 78,4	+ 589	+ 879,9
– Fixkosten				420
= Betriebsergebnis				+ 459,9

	Gesamtgewinn (A, B, C, D)	+ 396.900,— DM
+	Herausnahme B	+ 63.000,— DM
	Gesamtgewinn (A, C, D)	459.900,— DM

Aus dem Beispiel kann abgeleitet werden, daß es unter kurzfristigem Aspekt unwirtschaftlich wäre, ein Produkt aus dem Sortiment zu nehmen, solange es einen **positiven** Deckungsbeitrag erzielt und damit zumindest teilweise zur Abdeckung fixer Kosten beiträgt.
Ziel ist die Maximierung des **Gesamtgewinns;** und jedes Produkt, welches über die durch seine Produktion und Verwertung verursachten variablen Kosten hinaus zusätzliche Beiträge leistet, ermöglicht eine breitere Verteilung der Fixkosten und erhöht den Gesamtgewinn, es sei denn, eine Umstellung der Produktion auf ein anderes Produkt ist möglich.

Deckungsbeitragsrechnung als progressive Kalkulation

Auch bei der Anwendung der Deckungsbeitragsrechnung lassen sich durch eine progressive Kalkulation die Angebotspreise für die Produkte berechnen. Dabei ist davon auszugehen, daß der kalkulierte Deckungsbeitrag eine Abdeckung anteiliger Fixkosten sowie eine angemessene Verzinsung des eingesetzten betriebsnotwendigen Kapitals ermöglicht.

Beispiel 51 (Industrie)
Ein Betrieb hat ein betriebsnotwendiges Kapital von 560.000,— DM und möchte durch die Umsätze eine Verzinsung von 8 % erreichen. Bei einer geplanten Stückzahl des Produktes von 1.265 Stück entstehen Fixkosten von 56.400,— DM.

(Fortsetzung des Beispiels auf der nächsten Seite)

$$\text{Deckungsbeitrag/Stück} = \frac{\text{Verzinsung} + \text{Fixkosten}}{\text{Stückzahl}}$$

$$= \frac{44.800,\text{— DM} + 56.400,\text{— DM}}{1.265} = 80,\text{— DM}$$

Bei variablen Stückkosten von 120,— DM ergibt sich ein Angebotspreis von 200,— DM.

	Variable Kosten	120,— DM
+	Deckungsbeitrag	80,— DM
=	Angebotspreis	200,— DM

Vereinfacht kann der Angebotspreis auch über einen **Deckungsfaktor** ermittelt werden:

$$\text{Deckungsfaktor} = \frac{\text{Deckungsbeitrag}}{\text{Erlös pro Stück}} = \frac{80,\text{— DM}}{200,\text{— DM}} = 0{,}4$$

$$\text{Angebotspreis} = \frac{\text{Variable Kosten}}{1 - \text{Deckungsfaktor}} = \frac{120,\text{— DM}}{0{,}6} = 200,\text{— DM}$$

Bei variablen Kosten von 300,— DM wäre der Angebotspreis 500,— DM.
Dieser vorgegebene **Solldeckungsbeitrag** kann unter absatzpolitischen Gesichtspunkten auch im Sinne des Tragfähigkeitsprinzips bestimmt werden. In diesen Fällen ist die Berechnung von Mindestdeckungsbeiträgen erforderlich.

Mehrstufige Deckungsbeitragsrechnung

Bei dem dargestellten Verfahren der Deckungsbeitragsrechnung wurden **alle** anfallenden Fixkosten von der Summe der Deckungsbeiträge abgezogen. Auf diese Weise wurde der Gesamtgewinn ermittelt.
Da jedoch ein Teil der Fixkosten den Kostenträgern ebenfalls direkt zugerechnet werden kann, ist es möglich, die gesamten Fixkosten **stufenweise** jeweils derjenigen Stufe zuzuordnen, für die sie ursächlich anfallen.
So sind die folgenden drei Stufen für eine Zurechnung denkbar:

Fixkostenart	Zuordnung	Verursachung
1. erzeugnisfixe Kosten	→ Kostenträger	→ durch Entwicklung, Produktion oder Absatz **bestimmter** Erzeugnisarten
2. erzeugnisgruppenfixe Kosten	mehrere Kostenträger gemeinsam	durch die Entwicklung, Produktion oder Absatz **bestimmter** Erzeugnisgruppen
3. unternehmensfixe Kosten	Unternehmung als Ganzes	durch die Unternehmung als Ganzes, nicht aufschlüsselbarer Rest der Fixkosten

Beispiel 52 (Industrie/Zahlen aus Beispiel 50)
Die gesamten Fixkosten von 420.000,— DM sollen den drei Stufen wie folgt zugerechnet werden:

	Kostenträger A (TDM)	B (TDM)	C (TDM)	D (TDM)	Gesamt (TDM)
erzeugnisfixe Kosten	65,8	24,4	39,8	85	215
erzeugnisgruppenfixe Kosten	32,5		121,5		154
unternehmensfixe Kosten	51				51
					420

(Fortsetzung des Beispiels auf der nächsten Seite)

	Produkt A (TDM)	Produkt B (TDM)	Produkt C (TDM)	Produkt D (TDM)	Gesamt (TDM)
Umsatzerlöse	1.087,5	630	778,4	1.612	4.107,9
– variable Kosten	875	693	700	1.023	3.291
= Deckungsbeitrag I	212,5	– 63	78,4	589	816,9
– erzeugnisfixe Kosten	65,8	24,4	39,8	85	215
= Deckungsbeitrag II	146,7	– 87,4	38,6	504	
	59,3		542,6		601,9
– erzeugnisgruppenfixe Kosten	32,5		121,5		154
= Deckungsbeitrag III	26,8		421,1		
	447,9				447,9
– unternehmensfixe Kosten	51				51
= Betriebsergebnis	**396,9**				**396,9**

Dadurch ist auf jeder Stufe eine Disposition der beeinflußbaren fixen Kosten möglich, so daß gezielte betriebspolitische Maßnahmen, z. B. Produktions- und Sortimentsentscheidungen, getroffen werden können.

Deckungsbeitragsrechnung im Handel

Auch in Handelsbetrieben führt bei schwankendem Absatz die Entscheidungsfindung auf der Basis von Selbstkosten zu falschen Ergebnissen, da Entscheidungen kosten-, aber nicht marktorientiert getroffen werden.

Da die Handlungskosten überwiegend fix und nicht variabel sind, sie jedoch insgesamt mittels wertmäßiger Schlüsselgrößen (Einstandspreise) den Kostenträgern zugerechnet werden, ermöglicht das System keine flexible Anpassung an sich verändernde Marktdaten.

Die Anwendung der Teilkostenrechnung in Form der Deckungsbeitragsrechnung führt hingegen dazu, daß lediglich die variablen Kosten den einzelnen Umsatzerlösen gegenübergestellt werden. Hierzu gehören der **Wareneinsatz** sowie der variable Teil der Handlungskosten.

Voraussetzung ist die Aufspaltung der Handlungskosten in deren fixe und variable Anteile. Die variablen Anteile lassen sich **direkt** den einzelnen Waren oder Warengruppen zurechnen, während die fixen Anteile als Kosten der Betriebsbereitschaft entweder allen Kostenträgern gemeinsam oder stufenweise der Warengruppe, dem Sortiment oder dem Gesamtbetrieb zugerechnet werden können.

Beispiel 53 (Handel)

	Kostenträger					
Warengruppen:	**I**	**II**	**III**	**IV**	**V**	**Gesamt**
Menge (Stück)	20.000	15.000	25.000	32.000	8.000	
Angebotspreis (DM)	25,—	16,50	120,—	78,—	37,50	
Bezugspreis (DM)	20,—	16,—	80,—	55,—	30,—	
variable Handlungskosten (DM)	3,—	2,—	15,—	15,—	5,—	
Umsatzerlöse (TDM)	500	247,5	3.000	2.496	300	6.543,5
– Wareneinsatz (TDM)	400	240	2.000	1.760	240	4.640
– variable Handlungskosten (TDM)	60	30	375	480	40	985
= absoluter Deckungsbeitrag (TDM)	+ 40	– 22,5	+ 625	+ 256	+ 20	+ 918,5
– Fixkosten (TDM)						854
= Betriebsergebnis (TDM)						64,5
Deckungsbeiträge pro Stück (DM)	2,—	– 1,50	25,—	8,—	2,50	

Auch im Handelsbetrieb können die fixen Kosten verursachungsgerechter durch eine **mehrstufige** Deckungsbeitragsrechnung zugerechnet werden. Dies kann auf drei Ebenen erfolgen:

1. auf der Ebene der Warengruppen
2. auf der Ebene der Sortimentsgruppen
3. auf der Unternehmensebene.

Beispiel 54 (Handel/Zahlen aus Beispiel 53)
Die fixen Handlungskosten von 854.000,— DM sind wie folgt zu verteilen:

	Warengruppen					
	I	II	III	IV	V	Gesamt
warengruppenfixe Kosten (TDM)	12	16	154	115	27	324
sortimentsfixe Kosten (TDM)	240			45		285
unternehmensfixe Kosten (TDM)	245					245
						854

Daraus ergibt sich die folgende mehrstufige Deckungsbeitragsrechnung:

	Kostenträger					
Warengruppen:	I	II	III	IV	V	Gesamt
Umsatzerlöse	500	247,5	3.000	2.496	300	6.543,5
– variable Kosten	460	270	2.375	2.240	280	5.625
= Deckungsbeitrag I	40	– 22,5	625	256	20	918,5
– warengruppenfixe Kosten	12	16	154	115	27	324
= Deckungsbeitrag II	28	– 38,5	471	141	– 7	594,5
	460,5			134		
– sortimentsfixe Kosten	240			45		285
= Deckungsbeitrag III	220,5			89		309,5
	309,5					
– unternehmensfixe Kosten	245					245
= Betriebsergebnis	64,5					64,5

Zahlenangaben in DM

Durch die stufenweise Zurechnung der Fixkosten lassen sich auf jeder Stufe durch die ermittelten Deckungsbeiträge Informationen gewinnen, etwa für Sortimentsentscheidungen auf der Basis der Abdeckung verursachter fixer Kosten.

Anwendungsbereiche der Teilkostenrechnung

Gewinnschwellenanalyse (Break-even-point) bei Einproduktunternehmen

Durch die Aufspaltung der Kosten in fixe und variable Bestandteile läßt sich für eine Abrechnungsperiode jene Produktions- bzw. Absatzmenge ermitteln, bei der durch die Umsatzerlöse die **gesamten** Kosten abgedeckt werden (= **Gewinnschwelle**). Unter diesem Break-even-Punkt befindet sich das Unternehmen im Verlustbereich, darüber im Gewinnbereich.
Die Analyse der Beziehungen zwischen Beschäftigung, Kosten und Erlösen kann für das Unternehmen als Ganzes, aber auch für einzelne Produkte oder Produktgruppen durchgeführt werden.

Beispiel 55 (Industrie und Handel)
Ein Betrieb hat monatliche Fixkosten von 375.000,— DM und variable Kosten pro Stück von 300,— DM bei einem Verkaufspreis von 450,— DM. Die Kapazitätsgrenze liegt bei 3.000 Stück.
Auf der Grundlage dieser Werte kann diejenige Absatzmenge ermittelt werden, bei der die Kosten und die Erlöse gleich groß sind:

1. ***Berechnung auf der Basis von Selbstkosten:***
   K = Selbstkosten (Gesamtkosten), U = Umsatzerlöse
   x = Menge
   K = 300 DM · x + 375.000 DM → Kostenfunktion
   U = 450 DM · x → Umsatz (Erlös)-funktion
   Beide Funktionen werden gleichgesetzt:
   U = K
   450 DM · x = 300 DM · x + 375.000 DM und nach x aufgelöst
   150 DM · x = 375.000,— DM
   x = 2.500 Stück

Bei einem monatlichen Absatz von 2.500 Stück sind Erlöse und Kosten gleich. Daraus folgt:

Erlöse > Kosten → Gewinnzone
Erlöse < Kosten → Verlustzone

(Fortsetzung des Beispiels auf der nächsten Seite)

2. *Berechnung auf der Basis von Teilkosten (= variable Kosten):*
Auf beiden Seiten der Ausgangsgleichung werden die variablen Kosten abgezogen:

$$U = K \quad | - VK \text{ (variable Kosten)}$$
$$450 \text{ DM} \cdot x = 300 \text{ DM} \cdot x + 375.000 \text{ DM} \quad | - 300 \text{ DM} \cdot x$$
$$150 \text{ DM} \cdot x = 375.000 \text{ DM}$$

Daraus folgt:

$$\text{Deckungsbeitrag/Stück} \cdot x = \text{Fixkosten}$$
$$x = \frac{\text{Fixkosten}}{\text{Deckungsbeitrag/Stück}} = \frac{FK}{DB/St}$$
$$x = \frac{375.000,\text{— DM}}{150,\text{— DM}} = 2.500 \text{ Stück}$$

Die Bedingung für die Gewinnschwellenmenge kann somit auf Voll- oder Teilkostenbasis formuliert werden:

Umsatzerlöse = Gesamtkosten
oder:
Gesamtdeckungsbeitrag = Fixkosten

Daraus folgt:

Gesamtdeckungsbeitrag > Fixkosten → Gewinnzone
Gesamtdeckungsbeitrag < Fixkosten → Verlustzone

(Fortsetzung des Beispiels auf der nächsten Seite)

Dies geht aus der graphischen Darstellung hervor:

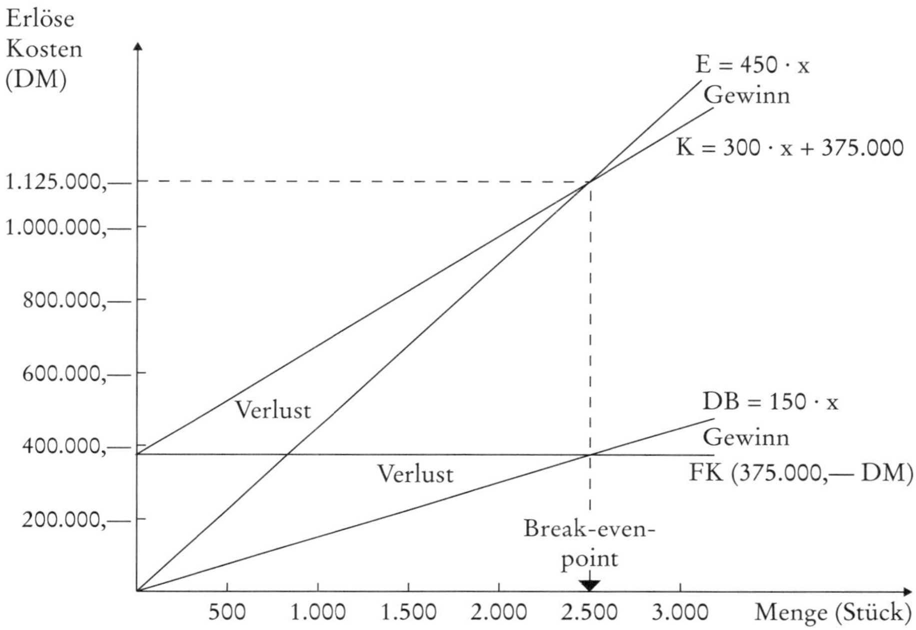

■ Auswirkungen von Preisänderungen auf die Gewinnschwelle

Bei unveränderter Kostensituation bewirken Preisänderungen im Absatzmarkt eine Erhöhung bzw. eine Verringerung des Deckungsbeitrages. Dadurch kann eine volle Kostendeckung bereits bei einer geringeren Menge (Preiserhöhung) oder erst bei einer höheren Menge (Preissenkung) erzielt werden.

Beispiel 56 (Industrie und Handel/Zahlen aus Beispiel 55)

Auf eine rückläufige Nachfrage reagiert der Betrieb mit einer Preissenkung um 25,— DM.

Der Stückdeckungsbeitrag ist damit 125,— DM (425,— DM – 300,— DM). Daraus kann die neue Gewinnschwellenmenge errechnet werden:

$$\text{Gewinnschwellenmenge} = \frac{\text{Fixkosten}}{\text{Deckungsbeitrag/Stück}} = \frac{375.000,\text{— DM}}{125,\text{— DM}} = 3.000 \text{ Stück}$$

Dies bedeutet, daß der Betrieb im Rahmen seiner Kapazität lediglich eine **Kostendeckung** erzielen könnte, da der gesamte Deckungsbeitrag (125,— DM x 3.000 Stück) nur die Fixkosten abdeckt.

■ Auswirkungen von Kostenänderungen

Beispiel 57 (Industrie und Handel/Zahlen aus Beispiel 56)
Soll trotz des gesunkenen Preises ein Gewinn erzielt werden, so sind entweder die variablen Kosten oder die Fixkosten zu senken.

1. **Senkung der variablen Kosten** auf 275,— DM pro Stück etwa durch Rationalisierungsmaßnahmen. Dadurch wäre bei erhöhtem Stückdeckungsgrad von 150,— DM (425,— DM – 275,— DM) bereits bei 2.500 Stück eine volle Kostendeckung erreichbar; die Preissenkung würde durch eine entsprechende Kostensenkung kompensiert.

An der Kapazitätsgrenze könnte ein Gewinn von 75.000,— DM erzielt werden:

Umsatzerlöse	3.000 x 425,— DM =	1.275.000,— DM	
– variable Kosten	3.000 x 275,— DM =	825.000,— DM	
= Deckungsbeitrag	3.000 x 150,— DM =	450.000,— DM	
– Fixkosten		375.000,— DM	
= **Betriebsgewinn**		75.000,— DM	: 3.000 Stück
		= 25,— DM/Stück	

2. **Senkung der Fixkosten** durch Abbau von Kapazitäten um 25.000,— DM auf 350.000,— DM bei gleichem Preis von 425,— DM und gleichen variablen Kosten pro Stück von 300,— DM (Deckungsbeitrag = 125,— DM/Stück).

$$\text{Gewinnschwellenmenge} = \frac{\text{Fixkosten}}{\text{Deckungsbeitrag/Stück}} = \frac{350.000,\text{— DM}}{125,\text{— DM}} = 2.800 \text{ Stück}$$

Dadurch könnte an der Kapazitätsgrenze der folgende Gewinn erzielt werden:

Umsatzerlöse	3.000 x 425,— DM =	1.275.000,— DM	
– variable Kosten	3.000 x 300,— DM =	900.000,— DM	
= Deckungsbeitrag	3.000 x 125,— DM =	375.000,— DM	
– Fixkosten		350.000,— DM	
= **Betriebsgewinn**		25.000,— DM	: 3.000 Stück
		= 8,33 DM/Stück	

Soll, bezogen auf das Ausgangsbeispiel, ein Gewinn von 45.000,— DM erzielt werden, so muß der geplante Deckungsbeitrag Fixkosten (375.000,— DM) und Gewinn (45.000,— DM) einschließen. Danach kann diejenige Menge errechnet werden, bei der bei gegebenem Preis (450,— DM) und gegebenen variablen Kosten (300,— DM) dieses Ziel erreicht wird.

$$U = K + G$$
$$450\,DM \cdot x = 300\,DM \cdot x + 375.000\,DM + 45.000\,DM$$
$$150\,DM \cdot x = 375.000\,DM + 45.000\,DM$$
$$x = \frac{375.000,\text{—}\,DM + 45.000,\text{—}\,DM}{150,\text{—}\,DM} \quad \left(\rightarrow \frac{\text{Fixkosten + Gewinn}}{\text{Deckungsbeitrag}}\right)$$
$$x = 2.800\ \text{Stück}$$

Umsatzerlöse	2.800 x 450,— DM	=	1.260.000,— DM
– variable Kosten	2.800 x 300,— DM	=	840.000,— DM
= Deckungsbeitrag	2.800 x 150,— DM	=	420.000,— DM
– Fixkosten			375.000,— DM
= **Betriebsgewinn**			45.000,— DM : 2.800 Stück = 16,07 DM/Stück

Bestimmung von Preisuntergrenzen

Mittels der verschiedenen Formen der Vollkostenkalkulation können Angebotspreise auf Kostenbasis errechnet werden. Nicht in jedem Falle können diese jedoch aufgrund der Marktsituation auch tatsächlich erzielt werden.
Wenn Marktpreise unter Wettbewerbsbedingungen gebildet werden, können zu den kostenorientierten Erwägungen bei der Ermittlung von Angebotspreisen preispolitische Aspekte hinzukommen.
Dies ist insbesondere in konjunkturell schwierigen Zeiten unabdingbar, in denen eine volle Kostenerstattung im Markt kaum durchsetzbar ist.
Dabei ist die Frage der **Kostendeckung** durch die Umsatzerlöse unter **kurz-** und **langfristigem** Aspekt zu sehen.
In einem marktwirtschaftlichen System kann ein Betrieb auf die Dauer nur bei **kostendeckenden** Preisen die Substanzerhaltung sichern, da Ersatzinvestitionen, finanziert aus Abschreibungen, durchgeführt werden müssen.
Die **langfristige Preisuntergrenze** wird demnach durch die Selbstkosten der Erzeugnisse oder Waren bestimmt.
Unter kurzfristigem Aspekt kann es in gewissen betrieblichen Situationen ausreichend sein, zumindest diejenigen Kosten zu decken, welche durch die Kostenträger unmittelbar verursacht werden: die variablen Kosten.
Diese bilden somit die **kurzfristige Preisuntergrenze** (= absolute Preisuntergrenze).

Beispiel 58 (Industrie)
Ein Industriebetrieb produzierte und verkaufte 800 Einheiten eines Produktes.
Es fielen an:

▪ Kostenträgereinzelkosten	1.840.000,— DM
▪ Kostenträgergemeinkosten	2.681.600,— DM

Bei einer Produktion von 950 Einheiten fallen an:

▪ Kostenträgereinzelkosten	2.185.000,— DM
▪ Kostenträgergemeinkosten	2.832.440,— DM

Der Betrieb kalkulierte mit den folgenden Zuschlagssätzen bei 800 Stück:
MGK 20 %, FGK 150 %, VwGK 15 %, VtGK 5 %
Fertigungsmaterial und Fertigungslöhne fallen im Verhältnis 8:15 an.
Aus den Zahlen lassen sich die Selbstkosten pro Stück als langfristige Preisuntergrenze ermitteln:

Kostenträgereinzelkosten	1.840.000,— DM
+ Kostenträgergemeinkosten	2.681.600,— DM
= Selbstkosten (Gesamt)	4.521.600,— DM

Selbstkosten der Produktion = Selbstkosten des Umsatzes, da keine Bestandsveränderungen!

$$\text{Selbstkosten je Stück} = \frac{\text{Selbstkosten}}{\text{Stückzahl}} = \frac{4.521.600,\!— \text{ DM}}{800} = 5.652,\!— \text{ DM}$$

Zur Ermittlung der variablen Kosten je Stück als kurzfristige Preisuntergrenze sind die Gemeinkosten in fixe und variable Anteile aufzuspalten:

$$\text{variable Gemeinkosten je Stück} = \frac{\text{Kostendifferenz zwischen 800 und 950 Stück}}{\text{Mengendifferenz zwischen 800 und 950 Stück}}$$

$$= \frac{2.832.440,\!— \text{ DM} - 2.681.600,\!— \text{ DM}}{950 - 800}$$

$$= \frac{150.840,\!— \text{ DM}}{150} = 1.005,60 \text{ DM}$$

Da ohne weitere Angaben die Einzelkosten als variable angesehen werden können, ergeben sich die folgenden variablen Kosten:

$$\text{Kostenträgereinzelkosten je Stück} = \frac{\text{Kostenträgereinzelkosten}}{\text{Stückzahl}}$$

$$= \frac{1.840.000,\text{— DM}}{800} = 2.300,\text{— DM}$$

+ variable Kostenträgergemeinkosten	1.005,60 DM
= variable Kosten je Stück	3.305,60 DM
(= kurzfristige Preisuntergrenze)	

Ein erzielbarer Preis von 3.305,60 DM würde ausschließlich die variablen Kosten decken, ein Preis von 5.652,— DM die Selbstkosten.
Nach den vorliegenden Zahlen ist auch eine differenzierte Kalkulation der Selbstkosten möglich:

Einzelkosten = Fertigungsmaterial und Fertigungslöhne = 1.840.000,— DM

Bei einem Verhältnis FM : FL von 8 : 15 ergibt sich:

$$\text{FM/Stück} = \frac{1.840.000,\text{— DM x } 8}{23 \text{ x } 800} = 800,\text{— DM}$$

$$\text{FL/Stück} = \frac{1.840.000,\text{— DM x } 15}{23 \text{ x } 800} = 1.500,\text{— DM}$$

Danach kann kalkuliert werden:

	Fertigungsmaterial	800,— DM		(100 %)
+	Materialgemeinkosten	160,— DM		(20 %)
=	Materialkosten		960,— DM	(120 %)
	Fertigungslöhne	1.500,— DM		(100 %)
+	Fertigungsgemeinkosten	2.250,— DM		(150 %)
=	Fertigungskosten		3.750,— DM	(250 %)
	Herstellkosten		4.710,— DM	(100 %)
+	Verwaltungsgemeinkosten		706,50 DM	(15 %)
+	Vertriebsgemeinkosten		235,50 DM	(5 %)
=	Selbstkosten		5.652,— DM	(120 %)

Beispiel 59 (Handel)
Ein Handelsbetrieb setzt in einer Periode 2.500 Stück eines Produktes ab. Dabei fallen Handlungskosten von 490.000,— DM (= 35 %) bei einem Wareneinsatz von 1.400.000,— DM an.
In der folgenden Periode steigen die Handlungskosten auf 509.600,— DM bei 3.000 Stück.

Langfristige Preisuntergrenze:

Wareneinsatz	1.400.000,— DM	(100 %)
+ Handlungskosten	490.000,— DM	(35 %)
= Selbstkosten	1.890.000,— DM	(135 %)

$$\text{Selbstkosten je Stück} = \frac{\text{Selbstkosten}}{\text{Stückzahl}} = \frac{1.890.000,\text{— DM}}{2.500} = 756,\text{— DM}$$

Zur Ermittlung des variablen Teils der Handlungskosten sind diese aufzuspalten:

$$\text{variable Handlungskosten je Stück} = \frac{\text{Kostendifferenz zwischen 3.000 und 2.500 Stück}}{\text{Mengendifferenz zwischen 3.000 und 2.500 Stück}}$$

$$= \frac{509.600,\text{— DM} - 490.000,\text{— DM}}{3.000 - 2.500}$$

$$= \frac{19.600,\text{— DM}}{500} = 39{,}20 \text{ DM}$$

Da Bezugspreise variable Kosten sind, ergeben sich daraus die gesamten variablen Kosten pro Stück als kurzfristige Preisuntergrenze:

$$\text{Bezugspreis} = \frac{\text{Wareneinsatz}}{\text{Stückzahl}} = \frac{1.400.000,\text{— DM}}{2.500} = 560,\text{— DM}$$

+ variable Handlungskosten	39,20 DM
= variable Kosten	599,20 DM

Der bei 2.500 Stück verwendete Handlungskostenzuschlag von 35 % sinkt in der folgenden Periode auf 30 1/3 %.

$$\text{Handlungskostenzuschlag bei 2.500 Stück} = \frac{\text{Handlungskosten x 100}}{\text{Wareneinsatz}}$$

$$= \frac{490.000,\text{— DM x 100}}{1.400.000,\text{— DM}} = 35\,\%$$

$$\text{Handlungskostenzuschlag bei 3.000 Stück} = \frac{509.600,\text{— DM x 100}}{1.680.000,\text{— DM}} = 30\ 1/3\,\%$$

Optimierung des Produktionsprogrammes

In einem Unternehmen, das mehrere Produkte erstellt, muß sich die Produktion bei vorgegebenen Kapazitäten an der Rentabilität der einzelnen Erzeugnisse orientieren. Maßstab zur Festlegung der Prioritätenfolge kann der jeweilige Deckungsbeitrag der einzelnen Produkte sein.
Der Deckungsbeitrag je Stück (= **absoluter Deckungsbeitrag**) gibt die Rangfolge vor, wenn die absetzbaren Erzeugnisse auch alle hergestellt werden können, d. h. wenn keine betrieblichen Engpässe bestehen.

Beispiel 60 (Industrie)
Ein Industriebetrieb produziert vier Erzeugnisse und ermittelt die folgenden Deckungsbeiträge:

Produkte	Netto-verkaufspreise	variable Kosten je Stück	Deckungsbeiträge je Stück
A	150,— DM	105,— DM	45,— DM
B	95,— DM	70,— DM	25,— DM
C	126,— DM	104,— DM	22,— DM
D	105,— DM	75,— DM	30,— DM

Nach der Höhe der erzielten Deckungsbeiträge je Stück läßt sich die folgende Rangfolge für die Produkte aufstellen:

A, D, B, C

Sind in einem Betrieb jedoch aufgrund von Engpässen im Produktionsbereich nicht alle absetzbaren Produkte auch im Rahmen einer gegebenen Kapazität herstellbar, so ist als Orientierungsgröße für die Prioritäten innerhalb des Produktionsprozesses der jeweilige **relative Deckungsbeitrag** eines Produktes zu ermitteln.
Es ist der auf eine Produktionsstunde umgerechnete Deckungsbeitrag für jedes Produkt.

Beispiel 61 (Industrie/Zahlen aus Beispiel 60)

Produkte	Produktions-zeit	Stückzahl/ Stunde	Deckungsbei-trag/Stück	relativer Dek-kungsbeitrag
A	4 Minuten	15	x 105,— DM	= 1.575,— DM
B	5 Minuten	12	x 70,— DM	= 840,— DM
C	3 Minuten	20	x 104,— DM	= 2.080,— DM
D	6 Minuten	10	x 75,— DM	= 750,— DM

Daraus ergibt sich die folgende Reihenfolge der Produkte:

C, A, B, D

Stehen keine ausreichenden Stunden Produktionszeit zur Verfügung, so liegt im Produktionsbereich ein **Engpaß** vor; es werden zunächst von Produkt D geringere Stückzahlen produziert.

Eine Orientierung der Planung an den **absoluten Deckungsbeiträgen** würde zu falschen Entscheiden führen, eine Maximierung des Gesamtgewinnes wäre nicht möglich.

Auch für Handelsbetriebe stellt sich die Notwendigkeit der Ausrichtung des Sortimentes an den Warengruppen, die am rentabelsten sind. Orientierungsgröße ist auch hier der jeweilige Deckungsbeitrag.

Beispiel 62 (Handel)

Ein Handelsbetrieb ermittelt die folgenden Zahlen aus der Buchhaltung und erstellt eine mehrstufige Deckungsbeitragsrechnung:

	Warengruppe I			Warengruppe II			
	A (TDM)	B (TDM)	C (TDM)	Gesamt (TDM)	D (TDM)	E (TDM)	Gesamt (TDM)
Warenumsatz	50	75	108	233	96	80	176
– Wareneinsatz	35	42	83	160	72	75	147
– var. Handlungsk.	6	11	15	32	9	7	16
= Deckungsbeitrag I	9	22	10	41	15	– 2	13
– artikelgruppenfixe Kosten				19			4
= Deckungsbeitrag II				22 →	31	←	9
– unternehmensfixe Kosten					11		
= Deckungsbeitrag III (Betriebsergebnis)					20		

Daraus ergibt sich die folgende Rangfolge der Artikel nach **absoluten Deckungsbeiträgen:**

B, D, C, A, E

Danach ist der Artikel E aus dem Sortiment zu nehmen, da dadurch der Gesamtgewinn um die nicht anfallenden variablen Kosten von 2.000,— DM erhöht werden könnte.

Zur Ermittlung der **relativen Deckungsbeiträge** werden die jeweiligen absoluten Deckungsbeiträge in Prozent der Umsätze berechnet:

▶ *Warengruppe I:*

Artikel A: Relativer Deckungsbeitrag $= \frac{\text{Deckungsbeitrag I x 100}}{\text{Warenumsatz}}$

$= \frac{\text{9.000,— DM x 100}}{\text{50.000,— DM}}$

$= 18\,\%$

Artikel B: $= 29\ 1/3\,\%$

Artikel C: $= 9{,}26\,\%$

Rangfolge: B, A, C

▶ *Warengruppe II:*

Artikel D: $= 15{,}63\,\%$

Artikel E: $= -2{,}5\,\%$

Rangfolge: D, E

▶ *Für die gesamte Warengruppe gilt:*

Warengruppe I: Relativer Deckungsbeitrag $= \frac{\text{Deckungsbeitrag II x 100}}{\text{Warenumsatz}}$

$= \frac{\text{22.000,— DM x 100}}{\text{233.000,— DM}}$

$= 9{,}44\,\%$

Warengruppe II: $= 5{,}11\,\%$

Rangfolge: Warengruppe I, Warengruppe II

Überblick

Teilkostenrechnung als Deckungsbeitragsrechnung

retrograde Kalkulation

▶ **einstufige** Deckungsbeitragsrechnung (Industrie)

Umsatzerlöse
– variable Kosten
= Deckungsbeitrag (absolut)
– Fixkosten
= Betriebsergebnis

▶ **einstufige** Deckungsbeitragsrechnung (Handel)

Warenumsatz
– Wareneinsatz
– variable Handlungskosten
= Deckungsbeitrag
– Fixkosten
= Betriebsergebnis

▶ **mehrstufige** Deckungsbeitragsrechnung (Industrie)

Umsatzerlöse
– variable Kosten
= Deckungsbeitrag I
– erzeugnisfixe Kosten
= Deckungsbeitrag II
– erzeugnisgruppenfixe Kosten
= Deckungsbeitrag III
– unternehmensfixe Kosten
= Betriebsergebnis

▶ **mehrstufige** Deckungsbeitragsrechnung (Handel)

Warenumsatz
– Wareneinsatz
– variable Handlungskosten
= Deckungsbeitrag I
– warengruppenfixe Kosten
= Deckungsbeitrag II
– sortimentsfixe Kosten
= Deckungsbeitrag III
– unternehmensfixe Kosten
= Betriebsergebnis

▶ positiver Deckungsbeitrag:
Fixkostenabdeckung und evtl. Gewinn

▶ negativer Deckungsbeitrag:
keine volle Abdeckung der variablen Kosten

progressive Kalkulation

Kapitalverzinsung
+ anteilige Fixkosten
= Deckungsbeitrag

Variable Kosten
+ Deckungsbeitrag
= Angebotspreis

Break-even-Analyse:

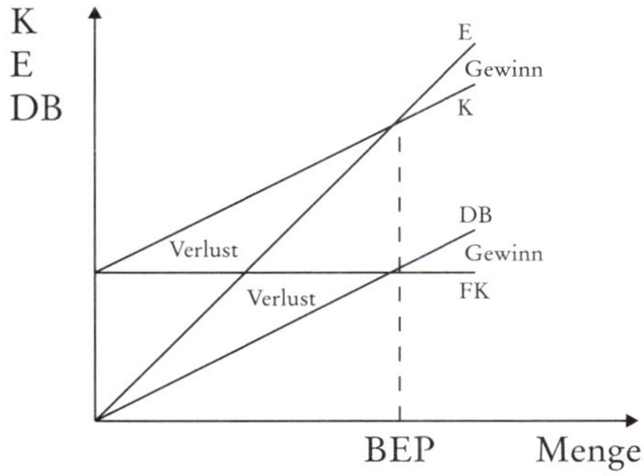

Bedingungen:

Umsatzerlöse = Gesamtkosten
oder
Gesamtdeckungsbeitrag = Fixkosten

Preisuntergrenzen:
langfristige Preisuntergrenze → Selbstkosten
kurzfristige Preisuntergrenze → variable Kosten

Aufgaben

115. Welche Aussage zum Break-even-point ist richtig?
a) Im BEP werden nur die variablen Kosten gedeckt.
b) Im BEP entspricht der Gesamtdeckungsbeitrag den Fixkosten.
c) Im BEP entsprechen die Erlöse den Fixkosten.
d) Im BEP ist der Deckungsbeitrag negativ.
e) Im BEP fallen nie Leerkosten an.

116. Welche Aussage zu Preisuntergrenzen ist richtig?
a) Die langfristige Preisuntergrenze entspricht den variablen Kosten.
b) Die kurzfristige Preisuntergrenze ermöglicht die Substanzerhaltung des Betriebes.
c) Die kurzfristige Preisuntergrenze liegt immer über der langfristigen Preisuntergrenze.
d) Bei der kurzfristigen Preisuntergrenze ist der Stückdeckungsbeitrag gleich Null.
e) Die langfristige Preisuntergrenze schließt einen Gewinn ein.

117. Für ein Produkt liegen der Kalkulation die folgenden Zahlen vor:
Fixe Kosten bei 1.000 Stück 85.000,— DM.
Verzinsung des betriebsnotwendigen Kapitals 8 % von 160.000,— DM, variable Kosten pro Stück 160.– DM
Welcher Angebotspreis muß kalkuliert werden?

118. Folgende Produkte sind im Programm:

Produkt	Erlöse	variable Kosten	Produktionszeit
A	80.000,— DM	65.000,— DM	125 Stunden
B	120.000,— DM	80.000,— DM	320 Stunden
C	105.000,— DM	70.000,— DM	160 Stunden

Welches Produkt erzielt den höchsten relativen Deckungsbeitrag?

119. Welche Aussage zum Deckungsbeitrag ist richtig?

a) Er ergibt sich nach Abzug der fixen Kosten von den Erlösen.
b) Er steigt, wenn bei gleichbleibenden Erlösen die variablen Kosten steigen.
c) Er ist der Beitrag eines Produktes zur Selbstkostenabdeckung.
d) Er ist immer gleich den Fixkosten.
e) Er muß, wenn ein Gewinn erzielt werden soll, die Fixkosten übersteigen.

120. Ein Unternehmen hat die Wahl zwischen zwei Investitionsalternativen:

Variante A: Fixkosten 480.000,— DM, variable Kosten pro Stück 150,— DM

Variante B: Fixkosten 900.000,— DM, variable Kosten pro Stück 90,— DM

Ab welcher Stückzahl ist das Verfahren B kostengünstiger?

121. Ein Industriebetrieb produziert 4.000 Stück eines Produktes mit einem Gesamtgewinn von 2.000,— DM bei Fixkosten von 4.000,— DM, variablen Kosten pro Stück von 2,50 DM und einem Preis von 4,— DM pro Stück.

Konkurrenzbedingt muß der Preis um 0,50 DM zurückgenommen werden. Um wieviel Stück muß die Produktion gesteigert werden, wenn der gleiche Gesamtdeckungsbeitrag erzielt werden soll?

122. Ordnen Sie zu, indem Sie drei der sechs Ziffern in die Kästchen bei den richtigen Begriffen eintragen!

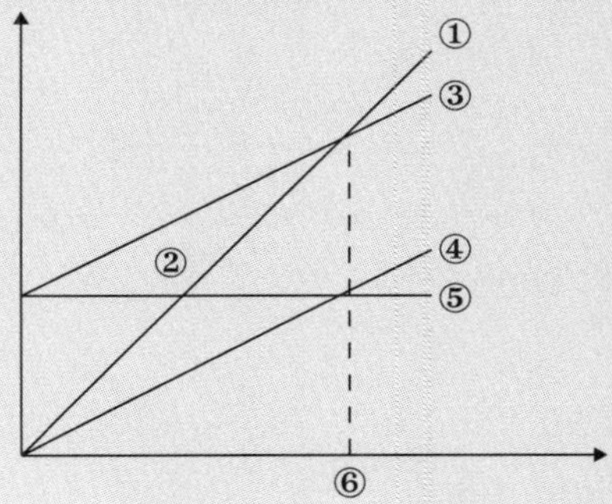

Gesamtdeckungsbeitrag ☐
Fixkosten ☐
Break-even-Punkt ☐

123. Welche Auswirkung auf die Break-even-Menge hat eine Erhöhung der Fixkosten?

a) Um Kostendeckung zu erzielen, ist eine Produktionssteigerung erforderlich.
b) Die Menge ändert sich nicht, da die variablen Kosten unverändert bleiben.
c) Die Menge sinkt durch die Erhöhung der Fixkosten.
d) Werden gleichzeitig die Preise gesenkt, bleibt die Menge gleich, bei der die Kosten gedeckt werden.
e) Da der Deckungsbeitrag gleich bleibt, ändert sich die Menge nicht.

124. Ein Unternehmen hat Fixkosten von 12.000,— DM und erzielt bei einem Produkt einen Gewinn von 4.000,— DM bei einem Absatz von 400 Stück zum Preis von 120,— DM pro Stück.
Um wieviel Stück muß der Absatz gesteigert werden, wenn bei gleichem Gesamtdeckungsbeitrag der Preis um 8,— DM zurückgenommen werden muß?

125. Ermitteln Sie die kurzfristige Preisuntergrenze pro Stück bei folgenden Zahlen der Buchhaltung:
Absatz 680 Stück
Umsatzerlöse 102.000,— DM, Fixkosten 20.400,— DM
Variable Kosten 85.000,— DM, Verlust 3.400,— DM

9. Kapitel

Plankostenrechnung auf der Basis von Vollkosten

Einführung in die Plankostenrechnung

Alle in den vorherigen Kapiteln dargestellten Kostenrechnungssysteme basieren, unabhängig davon, ob alle oder nur ein Teil der Kosten den Kostenträgern zugerechnet werden, entweder auf tatsächlichen **Istkosten** oder durchschnittlichen **Normalkosten.**

Für die Kontrolle und Überwachung der Leistungserstellung und Leistungsverwertung eignen sie sich aber nur bedingt, da es keine absoluten Maßstäbe zur Beurteilung der Kostenhöhe gibt. Nur ein Vergleich zwischen vorgegebenen Kostenwerten und tatsächlich entstandenen Kosten ermöglicht eine wirksame Kontrolle auf der Ebene der Kostenstellen und Kostenträger.

Die **Plankostenrechnung** ermöglicht als Vorgabekostenrechnung, Kostenwerte für Kostenarten und Kostenstellen, losgelöst von Vergangenheitswerten, vorzuplanen und als Norm am Ende des Planungszeitraumes den Istkosten gegenüberzustellen. Die dabei entstandenen Abweichungen können auf ihre Ursachen hin analysiert werden, wobei Kriterien für die Beurteilung der Wirtschaftlichkeit zu erhalten sind.

Die Planung der Kosten, die Einzelkosten und Gemeinkosten einbezieht, gründet sich auf Kostenstudien, etwa in Form von **Zeitstudien, Verbrauchsstudien** und **Verfahrensstudien.**

Bei der Vorgabe der Kosten können Beschäftigungsschwankungen dadurch berücksichtigt werden, daß Kostensätze für verschiedene Beschäftigungsgrade festgelegt werden **(= flexible Plankostenrechnung)** oder unberücksichtigt bleiben **(= starre Plankostenrechnung),** wobei auch keine Trennung von fixen und variablen Kosten vorgenommen wird.

Die Plankostenrechnung ist auf der Grundlage von Teilkosten, aber auch von Vollkosten möglich. In jedem Fall ist es erforderlich, die Kosteneinflußfaktoren daraufhin zu untersuchen, inwieweit sie durch betriebliche Maßnahmen beeinflußt werden können oder nicht.

Die Plankostenrechnung durchläuft in der Regel drei Phasen:

1. Ermittlung der **Basisplankosten,**
2. Ermittlung der **Istkosten,** der **verrechneten Plankosten** und der **Sollkosten** bei schwankendem Beschäftigungsgrad und
3. Analyse der Abweichungen zur Kostenkontrolle

Die Ermittlung der Basisplankosten erfolgt für jede Kostenart getrennt. Sie ergeben sich aus der Multiplikation von Planmengenverbrauch und Planpreis, bezogen auf einen bestimmten, häufig vorkommenden Beschäftigungsgrad, wobei der tatsächliche, der normale oder durchschnittliche, aber auch ein optimaler Beschäftigungsgrad zugrundegelegt werden kann. Das kann, insbesondere bei den Gemeinkosten, technische Untersuchungen nötig machen.

Beispiel 63 (Industrie)

Durch Zeitstudien ermittelt ein Industriebetrieb Fertigungslöhne von 150.000,— DM für einen Beschäftigungsgrad von 75 % bei einer monatlichen Kapazität von 8.000 Stück. Die Fertigungsgemeinkosten werden mit einem Zuschlag von 175 % verrechnet.

Ihre Planung ist schwieriger als die der Einzelkosten. Sie sind den Kostenstellen möglichst direkt zuzurechnen und nach einer Methode der Kostenaufspaltung in fixe und proportionale Bestandteile aufzulösen. Für ihre Vorgabe kann die **Variatormethode** angewendet werden, wobei der Variator den prozentualen Anteil der proportionalen Kosten an den Gesamtkosten angibt.

Bei der Planbeschäftigung von 6.000 Stück (= 75 % von 8.000 Stück) ergeben sich die folgenden Kostenwerte:

Fertigungslöhne	150.000,— DM	(100 %)
+ Fertigungsgemeinkosten	262.500,— DM	(175 %)
= Fertigungskosten	412.500,— DM	(275 %)

Unter der Annahme, daß 80 % der Fertigungsgemeinkosten fixe Kosten sind, folgt daraus:

Fertigungslöhne	150.000,— DM	
+ proportionale Fertigungsgemeinkosten	52.500,— DM	
+ fixe Fertigungsgemeinkosten	210.000,— DM	
= Fertigungskosten	412.500,— DM	= **Basisplankosten**

Der **Variator** ist: $\frac{\text{proportionale Kosten x 100}}{\text{Gesamtkosten}} = \frac{\text{202.500,— DM x 100}}{\text{412.500,— DM}} = 49\,\%$

Ein Prozentsatz von 0 % entspräche den fixen Kosten und ein Prozentsatz von 100 % den proportionalen Kosten, wenn die Gesamtkosten entweder ausschließlich fix oder variabel wären.

Bei einer Veränderung der Planbeschäftigung um eine Einheit steigen oder fallen die Fertigungskosten im vorliegenden Fall um 0,49 DM, da 49 % proportional sind.

Dieser Änderungssatz kann für verschiedene Kostenarten für eine bestimmte Beschäftigung ermittelt und bei Beschäftigungsabweichungen zur Berechnung der neuen Kosten verwendet werden.

Ermittlung der Istkosten, der verrechneten Plankosten und der Sollkosten bei schwankendem Beschäftigungsgrad

Angenommen, bei einem Beschäftigungsgrad von 80 % (= 6.400 Stück) fallen **Istkosten** von 432.000,— DM an.
Bei dieser Beschäftigung werden aber Plankosten vorgegeben, die sich aus der Multiplikation des Verrechnungssatzes mit der tatsächlichen Produktionsmenge (= Istmenge) ergeben.

$$\text{Vollkostenverrechnungssatz} = \frac{\text{Basisplankosten}}{\text{Planbeschäftigung}} = \frac{412.500,\text{— DM}}{6.000} = 68,75 \text{ DM}$$

$$\text{Verrechnete Plankosten (FK)} = \text{Vollkostenverrechnungssatz x Istbeschäftigung}$$
$$= 68,75\,\% \text{ x } 6.400 = 440.000,\text{— DM}$$

Die verrechneten Plankosten ergeben sich auch, wenn auf die Einzelkosten (FL) bei Istbeschäftigung der Fertigungsgemeinkostenzuschlag von 175 % angewendet wird:

$$\text{Verrechnete Plankosten} = \frac{\text{Fertigungslöhne x Istbeschäftigung}}{\text{Planbeschäftigung}} + 175\,\% \text{ MGK}$$
$$= \frac{150.000,\text{— DM x } 6.400}{6.000} + 280.000,\text{— DM}$$
$$= 160.000,\text{— DM} + 280.000,\text{— DM}$$
$$= 440.000,\text{— DM}$$

Da der Vollkostenverrechnungssatz, bezogen auf die Leistungseinheit, **konstant** ist, verändern sich die verrechneten Plankosten proportional zur Beschäftigung.
Dadurch werden, ähnlich wie bei der Schlüsselung von Gemeinkosten, die anteiligen fixen Kosten künstlich proportionalisiert. Die Folge ist bei einer geringeren Beschäftigung (Ist < Plan) eine **Unterdeckung** und bei einer höheren Istbeschäftigung (Ist > Plan) eine **Überdeckung** der fixen Kosten.
Dagegen werden bei der Ermittlung der **Sollkosten** die Periodenfixkosten berücksichtigt. Sollkosten sind jene Kosten, die bei verändertem Beschäftigungsgrad planmäßig anfallen sollen. Diese Sollkosten enthalten die Fixkosten und die proportionalen Kosten der Istbeschäftigung als Produkt eines Verrechnungssatzes der proportionalen Kosten und der Istmenge.

$$\text{Verrechnungssatz der proportionalen Kosten} = \frac{\text{Proportionale Kosten}}{\text{Planbeschäftigung}} = \frac{202.500,\text{— DM}}{6.000} = 33.75\text{ DM}$$

Sollkosten = Verrechnungssatz x Istbeschäftigung + Fixkosten
= 33,75 DM x 6.400 + 210.000,— DM
= 216.000,— DM + 210.000,— DM
= 426.000,— DM

Analyse der Abweichungen

Ziel der Plankostenrechnung ist die Analyse der Abweichungen der Istkosten von den Plankosten je Kostenart und Kostenstelle durch einen Soll-/Ist-Vergleich, um gezielte Maßnahmen der Geschäftsleitung auf der Grundlage gesicherter Informationen zu ermöglichen.
Durch die Gegenüberstellung der verrechneten Plankosten und der Istkosten wird die **Gesamtabweichung** ermittelt:

	Verrechnete Plankosten bei 6.400 Stück	440.000,— DM	
–	Istkosten bei 6.400 Stück	432.000,— DM	
=	Gesamtabweichung	8.000,— DM	(positiv)

Durch die Gegenüberstellung von Sollkosten und verrechneten Plankosten wird die durch die Verteilung der Fixkosten auf die höhere Stückzahl bedingte **Beschäftigungsabweichung** festgestellt. Im vorliegenden Fall sind dies die zuviel verrechneten Fixkosten bei steigendem Beschäftigungsgrad.

	Verrechnete Plankosten bei 6.400 Stück	440.000,— DM	
–	Sollkosten bei 6.400 Stück	426.000,— DM	
=	Beschäftigungsabweichung	14.000,— DM	(positiv)

Durch die Gegenüberstellung von Sollkosten und Istkosten werden **Verbrauchsabweichungen** ermittelt, die auf Unwirtschaftlichkeiten innerhalb der Kostenstellen zurückzuführen sind, z. B. Mehrverbrauch an Materialien, und, sofern der Verbrauch von den Kostenstellenleitern beeinflußt werden kann, von diesen zu verantworten sind.

	Sollkosten bei 6.400 Stück	426.000,— DM	
–	Istkosten bei 6.400 Stück	432.000,— DM	
=	Verbrauchsabweichung	6.000,— DM	(negativ)

Sofern bei der Istbeschäftigung von 6.400 Stück die tatsächlich gezahlten Preise nicht mit den Planpreisen übereinstimmen, können zusätzlich **Preisabweichungen** ermittelt werden, die durch die Kostenstellenleiter nicht zu vertreten sind:

	Istbeschäftigung x Planpreise
–	Istbeschäftigung x Istpreise
=	Preisabweichung

Die Summe aller Abweichungen ergibt die Gesamtabweichung, im vorliegenden Fall:

	Beschäftigungsabweichung	14.000,— DM
+	Verbrauchsabweichung	– 6.000,— DM
=	Gesamtabweichung	8.000,— DM

Die dargestellten Abhängigkeiten lassen sich auch graphisch aufzeigen:

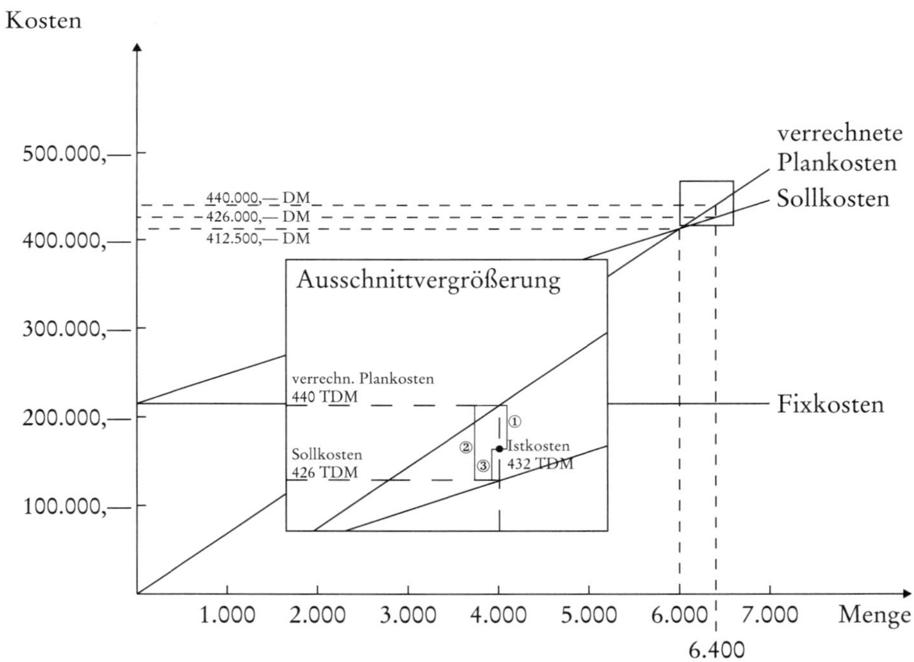

① Gesamtabweichung 8.000,— DM (günstig)
② Beschäftigungsabweichung 14.000,— DM (günstig)
③ Verbrauchsabweichung 6.000,— DM (ungünstig)

Überblick
Plankostenrechnung

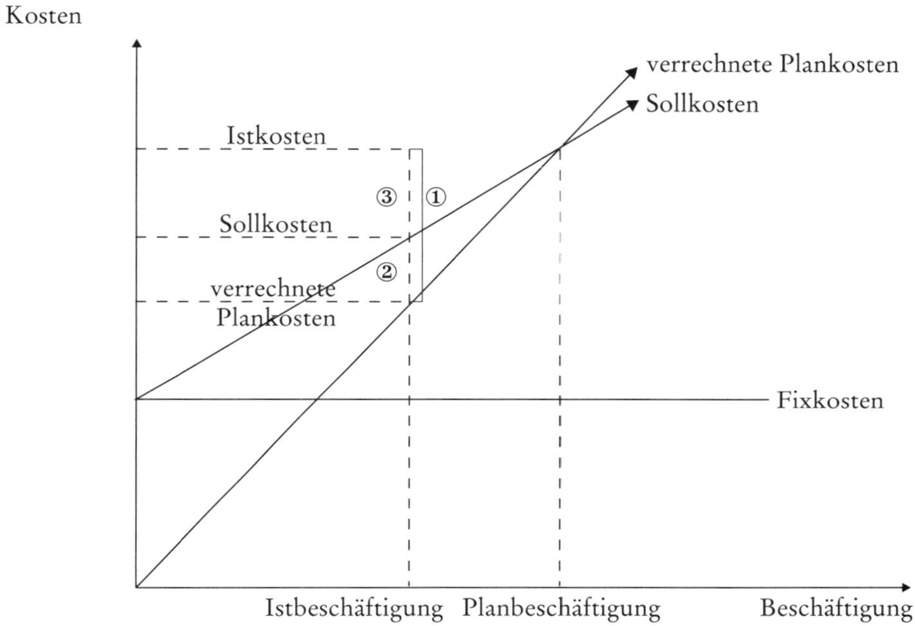

1. Gesamtabweichung
Verrechnete Plankosten – Istkosten
Beschäftigungsabweichung + Verbrauchsabweichung + Preisabweichung
2. Beschäftigungsabweichung
Sollkosten – Verrechnete Plankosten
Istbeschäftigung < Planbeschäftigung
zu **wenig** verrechnete Fixkosten
Istbeschäftigung > Planbeschäftigung
zu **viel** verrechnete Fixkosten
3. Verbrauchsabweichung
Sollkosten – Istkosten

Aufgaben

126. Ein Betrieb hat im Materialbereich die folgenden Kosten auf der Basis einer Beschäftigung von 1.500 Stück geplant:
Fertigungsmaterial 90.000,— DM
Materialgemeinkosten 20 %

a) Berechnen Sie die Basisplankosten bei 1.500 Stück.
b) Berechnen Sie die verrechneten Plankosten bei 1.200 Stück.
c) Berechnen Sie die Sollkosten bei 1.200 Stück unter der Annahme, daß 60 % der Materialgemeinkosten fixe Kosten sind.
d) Die Istkosten bei 1.200 Stück betragen 89.600,— DM.
Ermitteln Sie
1. die Gesamtabweichung
2. die Beschäftigungsabweichung
3. die Verbrauchsabweichung

127. Bei einer Istbeschäftigung von 10.500 Einheiten eines Erzeugnisses fallen im Fertigungsbereich 126.000,— DM Fertigungslöhne an. Es wurde mit einem Fertigungsgemeinkostenzuschlag von 180 % bei einer Planbeschäftigung von 8.000 Stück gerechnet.
50 % der Fertigungsgemeinkosten sind fixe Kosten.
Berechnen Sie

a) die verrechneten Plankosten bei 10.500 Stück.
b) die Sollkosten bei 10.500 Stück.
c) die Gesamtabweichung bei 10.500 Stück und Istkosten von 332.000,— DM (Fertigungskosten).
d) Beschäftigungs- und Verbrauchsabweichung bei 10.500 Stück.

Anhang

Lösungen:

1. e
2. d
3. c
4. d, b, c, a
5. c
6. c, d, a, b
7. Gesellschafter A

	650.000,— DM
	– 580.000,— DM
	70.000,— DM
	+ 7.800,— DM
	77.800,— DM steuerpflichtiger Gewinn

Gesellschafter B

	830.000,— DM
	– 740.000,— DM
	90.000,— DM
	+ 8.500,— DM
	98.500,— DM steuerpflichtiger Gewinn

8. c, b, a, f, e, d
9. d, b, e
10. d
11.

	K	L	BE	NA	NE	NErg.	Ges.Erg.
a)	60	65	+5	25	17	–8	–3
b)	75	87	+12	2	15	+13	+25
c)	92	87	–5	13	17	+4	–1

12. a, d, c
13. c
14. e, d, b
15. c
16. a
17. 1, 2, 1, 2, 2
18. d
19. C A: 56.000,— DM : 32.000,— DM = 1,75
B: 231.000,— DM : 154.000,— DM = 1,5
C: 117.000,— DM : 65.000,— DM = 1,8
D: 162.000,— DM : 120.000,— DM = 1,35

20. a) Erträge: 310 + 40 + 90 + 35 + 19 = 494 TDM
    Aufwendungen: 120 + 50 + 30 + 90 + 80 + 45 + 8 + 13 + 25 + 14 + 9 = 484 TDM
    Gesamtergebnis + 10 TDM
    b) Neutrale Erträge: 90 + 35 + 19 = 144 TDM
    Neutrale Aufwendungen: 8 + 14 = 22 TDM
    Neutrales Ergebnis + 122 TDM
    c) Leistungen: 310 + 40 = 350 TDM
    Kosten: 120 + 50 + 30 + 90 + 80 + 45 + 13 + 25 + 9 = 462 TDM
    Betriebsergebnis – 112 TDM
21. a) Erträge: 620 + 54 + 16 + 25 = 715 TDM
    Aufwendungen: 45 + 18 + 23 + 340 + 120 + 35 + 21 + 8 + 7 + 6 + 65 = 688 TDM
    Gesamtergebnis + 27 TDM
    b) Neutrale Erträge: 54 + 16 = 70 TDM
    Neutrale Aufwendungen: 45 + 18 = 63 TDM
    Neutrales Ergebnis + 7 TDM
    c) Leistungen: 620 + 25 = 645 TDM
    Kosten: 23 + 340 + 120 + 35 + 21 + 8 + 7 + 6 + 65 = 625 TDM
    Betriebsergebnis + 20 TDM
22. Betriebsergebnis = 70.000,— DM – 25.000,— DM – (–30.000,— DM) = 75.000,— DM
23. c
24. d
25. a) 20 % von 180.000,— DM = 36.000,— DM
    b) 12,5 % von 252.000,— DM = 31.500,— DM
26. b
27. a) 4,5
    b) 5
    c) 1
    d) 5
    e) 3
    f) 2
    g) 6
    h) 1
    i) 4,5
28. c

29.

Anlagevermögen	3.180.000,— DM
–	150.000,— DM
–	250.000,— DM
= betriebsnotwendiges AV	2.780.000,— DM
+ Umlaufvermögen	1.980.000,— DM
= betriebsnotwendiges Vermögen	4.760.000,— DM
– Abzugskapital	860.000,— DM
= BNK	3.900.000,— DM

9,5 % von 3.900.000,— DM = 370.500,— DM

30. a) 370.500,— DM b) 87.500,— DM c) 283.000,— DM d) 87.500,— DM

31. Wagnisverluste in Prozent der Umsätze:

1. Jahr:	2 %
2. Jahr:	1,5 %
3. Jahr:	1,75 %
4. Jahr:	1,25 %
5. Jahr:	2,25 %
	8,75 % : 5 =

a) 1,75 %

b) 1,75 % von 1.650.000,— DM = 28.875,— DM

1. Anderskosten: 28.875,— DM
2. Grundkosten: 28.875,— DM
3. Zusatzkosten: keine, da tatsächliche Wagnisse > verrechnete Wagnisse

32.

A (TDM)	E (TDM)	NA (TDM)	NE (TDM)	A (TDM)	Korr. (TDM)	K (TDM)	L (TDM)
	1.500						1.500
	180						180
	45		45				
	60		60				
	96		96				
	75		75				
450				450	485	485	
25						25	
625						625	
380						380	
210						210	
65				65			
38						38	
15						15	
16		16					

A (TDM)	E (TDM)	NA (TDM)	NE (TDM)	A (TDM)	Korr. (TDM)	K (TDM)	L (TDM)
27						27	
30		30					
					36	36	
					70	70	
					8	8	
1.881	1.956	46	276	515	599	1.919	1.680
+ 75		+ 230		+ 84			– 239
1.956		276	276	599	599	1.919	1.919

		IHK:
Gesamtergebnis	+ 75 TDM	+ 75 TDM
Ergebnis unternehmensbez. Abgrenzung	+ 230 TDM	+ 186 TDM
Ergebnis kostenrechner. Korrekturen	+ 84 TDM	+ 128 TDM
Betriebsergebnis	– 239 TDM	– 239 TDM

33.

A (TDM)	E (TDM)	NA (TDM)	NE (TDM)	A (TDM)	Korr. (TDM)	K (TDM)	L (TDM)
25		25					
64						64	
	32		32				
	15		15				
	38		38				
	9		9				
165						165	
50						50	
85				85	69	69	
34						34	
28						28	
30						30	
84	485			84			485
					5	5	
					75	75	
					30	30	
565	579	25	94	169	179	550	485
+ 14		+ 69		+ 10			– 65
579	579	94	94	179	179	550	550

Gesamtergebnis	+ 14 TDM
Ergebnis unternehmensbezogener Abgrenzungen	+ 69 TDM
Ergebnis kostenrechnerischer Korrekturen	+ 10 TDM
Betriebsergebnis	– 65 TDM

34. $\frac{\text{Kostensteigerung}}{\text{Mengensteigerung}} = \frac{\text{7.000,— DM}}{\text{400 Stück}} = \text{17,50 DM/Stück variable Kosten}$

185.000 DM – 105.000,— DM (17,50 x 6.000) = 80.000,— DM Fixkosten

35. b

36. $R = \frac{75\,\%}{50\,\%} = 1{,}5$ überproportionale variable Kosten

37. 3, 5, 2

38. $\text{Nutzkosten} = \frac{\text{160.000,— DM x 21.250}}{\text{25.000}} = \text{136.000,— DM}$

39.

Stückzahl	Stückkosten	
1.000	15,— DM	
2.000	17,50 DM	
3.000	20,50 DM	**überproportionale, variable Kosten**
4.000	24,50 DM	

40. b

41. c

42. $15 \cdot x + 80.000,— = 25 \cdot x + 60.000,—$

$10 \cdot x = 20.000,—$

$x = 2.000$ Stück bis 1.999 Stück

43. d

44. 165.000,— DM + 54.000,— DM – 8.000,— DM – 136.000,— DM = 75.000,— DM

45.

Stück	Gesamtkosten	Stückkosten
400	250.000,— DM	625,— DM
500	275.000,— DM	550,— DM
600	300.000,— DM	500,— DM

46. 120 % = 54.000,— DM

100 % = x

$x = \frac{\text{54.000,— DM x 100}}{120}$

x = 45.000,— DM

47. $\text{Variable Kosten/Stück} = \frac{\text{10.000,— DM}}{\text{800 Stück}} = \text{12,50 DM}$

Beschäftigungsgrad 90 % = 7.200 Stück

12,50 DM x 7.200 Stück = 90.000,— DM variable Kosten

150.000,— DM – 90.000,— DM = 60.000,— DM Fixkosten

48. d

49. c

50.

	Herstellkosten der Produktion	178.500,— DM
–	Mehrbestand unf. Erzeugnisse	4.500,— DM
		174.000,— DM
+	Minderbestand Fertigerzeugnisse	7.300,— DM
=	Herstellkosten des Umsatzes	181.300,— DM

51. 50.000 Stück (= 62,5 %): Fertigungslöhne 50.000,— DM
Fertigungsgemeinkosten 100.000,— DM
Fertigungsgemeinkostenzuschlag 200 %

60.000 Stück (= 75 %): Fertigungslöhne 60.000,— DM
Fertigungsgemeinkosten 200 % = 120.000,— DM
Fertigungskosten 180.000,— DM

52. a)

	Fertigungskosten (Normal)	180.000,— DM
–	Fertigungskosten (Ist)	165.000,— DM
=	Überdeckung	15.000,— DM

b) $\text{Variable FGK/Stück} = \frac{\text{Kostendifferenz}}{\text{Mengendifferenz}}$

$$= \frac{105.000,\text{— DM} - 100.000,\text{— DM}}{60.000 \text{ Stück} - 50.000 \text{ Stück}} = \frac{5.000,\text{— DM}}{10.000 \text{ Stück}} = 0{,}50 \text{ DM}$$

0,50 DM x 60.000 Stück = 30.000,— DM variable FGK
105.000,—DM – 30.000 DM = 75.000,— DM fixe FGK

c) 60.000,— DM = 100 %
105.000,— DM = x

$$x = \frac{105.000,\text{— DM} \times 100}{60.000,\text{— DM}} = 175\,\%$$

53. ↑

Fertigungsmaterial	37.500,— DM	(100 %)	
Materialgemeinkosten	7.500,— DM	(20 %)	
Materialkosten		(120 %)	45.000,— DM
Fertigungslöhne	40.000,— DM	(100 %)	
Fertigungsgemeinkosten	68.000,— DM	(170 %)	
Fertigungskosten		(270 %)	108.000,— DM
Herstellkosten der Produktion			153.000,— DM

54. a)

	Fertigungsmaterial	120.000,— DM
+	Materialgemeinkosten	23.400,— DM
+	Fertigungslöhne	75.000,— DM
+	Fertigungsgemeinkosten	109.750,— DM
=	Herstellkosten der Produktion	328.150,— DM
–	Mehrbestände	4.000,— DM
+	Minderbestände	6.000,— DM
=	Herstellkosten des Umsatzes	330.150,— DM

b) $\text{MGK-Zuschlag} = \frac{23.400,\text{— DM} \times 100}{120.000,\text{— DM}} = 19{,}5\,\%$

$\text{FGK-Zuschlag} = \frac{109.750,\text{— DM} \times 100}{75.000,\text{— DM}} = 146\ 1/3\,\%$

c) MGK: Ist 23.400,— DM Normal 24.000,— DM
Überdeckung 600,— DM
FGK: Ist 109.750,— DM Normal 112.500,— DM
Überdeckung 2.750,— DM

55.

	Istkosten		Normalkosten		Unter-/Überdeckung
	DM	%	DM	%	DM
FL	64.800,—	–	64.800,—	–	–
FGK	116.640,—	180	97.200,—	150	– 19.440,—
FK	181.440,—	–	162.000,—	–	–

56. d, c, e, b, a
57. b
58. a, c, f
59. 5 % = 82.500,— DM
45 % = x

$x = \frac{45 \times 82.500,\text{— DM}}{5} = 742.500,\text{— DM}$

60. d
61. e
62. 6 Teile = 345.000,— DM
5 Teile = 287.500,— DM = Fertigungskosten
1 Teil = 57.500,— DM = Materialkosten

	Materialkosten	57.500,— DM	
–	Fertigungsmaterial	40.000,— DM	
=	Materialgemeinkosten	17.500,— DM	= 43,75 % Zuschlagssatz
	Fertigungskosten	287.500,— DM	
–	Fertigungslöhne	115.000,— DM	
=	Fertigungsgemeinkosten	172.500,— DM	= 150 % Zuschlagssatz

63. – 142.500,— DM + 6.850,— DM = – 135.650,— DM Betriebsergebnis
64. 14.900,— DM – 6.400,— DM = 8.500,— DM (Betriebsergebnis)
+ 145.700,— DM = 154.200,— DM Umsatzerlöse
65. d

66. 1,5 + 0,6 + 2,7 + 3,5 = 8,3

$$\frac{1{,}245 \text{ Mio} \times 100}{8{,}3 \text{ Mio}} = 15\,\%$$

67. a

68. d

69. 185.000,— DM + 35.000,— DM = 220.000,— DM Unterdeckung

70.

	Selbstkosten (Normal)	265.750,— DM
–	Überdeckung	5.600,— DM
=	Selbstkosten (Ist)	260.150,— DM
	Herstellkosten der Produktion	203.000,— DM
–	Mehrbestand unfertige Erzeugnisse	8.000,— DM
+	Minderbestand fertige Erzeugnisse	20.000,— DM
=	Herstellkosten des Umsatzes	215.000,— DM
–	Verwaltungsgemeinkosten	32.250,— DM
–	Vertriebsgemeinkosten	12.900,— DM
	Selbstkosten	260.150,— DM

71.

	Umsatzergebnis	26.000,— DM		Umsatzerlöse	354.000,— DM
+	Überdeckung	15.000,— DM	–	Betriebsergebnis	41.000,— DM
=	Betriebsergebnis	41.000,— DM	=	Selbstkosten (Ist)	313.000,— DM

72. a

73.

	Gesamt	A	B	U/Ü
Selbstk. (N)	371000,— DM	265.000,— DM	106.000,— DM	+ 12.600,— DM
Umsatzerlöse	410.000,— DM	280.000,— DM	130.000,— DM	
Umsatz-ergebnis	+ 39.000,— DM	+ 15.000,— DM	+ 24.000,— DM	
Überdeckung	+ 12.600,— DM			
Betriebs-ergebnis	+ 51.600,— DM			

74. 8 % von 160.000,— DM = 12.800,— DM
180 % von 12.800,— DM = 23.040,— DM

75.

Kostenarten	Normalkosten	A	B
FM	176.000,— DM	91.000,— DM	85.000,— DM
MGK	44.000,— DM	22.750,— DM	21.250,— DM
MK	220.000,— DM	113.750,— DM	106.250,— DM

76. b, d, c

77. 125 % = 1.062.500,— DM

100 % = x

$$x = \frac{1.062.500,\text{— DM} \times 100}{125} = 850.000,\text{— DM}$$

78. d

79. Warenumsatz 610.000,— DM – Betriebsgewinn 25.000,— DM = Selbstkosten 585.000,— DM

130 % = 585.000,— DM

100 % = x

$$x = \frac{585.000,\text{—DM} \times 100}{130} = 450.000,\text{— DM}$$

80.

	Wareneinsatz	168.000,— DM
+	Handlungskosten	84.000,— DM
=	Selbstkosten	252.000,— DM
	Warenumsatz	264.000,— DM
–	Selbstkosten	252.000,— DM
=	Gewinn	12.000,— DM

$$\text{Gewinnzuschlag} = \frac{12.000,\text{—DM} \times 100}{252.000,\text{— DM}} = 4{,}76\,\%$$

81.

Wareneinsatz	630.000,— DM	(100 %)	
Handlungskosten	157.500,— DM	(25 %)	
Selbstkosten	787.500,— DM	(125 %)	(100 %)
Umsatzerlöse	866.250,— DM		(110 %)
Betriebsgewinn	78.750,— DM		(10 %)

82. c

83. WG I: $\frac{63.750,\text{—DM} \times 100}{425.000,\text{— DM}} = 15\,\%$

WG II: $\frac{81.600,\text{—DM} \times 100}{680.000,\text{— DM}} = 12\,\%$ Warengruppe II

WG III: $\frac{16.100,\text{—DM} \times 100}{115.000,\text{— DM}} = 14\,\%$

84.

	Selbstkosten	1.067,— DM		
+	Gewinn	213,40 DM		
	Barverkaufspreis	1.280,40 DM	(97 %)	
	Kundenskonto	39,60 DM	(3 %)	
	Zielverkaufspreis	1.320,— DM	(100 %)	(80 %)
	Kundenrabatt	330,— DM		(20 %)
	Listenverkaufspreis	1.650,— DM		(100 %)

$$\text{Gewinnzuschlag} = \frac{\text{Gewinn} \times 100}{\text{Selbstkosten}} = \frac{213{,}40\text{ DM} \times 100}{1.067,\text{— DM}} = 20\,\%$$

85. a) $\frac{3.500,\text{— DM}}{140 \text{ Stunden}} = 25,\text{— DM}$

b) 140 Stunden – 25 % = 105 Stunden

FGK (variabel)	1.400,— DM – 25 % =	1.050,— DM
FGK (fix)	2.100,— DM	2.100,— DM
		3.150,— DM

3.150,— DM : 105 = 30,— DM Maschinenstundensatz

86. 2.740 – 400 – 900 = 1.440 | : 1,5 = 960 Stück

87. $\frac{95.900,\text{— DM}}{2.740} = 35,\text{— DM Selbstkosten/Rechnungseinheit}$

35,— DM x 1,5 = 52,50 DM je Stück
35,— DM x 1.440 = 50.400,— DM Selbstkosten insgesamt oder
52,50 DM x 960 Stück = 50.400,— DM

88. 280 % = 126.000,— DM; 100 % = x

$x = \frac{126.000,\text{— DM} \times 100}{280} = 45.000,\text{— DM}$

89. c

90. a)

	Fertigungsmaterial	2.500,— DM	
+	Materialgemeinkosten	375,— DM	
=	Materialkosten		2.875,— DM
	Fertigungslöhne	4.800,— DM	
+	Fertigungsgemeinkosten	9.600,— DM	
=	Fertigungskosten		14.400,— DM
	Herstellkosten		17.275,— DM
+	Verwaltungsgemeinkosten		1.727,50 DM
+	Vertriebsgemeinkosten		863,75 DM
=	Selbstkosten		19.866,25 DM
+	Gewinn		2.979,94 DM
=	Angebotspreis		22.846,19 DM

b)

	Angebotspreis	22.000,— DM
–	Selbstkosten	19.866,25 DM
=	Gewinn	2.133,75 DM

$\text{Zuschlag} = \frac{2.133,75 \text{ DM} \times 100}{19.866,25 \text{ DM}} = 10,74\ \%$

91. b

92. d

93. FGK = 150 % von 10.000,— DM = 15.000,— DM

Maschine A	25,— DM x 120 Stunden =	3.000,— DM
Maschine B	40,— DM x 85 Stunden =	3.400,— DM
Maschine C	57,50 DM x 80 Stunden =	4.600,— DM
	maschinenabhängige Gemeinkosten	11.000,— DM

	Fertigungsgemeinkosten	15.000,— DM	
–	maschinenabhängige FGK	11.000,— DM	
=	Restgemeinkosten	4.000,— DM	

$$\text{Zuschlag} = \frac{4.000,\text{— DM} \times 100}{10.000,\text{— DM}} = 40\,\%$$

94.

	Fertigungsmaterial	800,— DM	
+	Materialgemeinkosten	120,— DM	
=	Materialkosten		920,— DM
	Fertigungslöhne	2.400,— DM	
+	Fertigungsgemeinkosten	2.880,— DM	
=	Fertigungskosten		5.280,— DM
	Herstellkosten		6.200,— DM
+	Verwaltungsgemeinkosten		496,— DM
+	Vertriebsgemeinkosten		310,— DM
=	Selbstkosten		7.006,— DM

kalkulatorischer Gewinn 15 % von 7.006,— DM = 1.050,90 DM
tatsächlicher Gewinn 8.000,— DM – 7.006,— DM = 994,— DM
2 / 56,90 DM

95.

	proportionale Kosten 3.000 x 45,— DM =	135.000,— DM
+	Fixkosten	81.000,— DM
=	Selbstkosten	216.000,— DM

216.000,— DM : 3.000 = 72,— DM

$$\text{Selbstkosten bei 2.700 Stück}: 45,\text{— DM} + \frac{81.000,\text{— DM}}{2.700} = 75,\text{— DM}$$

$$\frac{3,\text{— DM} \times 100}{75} = 4\,\%$$

96.

	Barverkaufspreis	6.430,25 DM	(89 %)	
+	Kundenskonto	216,75 DM	(3 %)	
+	Vertreterprovision	578,— DM	(8 %)	
=	Zielverkaufspreis	7.225,— DM	(100 %)	(85 %)
+	Kundenrabatt	1.275,— DM		(15 %)
=	Listenverkaufspreis	8.500,— DM		(100 %)

97. d

98. a) $\frac{3.150.000,\text{— DM}}{25.000} = 126,\text{— DM/Stück}$

b) $\frac{2.250.000,\text{— DM}}{30.000} + \frac{900.000,\text{— DM}}{25.000} = 75,\text{— DM} + 36,\text{— DM}$
$= 111,\text{— DM}$

99. $\text{Handlungskostenzuschlag} = \frac{84.000,\text{— DM} \times 100}{210.000,\text{— DM}} = 40\,\%$

$\text{Gewinnzuschlag} = \frac{23.520,\text{— DM} \times 100}{294.000,\text{— DM}} = 8\,\%$

100. $\text{Bezugspreis} = \frac{1.200,\text{— DM}}{1,5} = 800,\text{— DM}$

	Bezugspreis	800,— DM	(100 %)
+	Handlungskosten	200,— DM	(25 %)
=	Selbstkosten	1.000,— DM	(125 %)

$\text{Gewinnzuschlag} = \frac{200,\text{— DM} \times 100}{1.000,\text{— DM}} = 20\,\%$

101.
  100 %
+ 40 %
  140 %
+ 35 % (25 % von 140 %)
  175 %

Kalkulationszuschlag = 75 %

102. $\text{Handelsspanne} = \frac{100 \times 75}{100 + 75} = \frac{7.500}{175} = 42,86\,\%$

Kalkulationsfaktor = 1,75

103. c

104. $\text{Handelsspanne} = \frac{(745,\text{— DM} - 447,\text{— DM}) \times 100}{745,\text{— DM}}$

$= \frac{298,\text{— DM} \times 100}{745,\text{— DM}} = 40\,\%$

105. A: 1.000 x 25,— DM = 25.000,— DM – 2.000,— DM Rabatt – 690,— DM Skonto + 60,— DM Bezugskosten = 22.370,— DM
22.370,— DM : 1.000 = 22,37 DM je Stück

B: 1.000 x 23,— DM = 23.000,— DM – 460,— DM Skonto = 22.540,— DM
22.540,— DM : 1.000 = 22,54 DM je Stück

106.

	Verkaufspreis	1.031,25 DM	(110 %)	
–	Gewinn	93,75 DM	(10 %)	
=	Selbstkosten	937,50 DM	(100 %)	(125 %)
–	Handlungskosten	187,50 DM		(25 %)
=	Einstandspreis	750,— DM		(100 %)

107. 7, 4, 1, 3, 5, 2, 6
108. d
109. a
110. e
111. d

112.
$$\begin{array}{rl} & 100\,\% \\ + & \underline{20\,\%} \\ & 120\,\% \\ + & \underline{12\,\%}\ (10\,\%\ \text{von}\ 120\,\%) \\ & 132\,\% \end{array}$$

$$\text{Kalkulationsfaktor} = \frac{\text{Verkaufspreis}}{\text{Bezugspreis}} = \frac{132}{100} = 1{,}32$$

113. 115 % = 1.897,50 DM

15 % = x

$$x = \frac{1.897{,}50\ \text{DM} \times 100}{115} = 247{,}50\ \text{DM kalkulierter Gewinn}$$

$$\begin{array}{rl} & 1.897{,}50\ \text{DM} \\ - & \underline{1.782{,}\text{—}\ \text{DM}} \\ & 115{,}50\ \text{DM Preissenkung} \end{array}$$

	kalkulierter Gewinn:	247,50 DM	$(\frac{1.897{,}50\ \text{DM} \times 15}{115})$
–	Preissenkung:	115,50 DM	
=	tatsächlicher Gewinn	132,— DM	

$$\text{Gewinnzuschlag} = \frac{132{,}\text{—}\ \text{DM} \times 100}{1.650{,}\text{—}\ \text{DM}} = 8\,\%$$

114. a) Wareneinsatz bei 2.500 Stück: 625.000,— DM

$$(\frac{700.000{,}\text{—}\ \text{DM} \times 2.500}{2.800})$$

25 % von 625.000,— DM = 156.250,— DM gesamt

156.250,— DM : 2.500 Stück = 62,50 DM/Stück

b)

2.800 Stück			2.500 Stück
Handlungskosten	175.000,— DM →	20 % variabel 35.000,— DM	31.250,— DM
	→	80 % fix 140.000,— DM	140.000,— DM
			171.250,— DM gesamt

171.250,— DM : 2.500 = 68,50 DM/Stück

$$\text{Handlungskostenzuschlag} = \frac{171.250{,}\text{—}\ \text{DM} \times 100}{625.000{,}\text{—}\ \text{DM}} = 27{,}4\,\%$$

c)

verrechnete Handlungskosten	156.250,— DM
tatsächliche Handlungskosten	171.250,— DM
Unterdeckung	15.000,— DM

115. b

116. d

117.
$$\text{Deckungsbeitrag/Stück} = \frac{85.000{,}\text{—}\ \text{DM} + 12.800{,}\text{—}\ \text{DM}}{1.000\ \text{Stück}} = 97{,}80\ \text{DM}$$

Angebotspreis = 160,— DM + 97,80 DM = 257,80 DM

118.

	Deckungsbeitrag gesamt	Deckungsbeitrag Stunde
A	15.000,— DM	120,— DM
B	40.000,— DM	125,— DM
C	35.000,— DM	218,75 DM

119. e

120. $150 \cdot x + 480.000,— = 90 \cdot x + 900.000$

$60 \cdot x = 420.000$

$x = 7.000$ Stück

ab 7.001 Stück

121. $\text{Bep-Menge} = \frac{4.000,\text{— DM} + 2.000,\text{— DM}}{1,\text{— DM}} = \frac{6.000,\text{— DM}}{1,\text{— DM}} = 6.000 \text{ St.}$

Produktionssteigerung um 2.000 Stück

122. 4, 5, 6

123. a

124.

	Preis	112,— DM
–	variable Kosten	80,— DM
=	Deckungsbeitrag	32,— DM

$\text{Bep} = \frac{12.000,\text{— DM} + 4.000,\text{— DM}}{32,\text{— DM}} = 500$ Stück, Steigerung um 100 Stück

	Erlöse 400 x 120,— DM =	48.000,— DM
–	Gewinn	4.000,— DM
–	Fixkosten	12.000,— DM
=	variable Kosten	32.000,— DM : 400 = 80,— DM/Stück

125. $\text{Kurzfristige Preisuntergrenze} = \text{variable Kosten/Stück} = \frac{85.000,\text{— DM}}{680} = 125,\text{— DM/Stück}$

126. a)

	Fertigungsmaterial	90.000,— DM
+	Materialgemeinkosten	18.000,— DM
	Materialkosten	108.000,— DM = Basisplankosten

b) $\text{verrechnete Plankosten} = \frac{108.000,\text{— DM} \times 1.200}{1.500} = 86.400,\text{— DM}$

c)

		1.500 Stück	1.200 Stück
MGK 18.000,— DM	40 % variabel	7.200,— DM	5.760,— DM
	60 % fix	10.800,— DM	10.800,— DM
			16.560,— DM

	Fertigungsmaterial bei 1.200 Stück	72.000,— DM
+	Materialgemeinkosten	16.560,— DM
=	Sollkosten bei 1.200 Stück	88.560,— DM

d) 1. verrechnete Plankosten – Istkosten = 86.400,— DM – 89.600,— DM
= 3.200,— DM
2. Sollkosten – verrechnete Plankosten = 88.560,— DM – 86.400,— DM
= 2.160,— DM
3. Sollkosten – Istkosten = 88.560,— DM – 89.600,— DM
= 1.040,— DM

127. a) 10.500 Einheiten:

Fertigungslöhne	126.000,— DM	
+ Fertigungsgemeinkosten	226.800,— DM	
Fertigungskosten	352.800,— DM	= verrechnete Plankosten

b) 8.000 Einheiten

			10.500 Einheiten
FGK 172.800,— DM	50 % variabel	86.400,— DM	113.400,— DM
(180 % von FL	50 % fix	86.400,— DM	86.400,— DM
96.000,— DM)			199.800,— DM

Fertigungslöhne	126.000,— DM	
+ Fertigungsgemeinkosten	199.800,— DM	
Fertigungskosten	325.800,— DM	= Sollkosten

c) Gesamtabweichung = verrechnete Plankosten – Istkosten
= 352.800,— DM – 332.000,— DM
= 20.800,— DM

d) Beschäftigungsabweichung = Sollkosten – verrechnete Plankosten
= 325.800,— DM – 352.800,— DM
= 27.000,— DM

Verbrauchsabweichung = Sollkosten – Istkosten
= 325.800,— DM – 332.000,— DM
= 6.200,— DM

Register

Vom selben Autor ist im FALKEN Verlag bereits erschienen:
„Buchführung leicht gemacht“ (Nr. 4238)

Die Deutsche Bibliothek – CIP-Einheitsaufnahme

Machenheimer, Detlef:
Kostenrechnung leicht gemacht : ein methodischer Grundkurs für den Selbstunterricht ; mit Beispielen, Aufgaben und Lösungen aus der Praxis / Detlef Machenheimer. – Niedernhausen/Ts. : FALKEN, 1995
ISBN 3-8068-4826-2

ISBN 3 8068 4826 2

Umschlaggestaltung: Andreas Jacobsen
Redaktion: Pedro Zimmermann/Lars Iffland

Satz: Raasch & Partner GmbH, Neu-Isenburg
Druck: Offizin Andersen Nexö Leipzig GmbH

817 2635 4453 6271

Eingestellt

Immer häufiger gehören die unterschiedlichsten Einstellungstests zum Auswahlverfahren der Unternehmen. Welche Arten von Tests gibt es? Was wird getestet, und was kann man tun, um ein optimales Ergebnis zu erzielen? Welche Auswahlmethoden außer konventionellen Tests gibt es noch? Information, Tips und Übungsaufgaben für Bewerber um einen Ausbildungsplatz und Berufseinsteiger.

Einstellungstests
und andere Methoden der Bewerberauswahl
Von Dr. Reinhard Hilke u. Henning Hustedt, 160 Seiten, kartoniert
ISBN: 3-8068-**1263**-2
Preis: DM 16,80; öS 139,–; sFr. 16.90

FALKEN

Der Spezialist für nützliche Bücher

Stand der Preise 1.6.1995 · Preisänderungen vorbehalten

Check Up

FALKEN CheckUp

- Wie Sie sich überzeugend präsentieren
- Mit welchen Fragen Sie rechnen müssen
- Welche Themen Sie selbst ansprechen
- Wie Sie Eindrücke und Informationen auswerten

Vorstellungsgespräche
Von Dr. Wolfgang Reichel, 64 Seiten, 30 Farbfotos,
10 mehrfarbige Zeichnungen, durchgehend vierfarbig, kartoniert
ISBN: 3-8068-**1527**-5
Preis: DM 19,90; öS 159,–; sFr. 19.90

FALKEN

Der Spezialist für nützliche Bücher

Stand der Preise 1.6.1995 · Preisänderungen vorbehalten